모두가 알아둬야 할
21세기의
인도

이 도서의 국립중앙도서관 출판예정도서목록(CIP)은 서지정보유통지원시스템
홈페이지(http://seoji.nl.go.kr)와 가자료공동목록시스템(http://www.nl.go.kr/kolisnet)에서
이용하실 수 있습니다. CIP제어번호: CIP2020040612(양장), CIP2020040622(무선)

모두가 알아둬야 할
21세기의
인도

India in the 21st Century
What Everyone Needs to Know

미라 캄다르 **지음**

이종삼 **옮김**

한울
아카데미

차례

제2부 21세기는 인도의 세기가 될 것인가?

8. 환경

나는 1960년에 난생 처음 신디아 기선회사의 화물선 젤러고펄호를 타고 미국에서 인도로 여행했다. 1919년에 설립한 이 기선회사는 인도가 최초로 소유하고 운영해 온 대형 선박회사였으며, '신디아'는 1775년부터 시작한 영국과의 일련의 전쟁에서 마라타^{Maratha} 연맹을 이끌고 싸운 위풍당당한 씨족의 이름이었다. 우리 가족이 시애틀에서 봄베이를 향해 출발할 때 나는 세 살이었다.

그 여정에서 경험한 모든 것 가운데서 내가 가장 뚜렷이 기억하는 것은, 폭풍으로 뒤덮인 태평양 복판에서 거대한 화물선이 좌우로 기우뚱거릴 때 식탁 위의 사기그릇이 가장자리 쪽으로 미끄러지지 않게 식탁 표면에 입술 모양으로 파놓은 나무 홈과, 나와 내 여동생을 유달리 귀여워해 준 신원들의 친절이다. 덴마크계 미국인인 어머니는 인도에서 유학 온 공대생과 결혼했고, 우리는 지금 아버지의 가족을 방문하기 위해 미국 서부해안에서 인도를 향해 멋진 여행을 떠난 것이다. 화물선의 아주 편안한 간부용 선실의 운임은 비행기보다야 저렴했지만 당시의 우리 부모님에겐 감당하기 힘든 사치였다. 그 시절, 부모님은 편지나 전보로 아버지의 고국 가족과 연락했다. 그쪽에서 간혹 걸려오는 전화는 국제전화 교환원을 통해 이루어졌는데, 교환원은 "안녕하십니까, 여기는 인도입니다. 이 통화는 미국 쪽 수신자 부담입니다" 하고 말했다.

나는 몇 년 동안 띄엄띄엄 인도에서 생활한 적이 있다. 나는 계속해서 이 나라를 방문하고 있는데, 가족과 우정에 묶여 있는, 세계에서 가장 방문객을 당혹하게 만들고 다양한 모습을 보여주는 나라 중 하나인 이 나라에 지속적인 매력을 느낀다. 나는 느리게나마 힌디어를 말하고, 읽고, 쓸 줄 알며, 인도의 지역 언어 중 하나인 구자라트어를 알아듣는다. 나는 인도에 관한 책들을 출간했으며, 인도, 유럽 및 미국의 주요 간행물에 인도에 관한 기사를 쓰곤 했다. 인도의 해외시민으로서 나는 곧 인도의 선거에 투표할 수 있게 될 것이다.

하지만 이 불확실한 21세기로 들어가는 인도를 한권의 소형 책자로 정제整齊하는 것은 쉬운 일이 아니다. 이 간략한 책자는 세계에서 가장 오래된 문화를 가진 나라 중 하나이자 가장 복잡한 나라에 속하는 한 나라의 겨우 표면만을 긁을 수 있을 것이다. 그럼에도 이 책은 인도가 어떻게 현재의 위치에 도달했는지, 그리고 앞으로 어떻게 진화해 갈 것인지를 독자들에게 더 잘 이해시키는 방법을 찾아낸다. 인도에 관해 가장 중요한 것들이 무엇인지에 대한 일련의 질문으로 구성되어 있는 이 책은 여러 방향에서 여러 속도로 여행하는 한 나라의 정지화면 이미지를, 앞쪽으로 동시에 뒤쪽으로, 옆쪽으로, 때로는 돌진하기도 하면서 내가 가장 길 묘사할 수 있는 방식으로 제공한다. 고대 인도에서 전해 내려오는 이야기는 내가 이 책이 어떻게 작동하기를 바라는지를 설명하는 데 도움이 될 것이다. 이 고대 이야기에 대한 여러 견해들은 힌두교, 자이나교, 수피교, 불교 등 인도에서 중요한 다양한 종교적 전통을 논할 때 다시 언급된다. 이 고대 이야기는 19세기 미국 시인 존 고드프리 색스John Godfrey Saxe가 쓴 「장님과 코끼리The Blind Men and the Elephant」라는 시의 형식으로 서구의 규범 속에 들어왔다. 색스의 시에서 이 이야기는, 옛 이야기에서와 같이, 몇몇 장님들이 코끼리의 다른 부분들을 만지고는 각각 그 짐승이 무엇인지에 대해 다른 결론을 내린다. 꼬리를 만지는 이는 코끼리가 밧줄이라고 믿는다. 귀를 만지는 이는 코끼리가 부채라고 결론짓는다. 다리를 만지는 이는 틀림없이 기둥일 것이라고 단정한다. 그들 중 어느 누구도 코끼리의 전체상을 볼 수 없으며, 따라서 코끼리의 진짜 모습을 인식할 수 없다. 이 책은 인도의 과거와 현재를 보여주고, 그리고 미래에 어디로 향할지에 대한 정보를 제공한다. 나는 비록 흘끗 훑어보는 것이긴 하지만 이러한 일별들이 독자들에게 인도가 어떻게 오늘날의 위치에 도달했는지 그리고 그 미래가 어떻게 될 것인지를 이해하는 데 좋은 분별력을 심어주길 바란다.

| 감사의 글 |

　나는 뉴욕에 있는 옥스퍼드대학 출판부의 편집장 티모시 벤트Timothty Bent에게 이 책의 출판이 보류된 오랜 기간을 참아낸 그의 인내심에 크게 감사한다. 당초 예정대로 2014년 나렌드라 모디Narendra Modi가 인도 총리로 선출되기 전에 출판되었더라면 이 책이 거의 쓸모가 없었을 것이다. 내 원고를 완성된 책으로 변형시키는 데 도움을 준 뉴젠Newgen의 라제시 카타무투Rajesh Kathamuthu와 OUP의 머라이어 화이트Mariah White에게도 감사한다.

　뉴욕 세계정책연구소의 인턴 시절 이 책을 쓰기 위한 초기 연구에 도움을 준 브렌던 마크 푸Brendan Mark Foo와 이 연구소의 옛 동료였던 미셸 우커Michele Wucker, 벨린다 쿠퍼Belinda Cooper, 클라우디아 드레이퍼스Claudia Dreifus, 케이트 말로프Kate Maloff에게도 감사하고 싶다. 파리에서 나를 위해 초고의 사실 확인을 해준 아지트 프랜시스Ajith Francis에게도 감사한다. 나는 인도의 저명한 학자 크리스토프 재프렐롯Christophe Jaffrelot, 수미트 강굴리Sumit Ganguly, 아난야 바지파이Ananya Vajpeyi, 이네스 주파노프Ines Zupanov, 그리고 캐서린 서반 슈라이버Catherine Servan-Schreiber에게 후한 우정과 끝까지 지지해 준 것 그리고 급한 마감일임에도 바쁜 와중에 시간을 내어, 이 책의 각 섹션들을 정확히 읽거나 또는 이 명으로 읽어준 것에 진심으로 감사한다. 남아 있는 오류는 전적으로 내 책임이다.

이 학자들 외에도, 이 책은 나의 교류 네트워크를 통해 인도와 깊은 유대 관계를 가진 학자, 저널리스트, 작가, 예술가 및 활동가들로부터 많은 도움을 얻었으며 그들 중 많은 사람들을 영광스럽게도 내 친구로 부르고 있다. 그들 모두를 여기에 인용하기엔 숫자가 너무 많다. 이들에게 특별히 감사드린다. 특별한 순서를 정하지 않고 생각나는 대로 이름들을 불러보면, 말리카 사라바이Mallika Sarabhai, 바샤라트 피어Basharat Peer, 가네브 라지코티아Geneve Rajkotia, 니타 굽타Neeta Gupta, 잉그리드 데르와스Ingrid Therwath, 알리에테 아르멜Aliette Armel, 누푸르 티와리Noopur Tiwari, 라마찬드라 구하Ramachandra Guha, 프라탑 바누 메흐타Pratap Bhanu Mehta, 라지브 데사이Rajiv Desai, 스탠리 울퍼트 Stanley Wolpert, 나렌드라 파츠케데Narendra Pachkedhe, 트리딥 수루드Tridip Suhrud, 마누 바가반Manu Bhagavan, 미나 알렉산더Meena Alexander, 데이비드 렐리벨트David Lelyveld, 마리나 바우도스Marina Baudhos, 제테 에몬스Zette Emmons, 시다르트 두베Siddharth Dube, 이스한 타루르Ishaan Tharoor, 카니스크 타루르Kanishk Tharoor, 디나 시디키Dina Siddiqi, 데이비드 루덴David Ludden, 라디카 발라크리슈난Radhika Balakrishnan, 말리카 두트Mallika Dutt, 제이바 라만Zeyba Rahman, 주디 킬라찬드Judi Kilachand, 데빈데르 샤르마Devinder Sharma, 베네딕트 마니에르Bénédicte Manier, 수자타 파레크Sujata parekh, 아툴 쿠마르Athl Kumar, 비노드 조세Vinod Jose, 딜리프 더수자Dilip d'Souza, 비바 카마트Vibha Kamat, 나레쉬 페르난데스Naresh Fernandes, 살릴 트리파티Salil Tripathi, 리라 저신토Leela Jacinto, 카비타 난디니 람다스Kavita Nandini Ramdas, 실라 바트Sheela Bhatt, 사미르 사란Samir Saran, 말비카

Malvika, 테즈비르 싱Tejbir Singh, 무클 케사반Mukul Kesavan, 살만 루슈디Salman Rushdie, 바르카 두트Barkha Dutt, 아미타브 고시Amitav Ghosh, 샤시 타루르Shashi Tharoor, 수니 타라포레왈라Sooni Taraporewala, 그리고 드리티 움리가르Thrity Umrigar …… 등이다.

인도는 물론 외국에 사는 가까운 나의 인도인 친척들도 지난 몇 년간 내가 정확히 이 나라의 맥을 짚도록 도와주었고, 여행 중에 따뜻한 환영과 필요한 부담을 대신해 주었다. 나는 또한 내게 평생 인도와의 연결고리를 갖게 해주신 나의 부모님 프라바카르 캄다르Prabhakar Kamdar와 로이스 이글턴Lois Eagleton에게 깊은 감사를 드려야 한다. 마지막으로 나는 나의 삶에 참여해 준 내 아이들, 알렉산더Alexander와 안잘리 클레이스Anjali Claes, 그리고 내 남편 필립 파브리Philippe Fabbri에게 고마워한다. 내게 가장 중요한 건 내 아이들과 내 남편이다.

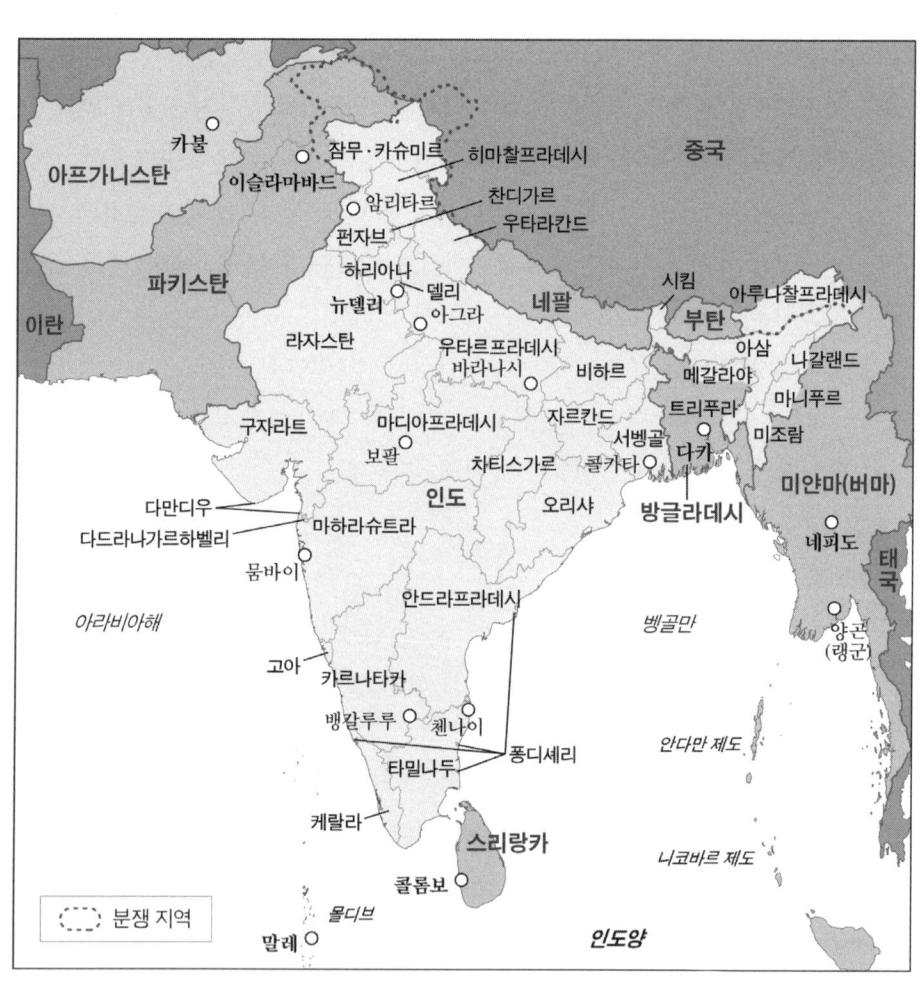

〈지도 1〉 인도와 주변 국가

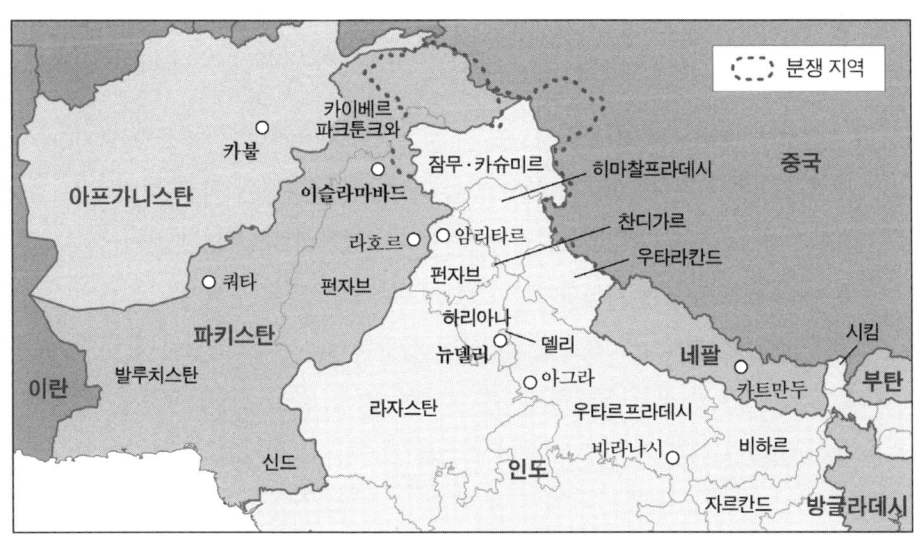

〈지도 2〉 인도 북부

서론

　인도는 세계를 문화로 사로잡고 잠재력으로 자극하며, 전통으로 호기심을 불러일으킨다. 인도는 복잡성으로 사람을 당혹하게 하고 폭력, 빈곤, 부패로 충격을 준다. 하지만 인도가 갖고 있는 엄청난 영어권 인구와 특히 그들의 민주적 제도와 기관들은 세계와 서구 민주주의 국가들에게 많은 위안을 준다. 인도처럼 오래되고 복잡하기 그지없는 나라에 대해 알고 있는 모든 것을 상세히 기술하는 책을 쓰는 일은 불가능하지만, 인도가 우리의 21세기 세계를 형성하는 데 큰 역할을 한다는 점을 감안할 때, 모든 사람들이 이 나라에 대해 몇 가지 기본적인 것들은 당연히 알고 있어야 할 것이다.

　금세기 중반 경에 인도는 지구상에서 가장 인구가 많은 나라가 될 것이며 세계 2위의 경제대국이 될 것이다. 17억 인구가 자원을 소비하고 재화와 서비스를 생산하게 될 것이며 이는 중국을 제외한 모든 나라들을 위축시킬 것이다. 인도가 21세기에 미치는 영향은 결코 과소평가할 수 없다. 2014년 5월에 집권한 바라티야 자나타 당Bharatiya Janata Party: BJP 의 나렌드라 모디 총리는 21세기는 인도의 세기가 될 것이라고 굳게 믿고 있다. 인도인들뿐만 아니라 많은 사람들이 그의 의견에 동의한다.

다른 모든 세기와 마찬가지로 21세기는 인류의 실패에 의해, 그리고 그 업적에 의해 정의될 것이다. 이 말은 다른 어떤 분야에 대한 것보다도 기후변화의 영향을 세계가 어떻게 다루는지에 해당하는 말일 것이다. 지구상의 모든 나라들은 앞으로 지구 온난화가 가져올 결과와 씨름해야 할 것이다. 인도는 그들의 경제를 개발하고 산업화를 추구하는 바로 그 순간에도, 기후변화가 가져올 것으로 예측되는 것의 심각성과 최악의 시나리오를 피하기 위한 해결책을 찾는 관점 모두에서 최일선에 서게 될 것이다. 풍력이나 태양열과 같은 재생가능 에너지원을 개발하는 인도의 리더십이 그들의 미래에 대한 열쇠가 될 것이며 전 세계에 걸쳐 이러한 부문의 기술비용을 낮추는 데 도움이 될 것이다.

인도의 인구 증가는 앞으로 수십 년 동안 세계 인구 증가에 큰 영향을 미칠 것이다. 최근의 예측들은 21세기 말까지 전 세계 인구가 계속해서 증가할 것으로 보고 있는데, 만약 이 예측들 대로 된다면, 2100년까지 지구상에 110억 명이 살게 될 것이다. 점점 더 늘어나는 인구, 기후변화로 야기되는 대혼란과 세계 자원의 감소라는 3박자의 결합은 전에 없이 인류를 시험하게 될 것이다. 인도는 자원개발 경쟁이 치열해지는 세계에서 일자리를 창출하고, 주택을 공급하고, 식량을 공급하고, 교육을 하고, 급성장하는 인구의 건강을 돌보기 위해 고군분투하게 될 것이다. 이러한 문제들에 대처하면서 인도는 다른 개발도상국에 적용할 수 있는 혁신적인 해결책을 발견할 가능성이 있으며, 이는 인구가 밀집한 세계에서 선진국들이 자원을 적게 사용하는 데 도움이 될 수 있다.

인도는 정보통신기술에서도 핵심적 역할을 할 준비가 되어 있다. 중국이 자국민의 인터넷 접속을 엄격히 통제하고, 구글, 페이스북, 트위터와 같은 미국 거대 기업들의 중국 시장 진출을 효과적으로 차단하는 등의 정책으로 많은 인구가 여전히 인터넷을 활용하지 못하고 있는 데 비해 인도는 이러한 기술의 가장 큰 잠재적 시장이다. 인도는 또한 새로운 정보통신기술, 특히 전 세계 빈곤층과 신흥 중산층의 요구를 충족시키는 데 적응하는 기술, 예컨대 더 많은 사람들이 교육을 받고 의료서비스를 받을 수 있도록 돕는 기술, 즉 새로운 정보통신기술을 창조하는 지도국이 될 잠재력을 가지고 있다.

인도는 21세기에 들어와 거칠고 다양한 민주주의를 만나고 있다. 인도 공화국은 29개의 주들로 이루어진 연방으로, 22개의 공용어를 사용하고 있으며, 많은 주들이 이 언어학적 경계선을 따라 만들어졌다. 이들 주들 중 상당수는 그들만의 언어로 된 문학과, 그리고 그들만의 언어로 된 영화 산업, 텔레비전, 라디오 등의 뉴스 매체를 가지고 있다. 인도인의 약 80%가 힌두교도이긴 하지만, 2011년 인구조사 기준으로 인도엔 또한 약 1억 7200만 명의 이슬람교도, 2800만 명의 기독교도, 2100만 명의 시크교도, 800만 명의 불교도, 그리고 450만 명의 자이나교도들이 살고 있다.

인도는 1947년에 독립한 젊은 공화국이라는 사실을 염두에 두어야한다. 회의론자들은, 가난하고 문맹자가 너무 많은 국가에서는 민주주의가 결코 제대로 작동하지 않을 것이라고 예측한다. 그러나 인도의 민주주의는 번성했다. 2015년 현재 인도에는 1866개 이상의 정식 등록된 정당이 있다. 2014년 총선에서는 기록적으로 5억 4000만 명이 투표했다.

하지만 인도의 민주주의는 아직은 거칠고 난잡하다. 2014년에 선출된 인도 의회의원 중 3분의 1 이상이 폭행, 납치, 심지어 살인을 포함한 범죄 혐의로 기소되었다. 인도 정부의 최고위층이 연루된 일련의 사건인 부패 스캔들 덕에 바라티야 자나타 당BJP이 2014년 선거에서 인도국민회의당INC을 패배시켰다. 1885년에 창당한 인도국민회의당은 1947년 인도 독립의 산파 역할을 했으며 그 이후 대부분의 기간 동안 인도를 통치해 왔다. 그들의 미래는 현재로선 불확실하다. 한편 지역 및 카스트에 기반한 여러 정당들도 동시에 실질적인 정치적 영향력을 행사하고 있다.

나렌드라 모디 총리는 2014년 총선 때 경제자유화와 훌륭한 통치를 약속하며 선거운동을 벌였는데 잠재력이 충분한데도 고질적으로 좌절을 겪어온 나라를 발전시킬 수 있는 정부를 열망하는 많은 인도 유권자들에게 공감을 불러일으키며 바라티야 자나타 당의 승리를 가져왔다. 이 선거 공약은 지금껏 30년 동안 인도에서 단 한 차례도 한 정당이 장악한 적이 없던 정권을 BJP가 홀로 잡는 결정적인 승리를 거두게 해주었다.

그러나 모디총리가 선거 공약을 이행하는 것이 쉽지는 않을 것이다. 2014년 모디 당선 이후 인도의 경제성장률은 7% 이상에서 6% 미만으로 떨어졌다. 이 성장률은 선진국에 비해서는 아직 매우 높은 편이긴 하지만, 특히 불평등을 좁히지 못한 성장이었기 때문에, 수많은 인도인들을 빈곤에서 벗어나게 하는 데는 충분치 못했다. 게다가 세계 경제의 전망이 불확실하고 중국의 성장도 정체되고 있다. 모디 정부는 인도의 세제 개편과 외국인 투자 활성화를 위해 적극적인 움직임을 보였지만 2015년 현재 전체 인구의 50%(중국은 30%) 가까이가 25세 미만인 나라에서 중요한 과제인 일자리 창출이 제대로 이뤄지지 못하고 있다.

지난 2014년 모디가 당선된 이후 BJP 및 총선에서 BJP와 연합했던 힌두교 민족주의자 그룹이 성취해 온 것은 그들의 문화적 의제를 발전시키는 것이었다. 그들은 인도의 학교와 대학 커리큘럼을 개혁하고, 인도 문화기관들의 직원 채용 방식과 지향 목표를 바꾸고, 공공장소에서 손을 잡고 다니는 남녀나 쇠고기 소비와 같은 문화적 관행을 규제하기 위해 재빠르게 움직였다. 모디 내각의 각료들은 서구적인 인도와 비힌두적인 인도를 '오염된 것'으로 단정하여 '정화'하고, 인도의 교과서, 역사, 심지어 국제적으로 인정된 과학이론도 재구성하여 힌두교 서사시 『라마야나』와 『마하바라타』를 역사적인 사실에 근거한 과학적인 문서라고 주장했다.

그들의 목표는 인도를 고대 인도의 상상 속의 영광으로 회복시키는 것이며, 그렇게 하지 않고는 인도가 세계에서 정당한 위치를 달성할 수 없다고 믿고 있다. 이것은 대부분의 서양인들이 생각하는 현대화, 세계화가 아니다.

인도가 현대 문화를 전통적인 문화적 규범과 조화시키려고 애쓰는 가운데 인도의 여성들은 사회적 변화의 주요 수혜자 또는 주요 희생자가 되었다. 경제성장과 도시화는 젊은 여성들을 대학캠퍼스와 노동시장에 기록적인 숫자로 끌어들였다. 그러나 가정 밖에서 젊은 남녀가 쉽게 섞이는 것은 보수적인 인도인들을 놀라게 했다. 그들은 자기 마음대로 옷을 입고, 사람을 만나고, 외출하고, 심지어는 많은 인도 부모들이 절대적인 금기로 생각하는 결혼까지 하려고 하는 여성의 자유에 제한을 가하려고 한다.

세계에서 가장 빠르게 성장하는 휴대폰 시장을 가진 이 나라에서 여러 곳의 마을 위원회가 젊은 여성들의 휴대폰 사용을 금지했다.

2012년 뉴델리에서 스물 세 살 난 여대생이 남자 친구와 영화를 본 후 함께 집으로 돌아가던 중 집단 성폭행을 당해 사망하는 참혹한 사건이 발생해 인도 시민 수천 명이 거리로 뛰쳐나와 시위를 벌인 적이 있다. 그 사건은 세계 주요 언론들의 머리기사를 장식했다. 너무나 많은 수의 인도 여성과 소녀들이 한평생 차별을 겪는다. 아들이 가정을 지키면서 노부모를 부양하는 전통적인 대가족제도에서 딸들은 종종 과중한 지참금을 주고 시집을 보내야 하기 때문에 재정적인 골칫거리로 인식되어 가난한 가성에서 딸들이 교육을 덜 받고 음식과 의료 혜택을 덜 받는 결과를 낳았다. 20세기 말이 되자 인도에서는 소비자 중심 사회가 열리고 가정들이 재량소득(가처분 소득에서 기본 생활비를 뺀 잔액 _옮긴이)에 훨씬 더 많은 가치를 두면서, 여성차별의 새로운 추세가 나타나기 시작했는데, 바로 성별 선택적 낙태다. 그 결과 '태어나지 못하는 여자아이들'의 숫자가 늘고 있다. 인도의 2011년 인구조사에 따르면, 헤리아나주에서 남자아이 1000

명에 여자아이 877명으로 조사되고 있다. 성폭력과 성차별은 21세기 인도의 주요 논쟁점이 될 것이다.

인도는 거대한 농경국가에서 거대한 도시국가로 서서히 변모하고 있으며, 2050년까지 8억 명 이상이 도시에 거주할 것으로 추산된다. 꽉 막힌 도로, 오염된 공기, 만성적인 물 부족, 전체 및 부분적인 정전 문제와 공원, 보행로, 우체국, 소방서, 학교 또는 병원과 같은 공공시설 계획이 거의 없는 인도의 현재 상황은 인도 도시 거주민의 삶의 질에 대한 좋은 징조가 아니다. 지불할 여유가 있는 사람들은, 그들이 필요로 하는 모든 것이 그들의 문간 안에 있어, 그들의 편안한 보호막을 떠나 바깥의 가난과 혼돈에 직면할 필요가 전혀 없는, 사적이고, 외부인 출입이 제한돼 있고, 자급자족하는 공동체의 삶을 선택하는 경향이 있다. 모디 총리는 세계적인 추세에 동참하여 인도 도시 위기의 해결책으로 기술력이 강화된 '스마트 시티'의 개발을 약속했다. 이것은 야심 찬 프로젝트지만, 그러나 모든 인도인들이 효율적이고 깨끗한 도시에 공평하게 접근할 수 있는 결과를 가져올지는 두고 볼 일이다.

경제적으로, 그리고 교육, 의료, 적절한 주택과 같은 기본적인 삶의 기회의 측면에서 인도는 극히 불평등하게 갈라져 있다. 2015년 남아시아 경제 불평등에 관한 세계은행의 보고서는 소수의 억만장자들이 국내총생산의 12%를 차지하는 인도의 극히 예외적인 부의 집중을 지적했다. 한편, 4억 5000만 명 이상의 인도인들은 하루에 1.25달러 미만으로 살고 있는데, 인도는 어린이 영양실조 비율이 사하라 이남 아프리카보다도 높아 세계에서 가장 높다.

증가하는 인구를 먹여 살리는 일이 앞으로의 세기에 인도의 가장 큰 도전 중 하나가 될 것이다. 인도는 세계에서 가장 생산적인 농업지역 중 하나이다. 우유의 최대 생산국이며 육류, 면류, 쌀, 후추, 설탕의 중요 수출국이다. 그러나 인도는 일부 식량을 수입해야 하고, 지구 온난화로 인해 몬순 기간의 장마를 예측하기 어렵고, 가뭄과 홍수의 심각성이 증대하여 밀과 쌀의 수확량을 위협하기 때문에 인도 농업은 앞으로 힘든 시기를 맞게 될 것이다. 인도 정부에 따르면, 흉년이 든 해에는 놀라운 숫자의 인도 농부들이 극단적인 선택을 한다고 하는데, 2016년 한 해에만도 1만 1458명의 농부들이 자살했다.

인도의 물 부족 위기가 사태를 더욱 악화시키고 있다. 예컨대 지하 대수층은 말라가고 있는데 계속 지하수를 퍼 올려야 하고, 게다가 농부들은 인도 도시들의 증가하는 물 수요와 지하수를 공유해야 하는 처지이다. 인도 인구의 절반 이상이 여전히 농업으로 생계를 유지하고 있지만, 농업의 국내총생산 기여는 15%에 못 미친다. 비정규직 노동 외에는 적절한 고용 대안이 거의 없기 때문에, 인도의 농부들은 그들의 수입을 늘리기 위한 조치가 취해지지 않는 한 암울한 미래를 맞게 될 것이다.

세계 무대에서 인구와 경제 규모에 상응하는 역할을 수행하기로 작정한 인도는 한 전직 외교장관이 '위험한 이웃'이라고 불렀던 나라들과 겨루지 않을 수 없게 되었다. 파키스탄과 중국과는 전쟁을 치렀고, 계속 국경분쟁을 벌이고 있다. 이 세 나라 모두 핵보유국이다. 인도의 군사비 지출은 중국에 비해 왜소해 보이긴 하지만, 세계 최대의 무기 구매국 중 하나이며 군사력 현대화와 확대를 적극적으로 모색하고 있다.

21세기에 들어오면서 인도는 점차 커지고 있는 군사력을 활용하여 남아시아 전역과 어쩌면 그 너머에까지 세력을 투사하고 있는 것 같다. 인도는 20세기 중반에 설립된 세계 정부기구UN에서 인도가 해야 할 역할을 오랫동안 거부해 온 기성 강대국들의 필요와 이익에 맞게 짜여 있는 세계 질서에 압력을 가하기 위해 다른 신흥국들과 손을 잡고 있다. 그러한 노력의 일환으로 인도는 확장된 유엔 안전보장이사회의 상임이사국 자리를 노리고 있다.

인도는 세계 각지에 흩어져 살면서 인도의 규범과 생활관습을 유지하고 있는 3000만 명 이상의 해외 인도인들로부터 계속해서 도움을 받을 것이다. 디아스포라 인도인들은 그들이 거주하는 나라에서 인도를 위한 정책 수립에 기여하고, 이웃에 사는 비인도인들이 인도 문화에 친숙하도록 만들고, 현지에서 일군 부와 습득한 기술을 인도에 투자하고 이식하는 데 중요한 역할을 한다. 인도 출신 미국인의 수가 현재 거의 300만 명에 이르는데, 해외에서 미국만큼 인도인이 많이 살고 있는 나라는 없다. 2016년 도널드 트럼프 대통령이 당선되기 이전의 이민정책이 그대로 유지된다고 가정하면 인도계 미국인의 인구가 10년마다 두 배로 늘어날 것으로 예상되었다. 인도계 미국인들은 미국에서 교육을 가장 높게 받고 가장 높은 가계소득을 올리고 있다. 그리고 그들은 언론에서 점점 더 많이 다뤄지며 2016년에는 상·하원 선거에 5명이 당선되어 정치무대에서 활발한 활동을 하고 있다. 2017년 유엔주재 미국대사로 임명된 니키 헤일리Nikki Haley 전 사우스캐롤라이나 주지사도 인도 이민자의 딸이다.

인도가 겪고 있는 여러 가지 변화와 이러한 변화가 일어나는 속도는 매우 놀랍다. 새로운 것을 발명하려 모색하고, 수백만의 사람들을 가난에서 벗어나게 하고, 세계 무대에서 자신을 내세우려고 하는 이즈음 인도는 대단한 가능성을 보이고 있지만, 그러나 인도가 직면한 환경 및 경제적 도전은 극복하기가 결코 만만치 않을 것이다. 한편 인도에서는 힌두 민족주의자들이 인도를 그들의 비전에 맞게 만들 수 있는, 전에 없는 권한을 부여받은 것을 기화로 어떤 형태의 국가를 추구해야 하는가를 두고 격렬한 싸움이 벌어지고 있다. 인도가 다양한 사람들의 열망과 21세기에 직면한 많은 도전을 어떻게 관리하는지는 인도뿐만 아니라 평화, 번영, 자유, 그리고 어쩌면 우리 세계의 생존에도 매우 중요한 사안이다.

제 1 부

인도는
21세기를
어떻게
맞이했는가

1. 인도 문명의 유산

인도의 지형은 인도의 역사 형성에 어떤 영향을 미쳤나?

인도 아亞대륙은 유라시아의 광대한 대륙과 크게 분리된 체 연결되어 있는 지리적 영역이다. 인도 아대륙의 지리와 지형은 접근이 용이하면서도 또한 쉽게 방어할 수 있게 되어 있어 독특하고 다면적인 문명을 수천 년 동안 발전시킬 수 있었다. 세계에서 가장 높은 산악인 히말라야산맥이 북쪽 경계에 걸쳐 있으며, 그들의 강대한 봉우리들은 북극에서 휘몰아치는 추위와, 가장 결연한 사람들을 제외한 거의 모든 사람들의 공격을 막아주는 방벽 역할을 한다. 서쪽으로 한때 인도 사막으로 알려진 곳은 마치 낫을 휘둘러 풀을 베어낸 자리 같이 산과 바다 사이를 갈라놓고 있다. 서쪽으로 더 멀리 가면 눈 덮인 산들이 현재 아프가니스탄과 파키스탄 서부에서 다시 부상한다. 인도 아대륙은 히말라야에서 인도양으로 약 3200킬로미터 정도 남쪽으로 확장하여 북위 8°4′에서 삼각형의 꼭지점으로 끝난다.

인디아인도라는 국명은 인더스강에서 따온 것이다. 인더스라는 이름은 산스크리트어로 신두sindhu, 즉 '강' 또는 '물길'에서 유래했으며, 페르시아인들이 이것을 '힌두'라고 발음했다. 오늘날의 파키스탄을 경유하는 인더스강은 히말라야산맥에서 발원하여 아라비아해까지 4800킬로미터를 흐른다. 다른 거대한 강인 갠지스강, 브라마푸트라강, 그리고 자무나강 역시 히말라야산맥에서 흘러내려 그 아래의 평원에 물을 공급한다. 인도 아대륙 중심부의 대부분을 차지하는 데칸고원을 가로질러 남쪽으로 더 멀리 내려가면, 나르마다, 베트와, 카우베리, 고다바리, 크리슈나강이 서쪽으로는 아라비아해로, 동쪽으로는 벵골만으로 흘러가며 계곡과 숲을 마르지 않게 적셔준다.

몬순은 인도양으로부터 휩쓸고 올라오는데, 매년 거대한 행렬을 이루며 북쪽으로 이동하여, 여름의 찌는 더위로 바싹 메말랐던 땅에 생명을 불어넣는 물을 실어오고, 불모의 강바닥을 급류로 흘러내려 호수와 연못들을 채운다. 인도의 농업은 몬순 장마철에 맞춰 발전해 왔다. 간절히 기다리던 연례 몬순에 맞춰 모내기를 하고 몬순 계절이 지난 후에 수확을 하는 주기적인 리듬이 태곳적부터 인도의 의식, 축제, 노래, 문학에 깃들어 있다.

인도는 생물다양성이 풍부하다. 기온, 토양, 강수량은 히말라야산맥의 경사면과 그 아래 광활한 평원, 거대한 중심 고원, 그리고 긴 해안선을 따라 극적으로 변화한다. 생태 영역은 강의 삼각주, 오목한 계곡, 강한 바람에 노출돼 있는 산비탈에서 번성한다. 인도의 다양한 환경에서는 다양한 종류의 인상적인 식물과 동물들이 번창한다. 반얀나무와 알폰소 망고는 말할 것도 없고 벵골 호랑이, 인도코끼리, 브라마황소, 킹코브라 등 인도가 아니고는 상상할 수 없는 것들도 있다.

인도 문명의 뿌리는 비옥하고 생태학적으로 다양한 땅에 깊이 박혀 있다. 인도의 역사가 시작된 이래, 그 뿌리들은 아대륙 바깥 세계와의 접촉에서 자양분을 받아왔다. 5000년 이상 동안 아대륙의 긴 해안선과 자연 항만들이 동쪽으로는 동남아시아, 서쪽으로는 아프리카, 페르시아, 아라비아만, 지중해와의 해상 교역을 용이하게 해줬다. 무역상들은 높은 산악 지역과 거대한 사막을 가로지르는 육로 여행을 통해 인도를 중국, 동남아시아, 중앙아시아 및 레반트와 연결시켰다. 고대 인도의 괄목할 만한 부가 연이어 침략자들과 정착민들을 끌어들였다. 알렉산더 대왕이 기원전 326년에 그의 군대를 인도로 진군시켰을 때, 인도는 이미 오래 전부터 고대 세계 나머지 지역들과 교류한 역사를 갖고 있었다.

인더스 계곡 문명은 어떤 문명이었나?

기원전 2300년에서 1700년 사이에 인더스 계곡에서 정교한 도시 문명이 생겨나 현재의 인도 라자스탄과 구자라트주로 퍼져나갔다. 이 문명의 흔적은 현재 파키스탄에 위치한 모헨조다로와 하라파의 고고학 유적지에서 발견할 수 있다. 이 도시들에는 각각 약 4만 명의 주민이 살고 있었다. 하라파의 주민들은 불에 구운 벽돌로 만든 집에서 살았는데, 어떤 것은 2층 높이에, 수도와 욕실을 구비하고 있었다. 건물들은 거리를 따라 깔끔하게 격자로 늘어서 있었는데, 4000년 전에 지어진 이 도시의 상하수도 시설은 오늘날 인도 몇몇 도시에서 주민들에게 제공하는 것보다도 우수했다.

4000년 전 인도 북서부와 파키스탄의 기후는 지금보다 훨씬 습했다. 강 계곡은 비옥했고, 도시 인구를 충분히 부양할 만큼 농업이 발달했다. 농부들은 보리, 수수, 쌀, 밀을 도시의 곡식 창고로 운반했으며 도시 시장에 신선한 멜론, 석류, 완두콩을 내다 팔았다. 그들은 또한 면화를 재배했는데, 면화는 7000년 전에 인더스 계곡에서 처음 재배되고 경작되었다. 인도에서 생산되는 면직물은 고대 세계 여러 곳에서 거래되었으며, 그 이후로 면화의 역사와 인도의 역사는 밀접하게 연결되어 왔다.

인더스 계곡에 사는 사람들은 도시계획과 관리행정, 무게와 치수를 정확히 재는 도량형제, 토목공학, 원거리 무역 등 오늘날 우리가 현대화와 연관시키는 문명화한 삶의 많은 속성들을 누렸다. 인더스강은 무역의 핵심 동맥이었다. 배들이 강을 오르내리며 도시와 바다, 그리고 그 너머로 화물을 운송했다. 인더스 계곡에 사는 문명화한 사람들이 오늘날 힌두교도들이 신성시하는 소를 씻기는 의식을 하고 다산의 여신에게 특별한 중요성을 부여했다는 고고학적 증거는 힌두교의 고대뿌리를 감칠나게 암시한다. 200년 동안의 가뭄으로 이어진 몬순 장마철의 변화로 인해 인더스강 계곡 문명은 아리아인들이 인도 아대륙에 도착한 기원전 1500년경엔 대부분 사라졌다.

아리아인들은 누구인가?

『리그베다Rig Veda』는 기원전 1700~1100년 사이에 작곡한 1028개의 찬송가 모음집이다. 이것은 기원전 약 300년에 산스크리트어로 기록하기 전에 수세기 동안 구전口傳되어 왔다. 힌두교도들은 오늘날에도 『리그베다의』 찬송가를 낭송한다. 『리그베다』는 '지식의 시구verse of knowledge'라는 뜻인데, 인도 고대문명의 기원에 관한 아주 흥미로운 빛을 내뿜는다. 『리그베다』에서는 아리아arya라는 단어가 36번 등장한다. 이 산스크리트어는 '귀족noble'이란 의미다. 아리아인은 귀족이다. 『리그베다』에서 환기된 고대 문화를 베다 문화Vedic culture라고 한다. 언어학과 비교언어학은 고대 찬송가에서 아리아에 대한 언급 이후 아리아인이라고 불리는 유목민족의 인더스 계곡 도착을 『리그베다』와 연결한다. 인도에서 장차 산스크리트어가 될 원시 인도-유럽어를 구사했던 이들 부족은 기원전 2000년 전후에 중부 러시아에서 일부는 남아시아로 와서 인도인이 되고, 다른 일부는 중앙아시아와 페르시아를 넘어 유럽으로 가 오늘날의 유럽인이 된 것으로 생각된다. 남아시아로 향한 아리아인들은 소 떼와 함께 이동하면서 기원전 1500년경에 인도 아대륙에 도착했다.

19세기 유럽의 인도학자들은『리그베다』의 연구와 번역을 통해 아리아인들이 자기들보다 약하고 피부색이 어둡고 정주하던 토착 원주민들을 침략하여 정복한, 밝은 색 피부를 가진 유목민족이라는 이론을 공식화하여 인도의 원주민들이 현존하는 아리아인의 사회계층에 동화되었다는『리그베다』의 단서를 찾아냈다. 이 계층구조는 산스크리트어에서 '색깔'을 의미하는 단어인 바르나 varna 에 따라 사람들을 내림차순으로 조직화했다. 인도의 카스트 제도는 수세기에 걸쳐 여러 다른 민족을 아리아인의 바르나 계급에 계층적으로 동화시킴으로써 출현했다고 믿어진다. 베다 문화에서 브라만은 아리아 사회계층의 정점을 차지했는데, 그곳에서 그들은 사회의 모든 구성원이 속박되는 사회 규칙과 구조를 정립하고, 전달하고, 해석하고, 시행했다.

인도와 유럽 정복 민족으로서의 아리아인에 관한 이론은 인도 브라만들의 타고난 거만함에서부터 나치의 인종이론에 이르기까지 인종적, 문화적 우월성에 관한 모든 종류의 이데올로기를 설명하는 데 활용되어 왔다. 이 이론은 설사 우주의 시작은 아니더라도 소 떼를 모는 유목민 부족의 도착 대신 인도 아대륙에 대한 신앙의 기원을 천지개벽 때까지 거슬러 올라가게 함으로써 일부 힌두교도들에 의해 심한 논쟁의 대상이 되고 있다. 또한 베다 문화가 아리아 문화의 혼합주의와 더 오래된 하라파 문명의 잔재로부터 인더스 계곡에서 발전했다고 믿는 사람들도 있다. 어쨌든, 아리아인의 인도 침공을 둘러싼 논쟁에 대한 약간의 지식이 없다면, 북과 남 인도 사이의, 시골과 도시 인도 사이의, 그리고 카스트에 관한, 또는 원래 거주자로 여겨지는 인도의 아디바시 Adivasi 부족에 관한, 가장 최근의 정치적, 사회적 갈등의 일부를 이해할 수 없다.

『리그베다』는 인도 힌두교 문명의 창시創始 서사로, 힌두교의 핵심 개념과 의식 관행의 일부에 대한 고대의 증거를 제공하며, 이는 개인의 도덕적 행위와 사회의 올바른 구조를 위한 처방과 분리될 수 없는 종교적 믿음이다. 『리그베다』는 혼돈에서 벗어나 생명을 불어넣고자 하는 창조를 다시 설명하는데, 생각이 욕망을 불 지핀다고 말한다. 인드라Indra는 베다 신들의 영웅이다. 그는 전쟁과, 비와 폭풍우를 다스린다. 그는 강을 막고 세계에 가뭄을 가져온 브리트라Vritra를 죽인다. 아디티Aditi는 위대한 어머니 여신, 모든 신들의 어머니다. 그녀의 이름은 '속박이 풀린'이란 뜻이다. 그녀는 우주의 에너지에 신성한 형태를 부여한다. 불의 신 아그니Agni는 베다 종교의식의 중심에 있다. 힌두교도들은 여전히 이들과 『리그베다』 및 다른 힌두 문학에 등장하는 많은 다른 신들을 숭배한다.

힌두교는 어떤 종교인가?

인도인의 80%가 힌두교도들이다. 힌두교는 다신교다. 중요한 성삼위聖三位는 창조의 신 브라마Brahma와 유지의 신 비슈누Vishnu, 소멸의 신 시바Shiva로 되어 있다. 다른 주요 신들로는 크리슈나Krishna, 가네샤Ganesha, 라마Ram 등이 있으며, 사라스바티Saraswati, 락슈미Lakshmi, 칼리Kali도 중요한 여신들이다. 힌두교 신의 수는 일반적으로 3억 3000만 명이라고 하지만, 이것은 실제 숫자라기보다 신령은 무한한 현현으로 나타난다는 점을 표현한 것이다. 힌두교는 인간 사회의 조직을 위한 제의祭儀와 규정으로 구성되어 있으며, 그리고 그들의 많은 성전聖典에서 존재와 우주에 대해 설명하고 있는 것처럼 개인이 어떻게 그들의 삶을 실행해야 하는지에 대해서도 설명하고 있다. 대충 살펴보아도, 고대에 나온 『리그베다』와 같은 여러 베다Vedas 외에도 힌두교의 주요 경전은 『푸라나Puranas』, 『바가바드기타Baghavad Gita』, 『마하바라타Mahabharata』, 『라마야나Ramayana』, 『우파니샤드Upanishads』가 있다. 이 경전들은 구전되어 오는 찬가, 시의 일순一巡, 그리고 서사시에서 기원했다. 그것들은 각기 다른 시기에 각기 다른 저자들이 썼고 인도의 모든 지역 언어로 번역되었는데, 이 중 22개는 인도의 헌법이 인정하고 있다.

『마하바라타』와 『라마야나』는 서사시로, 왕권, 전쟁, 결혼생활, 육아, 혈연 등의 윤리적 요구와 씨름하는 성스러운 영웅들과 여주인공들이 등장한다. 이러한 서사시는 힌두교도들에게 다르마dharma: 達磨로 알려진 개념인 우주의 신성한 구조에 따라 어떻게 윤리적 삶을 살 것인가 하는 문제를 다룬다. 이러한 서사시에서 나온 이야기들은 인도 전역에서 다시 설명하고, 공연하고, 기념하며, 모든 힌두교도들은 주요 줄거리를 알고 있다. 인도의 수많은 남성과 여성 힌두교도들의 이름은 이 유명한 이야기에 나오는 신과 여신, 왕과 왕비, 그리고 왕자와 공주들의 이름을 딴 것이다.

힌두교는 인도의 지리적 공간과 지형에 깊이 뿌리를 두고 있다. 『마하바라타』와 『라마야나』에서 자세히 이야기하고 있는 신들의 위업은 인도 아대륙을 배경으로 한다. 인도에 살고 있는 힌두교도들은 그들이 가장 신성시하는 서사시 속의 광경과 같은 물리적 세계에 살고 있다. 이 서사시들에서 언급하는 가장 성스러운 장소들 중 많은 곳은 사찰, 사당, 순례지로 지정되어 있다. 나무, 특히 인도 보리수나무pipal tree는 부처가 이 나무 그늘 아래서 깨달음을 얻었다고 하여 신성시하고 있고, 강들과 소, 쥐, 코끼리, 코브라 등 특정 동물들에도 신성한 의미가 담겨 있다고 한다. 인도에서 가장 성스러운 강은 갠지스강이다. 강 자체가 여신인 강가Ganga이며, 그 물방울 하나하나가 힌두교도들에게는 신성한 것으로 여겨진다. 강가 여신의 탄생은 『푸라나』중 한 곳에서 자세히 설명한다. 비슈누의 발에서 뿜어져 나와 브라마의 거처를 지나는 갠지스강은 하늘에서 시바신의 긴 머리카락을 통해 떨어지고, 거기서부터 침대로 흘러간다. 갠지스 강물의 정화 특성은 모든 죄를 제거한다고 믿어진다. 힌두교 신자들은 갠지스강에서 목욕을 하고 죽은 사람의 재를 성스러운 강, 특히 바라나시市의 갠지스강에 가라 앉힌다.

힌두교의 물리적 세계는 신성한 에너지로 살아 있으며, 아무리 일상적인 일이라도 우주와 연결되어 있다. 힌두교도들은 연중 특정한 시기에 초승달, 반달, 보름달 등 달의 변화 단계에 따라, 또는 탄생, 결혼, 그리고 죽음의 경우에 일상적으로 행해지는 제의祭儀에서, 그들의 개인적인 삶을 신성한 에너지로 고동치는 우주와 연결시킨다.

창조자 브라마, 유지자 비슈누, 소멸자 시바라는 성삼위는 지속적이고 무한한 과정인 우주의 창조와 종말을 상징한다. 이들 신들은 각각 뚜렷한 성격을 가지고 있으며 다른 현시나 화신으로 나타난다. 힌두교의 서사시와 찬가는 이들 신들이 각기 다른 모습으로 이룩한 위업에 대해 매우 풍부하고 복잡한 이야기를 전한다.

힌두교의 주요 여신들은 신들의 배우자들이다. 힌두교 신들은 일반적으로 고대의 사원 조각상뿐만 아니라 현대의 이미지에서도 신성한 부부로 표현된다. 남성과 여성의 신성한 정력의 우주적 결합에 대한 가장 간단한 묘사는 시바 신을 섬기는 신전과 신전에서 발견되는 요니-링가 yoni-lingam(여음상-남근상) 조각에 있는데, 이것은 남녀 성기의 결합을 묘사하고 있다. 파괴자 시바는 남성미 넘치는 신이다. 그가 연관되어 있는 동물, 즉 그가 '타고 다니는 것'은 브라마 황소인 난디다. 그의 신적인 힘은 여성의 성기(요니)를 나타내는 추상적인 원형에 막강한 힘으로 고정되어 있는 남성의 성기인 팔루스(링가)로 표현된다.

샥티shakti라고 불리는 여성 우주 에너지는 힌두 우주론의 중요한 측면이며, 데비devi라고 불리는 여신들이 중요한 역할을 한다. 위대한 어머니 여신인 데비도 있고 많은 다른 데비들도 있다. 부의 여신 락슈미는 사업이 잘 되도록 축복해 주기 때문에 인도의 모든 힌두교인 소유의 사업장에

전시되어 있다. 사라스바티는 학문과 음악의 여신이다. 시바와 밀접한 관련이 있는 칼리 여신은 영웅들이 신성한 전투를 준비하는 전쟁에 대한 고대 힌두교 문헌에 등장한다. 그녀의 이름 칼리는 '검은색'을 의미하며, 그녀는 일반적으로 검은 피부로 묘사된다.

힌두교에서 가장 유명한 신성한 부부는 시바와 파르바티Parvati, 크리슈나와 라다Radha, 라마와 시타Sita 이다. 크리슈나는 비슈누의 사랑스럽고 짓궂고 삶을 사랑하는 화신이다. 그는 파란 피부로 묘사된다. 크리슈나의 신성한 플루트 음악은 힌두교의 성스러운 전설에 나오는, 사랑에 번민하는 우유 짜는 여자들에게는 마치 그의 신성한 메시지가 그의 제자들에게 전해질 때처럼 도무지 거부할 수 없을 정도로 매력적이다. 크리슈나가 영감을 주는 황홀한 숭배의 상태를 박티bhakti라고 한다. 크리슈나는 그 성스러운 지위가 베다의 시대로 거슬러 올라가는 동물인 소와 밀접하게 연관되어 있다. 그는 아기였을 때 어머니의 부엌에서 버터를 몰래 훔쳐 먹거나 거기에 열을 가해 투명하게 만드는 장난질을 즐기기도 했다. 통통한 아기 크리슈나가 웃으면서 버터를 먹는 모습은 인도에서는 흔히 볼 수 있는 광경이다. 시바 신과 그의 여신 아내 파르바티의 아들로 코끼리 머리를 가진 신 가네샤는 효도, 성공, 새로운 시작의 신으로 존경받고 있다.

『라마야나』는 라마와 그의 아내 시타가 시련을 겪는 서사시적인 이야기다. 라마는 비슈누 신과 아요디야 왕의 화신이다. 그의 아내 시타는 락슈미 여신의 화신이다. 악마 라바나기 시타를 납치하여 란카에 있는 그의 왕국으로 데려가지만, 그녀는 라바나의 접근을 거부한다. 충직한 원숭이 신 하누만Hanuman은 바다를 날아 란카로 건너가 왕비를 구출하여 데려왔지만, 라마는 라바나에게 납치되었던 그녀의 정절을 의심할 뿐이었다. 시타는 자신의 결백함을 증명하기 위해 불에 의한 재판을 받은 후 정당하게 아요디야의 왕비 자리에 복귀한다. 하지만 라마는 쌍둥이 아들이 태어난 후 다시 한 번 시타의 정절을 의심한다. 그녀는 어머니 지구地球에게 자신을 삼켜 달라고 부탁한다.

시타는 힌두교의 여성성, 즉 남편에게 헌신하는 유덕한 아내의 모델로 간주된다. 힌두교 신자들은 강력한 여성성을 가진 여신들을 숭배하고, 여성들, 특히 어머니들은 집 안에서, 그리고 점점 집 바깥에서도 진정한 힘을 발휘할 수 있지만, 힌두교 전통은 다른 많은 종교들과 마찬가지로 여성들을 남성들의 가부장적 특권을 영속시키는 역할에 머물게 한다.

『베다』와 『푸라나』 단계의 초기 힌두교는 전쟁터에서의 여성이나 신성한 실로 짠 옷을 입고 기도문을 읊는 브라만 여성들에 대해 이야기했지만, 힌두교 여성의 삶과 행동은 마누 법전Laws of Manu이 제정되자 심각하게 제한되었다. 기원전 400~200년 사이에 편찬한, 힌두교의 올바른 행동 법칙다르마을 규정한 마누 법전은 여자를 무엇보다도 그들이 신으로 섬겨야 하는 남편에게 종속된 아내로 정의했다. 마누 법전에 따르면 여자의 삶의 유일한 목적은 남편이다. 여자는 절대 독립해서는 안 된다. 여자는 시집가기 전에는 아버지에게, 그 다음에는 남편에게 복종해야 하고, 남편이 먼저 죽으면, 아들에게 복종해야 한다. 마누 법전은 힌두교 여성이 어떻게 일상생활을 영위해야 하는가에 대해 자세히 설명한다. 즉, 여성은 다른 모든 사람들보다 먼저 일어나 가족을 위해 음식을 준비하고 그들의 모든 필요를 돌봐야 하며, 다른 모든 사람들의 식사가 끝난 후에 식사를 해야 한다. 아내는 남편을 그림자처럼 따르고 노예처럼 복종해야 한다.

정통 힌두교에서는 브라만 과부들의 재혼이 금지되고 어린이 결혼이 불법이지만, 인도의 일부 지역사회에서는 여전히 실행되고 있으며, 이는 일부 어린 소녀 과부들이 생기고 있음을 의미한다. 남편의 죽음은 흔히 아내의 잘못으로 여겨질 수 있다. 그녀는 설사 현생에서 지은 죄가 없더라도 전생에 죄를 지었기 때문에 그런 불행을 가져온 것으로 간주될 수도 있다. 사티sati, 즉 과부를 불태워 죽이는 관행은 인도 북부에서 19세기까지 빈번하지는 않았지만 널리 유행했으며 그 이후에도 독립적인 사건들이 있었다. 사티는 아직 살아 있는 과부가 죽은 남편의 장례용 장작더미에 몸을 던져 함께 불태워져 그녀의 영혼이 남편의 영혼을 따라갈 수 있도록 했다. 이 관습은 식민지 시절 영국 당국이 불법화했고 여전히 불법이다.

힌두교의 핵심 개념은 다르마다. 다르마는 우주의 신성한 원리에 따라 행동할 수 있는 모든 인간의 의무와 특권을 정의하는데, 이는 훌륭한 사회질서에 반영되는 조화다. 이러한 의무와 특권은 영원하고 동시에 상황적이어서 성별, 카스트, 삶의 단계에 따라 다르다. 상류계급 힌두교도들에겐 어떻게 살아야 하는지를 규정하는 네 가지 삶의 기본 단계가 있다. 즉 연구(전통적으로 베다의 연구)에 전념하는 혼전 단계인 브라마차리아 brahmacharya, 결혼생활, 가정 운영, 자녀 양육 및 부를 축적하는 단계인 그리하스타grihastha, 종교의 수행과 활발한 삶에서 철수하는 단계인 바나프라스타vanaprastha, 그리고 이 세상을 포기하는 단계인 삼냐사 samnyasa가 그것이다.

다르마의 도전, 올바른 행동, 이것이 바로 힌두교의 주요 경전 중 하나인 『바가바드기타』의 제1 주제다. 대서사시 『마하바라타』의 전설적인 전투 장면 앞에 나오는 『바가바드기타』에서 크리슈나 신은 주인공 아르주나에게 누군가를 죽이는 것이, 심지어 가족이나 스승을 죽이는 것이 정의로운 전쟁의 맥락에서 어떻게 허용될 수 있는지를 설명하는 다르마의 상황적 측면을 실제로 보여준다. 다르마는 윤회를 지배하는 힘, 즉 영혼의 이동과 연결되어 있다. 힌두교도들은 영혼인 아트만atman이 죽은 후에 새로운 육체로 다시 태어난다고 믿는다. 환생, 즉 영혼의 끊임없는 탄생과 부활을 삼사라samsara라 한다. 산스크리트어에 뿌리를 둔 '행동'을 의미하는 카르마Karma는 인간은 선한 행위, 즉 다르마와 조화를 이루는 행위, 또는 악한 행위, 즉 다르마에 반하는 행위를 선택할 수 있으며, 이러한 선악 행위의 대차대조표가 영혼의 다음번 재탄생의 형태와 지위를 결정한다는 개념이다.

카스트 제도란?

앞에서 살펴본 바와 같이, 사회 계층화 체계인 카스트 개념은 인도의 고대 베다 문화에서 유래했다. 베다족은 4개의 주요 범주, 즉 바르나로 나뉜 사회적 계층을 만들었다. 내림차순으로 사제 계급인 브라만, 전사 계급인 크샤트리아, 상인과 토지소유자 계급인 바이샤, 장인과 노동자 계급인 슈드라가 그것이다. 종교적 지식과 제의의 전승자이자 힌두교의 신성한 문서의 저작자이며 보관인인 브라만은 이 사회적 계층 구조에서 가장 높은 자리를 차지한다. 다음으로는 사회 질서의 수호자인 크샤트리아와 물질적 부와 복지의 창조자인 바이샤다. 이 세 계층의 바르나는 '두 번 태어났'고 말해지는데, 그것은 그들이 태어난 바르나로 공식적으로 입문하는 의식을 말하는 것이다. 베다 경전은 두 번 태어난 사람만이 베다의 신성한 경전을 낭송하거나 낭송을 들을 수 있다는 것을 분명히 규정하고 있다.

바르나 계급에서 미지막 4위 계층은 수드라로 장인과 노동자 계층인데, 그들은 노동으로 상위 3계층에 봉사한다. 이 네 계층의 바르나 외에도, 과거에 불가촉천민으로 불리던 열외 계층이 있다. 이들이 불가촉천민으로 천시된 이유는 죽은 동물을 다루거나 배수구를 청소하는 것과 같은 이들의 직업이 순결과 오염에 대한 힌두교의 개념에 따라 불결하다고 여겨졌기 때문이다. 오늘날에는 불가촉천민이라는 용어가 더 이상 사용되지 않고 달리트Dalit라는 이름으로 대체되었는데, 이는 '억압받는'이라는 뜻이다.

바르나의 계층은 가장 순결한 제1계층 브라만에서 가장 덜 순결한 불가촉천민인 제5계층의 달리트로 내려가는 사다리다. 정통파 상류 힌두교도는 달리트와 직접 접촉하거나, 달리트가 만진 것, 준비한 음식, 심지어 그들의 그림자와도 접촉하는 것만으로도 자신의 바르나를 잃을 위험에 빠진다고 믿었다. 브라만에 의해 행해지거나 처방된 정교한 의식만이 달리트와의 접촉으로 오염된 사람의 '오염'을 제거할 수 있었다. 의도한 것이 아니더라도 상류계층의 힌두교인을 오염시킨 달리트는 죽음을 포함한 중형에 처해졌다. 1950년에 인도는 헌법 제19조를 통해 불가촉천민에 대한 차별을 불법화했다. 하지만 인도 인구의 24% 이상을 차지하는 달리트는 계속 끔찍한 차별을 받고 있다. 그들의 존엄과 평등을 위한 투쟁은 아직 끝나지 않았다.

4개의 바르나 또는 넓은 카스트 범주에는 약 4000개의 특정 자티Jati, 즉 인도 정부가 인정하는 특정 카스트가 포함된다. 자티는 산스크리트어로 '탄생'을 뜻한다. 카스트는 부모로부터 자식에게 대물림된다. 사람은 자신의 카스트를 선택하지 못하고 타고난다. 사제에서 상업, 이발, 가죽 세공에 이르기까지 전통적으로 세습되는 직업들은 각각 고유의 카스트를 가지고 있으며, 더 구체적인 하위 범주로 나눌 수 있다. 인도인들은 출생 카스트에 관련된 직업에 종사하고 있지 않아도 출생 카스트에 소속된다.

자이나교는 어떤 종교인가?

자이나교는 인도에서 매우 오래된 고대종교이며, 베다 문화와 유사한 종교 문화에 기원을 둔 것으로 보인다. 자인Jain이라는 이름은 '승자'라는 뜻의 산스크리트어 지나Jina에서 유래했으며, 지구상의 모든 고통을 가진 끝없는 윤회의 순환을 무찌른 개인을 가리킨다. 어떤 연관성의 증거는 없지만, 인더스 계곡 문명으로 거슬러 올라가는 조각상들, 이른바 벌거벗고 서 있거나 앉아 있는 남성 인물들이 나중에 자이나교의 티르탕카라tirthankars, 즉 '실현된 영혼'을 묘사한 것과 닮은 요가적인 자세를 하고 있다. 인간으로 태어난 티르탕카르들은 명상과 단식을 통해 끝없는 환생samsara의 순환으로부터 영혼의 해방moksha을 성취했다.

24명의 티르탕카르들이 있다. 맨 마지막으로 해방의 상태를 달성한 이는 마하비라Mahavira였다. 기원 599년(일부 학자들은 50여 년 후라고 말한다)에 크샤트리아 가문에서 바르다마나 왕자로 태어난 마하비라는 30세의 나이에 집을 떠나 금욕자의 삶을 살았다. 12년 반 동안 금식과 명상을 한 후에 그의 영혼은 목샤moksha, 즉 육체로부터 해방되고 환생으로부터 해방되었다. 그의 이름은 '위대한 영웅'을 의미한다. 마하비라의 유산에는 인도 전역에 사원을 세운 남녀 수행자들의 공동체도 포함된다. 또 다른 티르탕카르는 티르탕카르 리샤바의 전설적인 아들인 바후발리Bahubali다. 기원 981년에 인도 카르나타카주의 한 마을인 슈라바나벨라골라에 한 덩어리의 화강암에 조각된 17m 높이의 바후발리상이 세워졌다. 매 12년마다 주요 기념행사를 하며, 그 기간 동안 조각상에는 우유, 사프란 반죽, 사탕수수즙이 뿌려지고 꽃으로 장식된다. 팔리타나, 구자라트, 아부산, 라자스탄주에도 중요한 자이나교 사원 단지가 있다.

자이나교는 두 개의 주요 종파인 디감바르Digambars와 스웨탐바르Swetambars로 나뉜다. 두 종파의 차이는 마하비라의 계보와 그의 생애의 전기적인 세부 사항에 대한 의견 차이로 생긴 것이다. 디감바르 종파의 수도승들은 물질세계와 신체에 대한 그들의 완전한 무관심을 보여주기 위해 옷을 입지 않는다. 디감바라 종파의 여승과 스웨탐바라 종파의 수도승과 여승들은 하얀 무명 옷을 입는다. 스웨탐바라 종파는 여성이 해탈한 영혼이 될 수 있다고 주장하며, 24명의 티르탕카라 중 하나인 말리나타Mallinath는 여성이었다.

비록 그들이 티르탕카라를 숭상하긴 하지만, 자이나교도들은 어떤 신이나 신들 또는 여신들을 경배하지 않는다. 자이나교도 각자는 자신의 영혼이 목샤를 향해 가도록 정진할 책임이 있다. 자이나교는 다방면에 대해 기록한 고대의 문헌들을 갖고 있으며, 자이나 교리와 티르탕카라 및 후대 현자의 가르침에 관한 본문을 읽고 연구하는 것이 자이나교의 종교적 실천에 필수적이다.

자이나교도는 지바Jiva, 즉 모든 생명의 신성함을 믿으며, 아힘사ahimsa의 원리인 비폭력을 믿는다. 힌두교도와 마찬가지로 자이나교도는 업보를 믿으며, 힘사himsa의 행위, 즉 폭력은 나쁜 업보를 낳는다. 자이나 교도는 다른 생명체를 해치지 않기 위해 채식주의를 실천하는데, 유제품은 먹는다. 서양의 많은 채식주의자들은 우유나 달걀도 먹지 않는 엄격한 채식주의자들이다. 자이나 교도에게 먹는 행위는 설사 식물에서 오직 잎이나 씨앗만 따서 먹는다고 해도 살아 있는 것에 대한 폭력을 의미한다. 자이나 교도에게 단식은 먹는 폭력을 중단시키는 중요한 방법이며 죽음으로 가는 단식은 현재의 육신을 떠나는 존경받는 방법이다. 일부 정통파 자이나 교도는 해가 진 이후에는 미생물이 더 많이 나타나고 활동한다고 믿기 때문에 그들을 해칠까봐 이 시간에는 먹지 않는다. 그들은 모든 뿌리채소를 피하는데, 이것들을 수확하는 것은 식물의 뿌리를 뽑아 죽이는 것이 되고, 또한 토양에 있는 미생물에 해를 끼치기 때문이다. 마늘과 양파는 나쁜 업보를 조장하는 주요한 행동의 원천인 열정에 '열'을 주는 것으로 간주된다. 인도의 식당들은 종종 양파, 마늘, 뿌리채소를 넣지 않은 '자이나교도' 요리를 메뉴로 제공한다. 아힘사, 즉 비폭력을 철학의 핵심으로 삼은 마하트마 간디는 자이나교를 널리 믿는 구자라트에서 태어났다. 간디는 자이나교 현자인 슈리마드 라지찬드라Srimad Rajchandra와 철학적이고 종교적인 주제에 대해 서신을 주고받았고, 그를 자신의 스승 중 한 사람으로 여겼다.

자이나주의의 또 다른 핵심 개념은 아네칸타바다anekantavada, 즉 비절대주의, 즉 상대주의와 다원주의 원칙이다. 이 책의 서문에 나오는 시각장애인과 코끼리의 비유는 삶의 의미나 영혼이나 우주의 본질을 이해하려고 하는 인간은 감각 제한적으로 지각하는 시각장애인과 같은 존재라는 아네칸타바다의 자인의 개념을 잘 보여준다. "삶의 의미는 무엇인가?" 또는 "영혼의 본질은 무엇인가?"와 같은 질문들에 대한 논의는 인간이 전지전능한 존재가 될 수 없기 때문에 오직 부분적이고 불완전한 대답을 얻을 수 있을 뿐이다.

황제 찬드라굽타 마우리아(기원전 340~248)는 현재 북서부 인도, 파키스탄, 아프가니스탄의 주요 부분을 정복하고 통일하여 자이나교로 개종하고 금식했다. 8세기와 11세기 사이에 자이나교는 힌두교로부터 압박을 받았고, 많은 자이나교도가 힌두교로 개종했다. 11세기와 12세기에 인도를 침략한 이슬람교도들은 힌두교도와 불교도들에게 했던 것처럼 자이나교 사원을 파괴하거나 훼손하고 자이나교 문서들을 불태우고 강제로 개종시키는 등 자이나교를 더욱 탄압했다.

인도의 2011년도 인구조사에 따르면 현재 인도에는 480만 명의 자이나교도가 있는데, 이는 인도 전체 인구의 극히 일부에 지나지 않는다. 그러나 이 조사에서 밝혀진 결과에 따르면 자이나교도는 인도의 여러 종교집단 중 가장 높은 문해율(94.1%)을 보이고 있다. 인도에서는 거의 아무도 카스트를 피하지 못해서, 자이나교도는 힌두 카스트 계층에 동화되어 있다. 구자라트와 북인도 지역에 사는 대부분의 자이나 교도들은 제3 계층인 상인 카스트 바이샤이다. 자이나교도들은 전통적으로 다이아몬드 거래와 같은 무역, 은행 및 다른 관련 사업에 종사하고 있다. 자이나 교도들은 인도 국외에서 가장 큰 자이나교 사원이 세워진 벨기에의 안트베르펜에서 다이아몬드 거래 사업의 대략 3분의 1을 장악하고 있다.

부처는 어떤 분이었는가?

인도는 또한 불교의 본고장이다. 싯다르타 고타마는 기원전 560년에 네팔 남부의 부유한 크샤트리아 가문에서 힌두교도로 태어났다. (일부 학자들은 기원전 400년 이후에 출생한 것으로 추정한다.) 그는 빼어나게 잘 생긴 남자로 유명하다. 전설에 따르면, 그는 응석받이로 자라 사치에 빠진 생활을 하다가 서른 살 때 병자, 노인, 시체, 종교적 고행자라는 네 가지 상황을 보고, 인간의 모든 삶은 두카dukkha, 즉 '번뇌'라는 것을 깨닫게 된다. 싯다르타 고타마는 힌두교의 몇 가지 핵심 교리, 요컨대 삼사라, 즉 영혼이 육신으로 끝없이 탄생하고 재탄생 하는 것과, 앞에서 언급한 다르마, 즉 우주의 신성한 질서와 개인적인 행동의 조화를 믿게 된다.

그러나 힌두교에서 자신의 다르마에 따라 생활하는 것은 사람이 타고난 바르나의 의무와 특권을 존중한다는 것을 의미하는 반면, 부처는 모든 인간이 끊임없는 출생과 죽음, 즉 삼사라의 고통으로부터 자유로울 수 있으며, 따라서 그의 카스트와는 상관없이 두카, 즉 번뇌로부터도 자유로울 수 있다고 믿었다. 이러한 견해는 고타마 왕자와 힌두 정통파 신앙 사이에 직접적인 갈등을 일으키는 요인이 되었다.

바르나와 다르마 사이의 연관성을 놓고 브라만과의 갈등 끝에 싯다르타 고타마는 인도의 갠지스 계곡으로 가서 그 의미 탐구에 들어갔다. 서른다섯 살에 그는 부다가야의 한 그루 큰 나무 아래서 49일 동안 명상을 한 후 깨달음인 열반nirvana에 이르렀다. 이 나무는 인도 보리수나무로 알려져 있다. 싯다르타 고타마가 깨달음을 얻자 그는 깨달은 사람인 부처가 되었다. 부처가 열반에 이르는 길에 파악한 것이 불교의 핵심 규범 계율이 되는데 다음과 같은 '사성제四聖諦로 알려져 있다. 즉 (1) 삶은 고통이다苦諦. (2) 고통은 욕망에 의해 야기된다集諦. (3) 욕망은 극복될 수 있다滅諦. (4) 욕망을 극복하는 방법은 자진고행이나 금욕적 희생이 아니다道諦. 부처는 극도의 상실감으로 열반에 이르는 데 실패한 후에 이 네 번째 진리를 깨달았다. 전설에 따르면 그는 젊은 여성이 금 그릇에 담아 선물한 식사를 받아들임으로써 단식을 깼다. 불교의 소위 중도의 길, 즉 깨달음의 온건한 길이 탄생한 것이다.

고타마 부처는 그가 알게 된 것을 설교하며 여생을 보냈다. 불교의 가르침의 핵심은 팔정도로 알려진 여덟 가지 계율인데, 그들 모두가 '올바름' 또는 '균형'의 개념을 다루고 있다. 핵심은 팔정도八正道로 알려진 여덟 가지 계율인데, 그들 모두가 '올바름' 또는 '균형'의 개념을 다루고 있다. 팔정도는 (1) 올바른 이해 또는 해석正見, (2) 올바른 생각正思惟, (3) 올바른 말正語, (4) 올바른 행동 또는 처신正業, (5) 올바른 생활正命, (6) 올바른 노력正精進, (7) 올바른 마음가짐正念, 그리고 (8) 올바른 정신 집중 또는 몰두正定이다.

찬드라굽타 마우리아의 손자 아쇼카 마우리아Ashoka Maurya(기원전 304~232년) 황제는 인도에서 불교를 전파하는 데 중요한 역할을 했다. 아쇼카에 대한 우리의 지식은 기원후 2세기에 산스크리트어로 쓴 아쇼카바다나Ashokavadana, 즉 '아쇼카의 이야기'를 포함한 불교 문헌과 아쇼카가 전석轉石과 돌기둥에 새겨놓은 많은 칙령에서 나온다. 아쇼카는 기원전 262~261년 마우리아 제국과 칼링가 왕국 사이의 전쟁에서 수천 명이 학살된 것에 끔찍한 충격을 받은 후 불교로 개종했다고 한다. 그 무렵 북부 인도에서는 불교가 이미 종교 및 사회 운동의 중요한 부분을 차지하고 있었다.

아쇼카의 칙령은 불교의 담마dhamma, 즉 다르마 개념을 인간의 서로
에 대한 책임으로 선포했다. 담마는 아쇼카의 칙령에서 설명하고 있듯이
어떤 종교적인 진로나 종파도 배제하지 않았다. 아쇼카는 사람 사이의
차이와 종교적 신념 차이에 대한 관용을 담마의 핵심으로 삼았다. 그는
또한 그의 백성의 복지에 신경을 쓰는 통치자의 책임과 행동을 서술했다.
기원전 232년에 아쇼카가 사망하자 마우리아 제국은 쇠퇴했지만 불교는
계속 번성하여 아시아 전역에 퍼져나갔다.

6세기에 수마트라의 한 불교도 왕은 현재의 인도 비하르주 파트나시
근처에 위치한 날란다에 불교 승원을 지어 기부했다. 현대에 들어와 이
곳에서 기숙사, 교실, 도서관 등으로 사용하던 벽돌 건물들로 이루어진
복합단지가 발굴됐다. 인도에서 가장 큰 불교 학습의 중심지인 날란다는
전성기에 약 1만 명의 학생들이 공부하고 있었으며, 중국과 동남아시아
의 학생들을 끌어들였다. 그곳의 거대한 도서관에는 불교 관련 필사본들
이 천문학, 수학, 문법, 의학에 관한 논문들과 함께 소장되어 있었다. 승
원에 속한 토지와 이웃한 마을들에서 거둬들인 수익으로 승원을 운영했
고, 학생들에게 무료로 숙식과 교육을 제공했다.

날란다는 6세기에서 9세기까지 번창했다. 12세기 말에 이 승원 단지는
박크티야르 킬지Bakhtiyar Khilji 장군이 이끈 터키군에 의해 폐허가 되었다.
현대 아랍 자료에 따르면 수천 명의 학생들이 산 채로 불태워지거나 참수
되었으며 도서관이 며칠 동안 불탔다고 한다. 날란다 승원의 파괴는 이
미 쇠퇴하고 있던 인도 불교에 큰 타격을 주었고, 힌두교 신들이 불교가
확산된 지역에서 다시 인기를 되찾았다.

불교가 아시아의 다른 곳에서는 여전히 강세를 보이고 있었지만, 13세
기 이후 인도에서는 거의 사라졌다. 그러던 것이 20세기에 들어와 학자

이자 제5계급인 달리트의 지도자 암베드카르B. R. Ambedkar(1891~1956년)에 의해 불교가 다시 부활했다. 암베드카르는 힌두교의 카스트 제도와 달리트에 대한 인도인들의 문명적 억압에서 벗어나는 길을 모색하던 중 1956년 10월 14일 인도 나그푸르에 모인 약 40만 명의 달리트들과 함께 불교로 개종했다. 오늘날에는 800만 명의 인도인들이 스스로를 불교도라고 생각하고 있으며, 그들 대부분이 암베드카르가 그의 저서인『부처와 그의 담마The Buddha and His Dhamma』에서 제시한 교훈을 따른다.

인도인들이 영(0)의 개념을 창안했는가?

인도에서 수학에 관한 가장 오래된 글은 기원전 800년에 처음 저작된『술바 수트라Sulba Sutras』에서 발견된다.『술바 수트라』의 저자들은 그들이 단지 아주 오랫동안 존재해 왔던 지식을 쓰는 데 전념하고 있을 뿐이라고 강조한다. 베다 문화에는 불을 숭배하기 위한 정교한 사원 건설이 요구되었으며 이 사원 건축에 요구되는 고급 기하학, 삼각법 및 대수학을 개발했다. 베다의 인도인들은 분수分數를 사용하는 데 능숙했고 이익과 손실 계산을 포함하여 고급 회계를 활용했다.

고대 인도인들에게 단연코 가장 중요한 수학적 발명품은 숫자 영의 개념이다. 이에 대한 최초의 기록 증거는 서기 200~400년까지 거슬러 올라가지만, 그 개념은 확실히 그 이전부터 잘 사용되고 있었다. 인도와 교역을 하고 수학자들까지 겸비하고 있었던 고대 아랍인들은 인도의 이 제로 개념을 유럽인들에게 전파했다. 대수algebra라는 단어는 아랍어 알-지브르al-gibr에서 유래했다. 영이라는 산스크리트어 단어 선야sunya를 아랍인들은 시프러cifr로 번역했는데, 여기서 암호cipher라는 단어가 나왔고, 또 라틴어 제피룸zephirum을 통해서 0ZERO이라는 단어를 얻었다.

수학은 베다 시대 이후 수세기 동안 인도에서 독자적으로 발전해 왔으며, 인도 수학자들은 덧셈, 뺄셈, 곱셈, 나눗셈과 수학의 기원을 포함한 수학적 개념에 대한 기호와 단어의 독창적인 체계를 발명했다. 인도는 늘 수학이 엄청 발전한 나라로 알려져 왔으며, 상당수의 재능 있는 수학자와 엔지니어들을 배출하고 있다. 인도의 가장 유명한 수학 천재들 중 한 사람은 스리니바사 라마누잔Srinivas Ramanujan, 1887~1920년으로, 그는 어떤 공식적인 교육도 받지 않았는데도, 현재 알려져 있는 많은 수학의 정리를 재발견하고 새로운 정리를 풀었다.

남인도의 역사는 어떠했는가?

인도 북부에서 불교와 날란다시가 번성하는 동안 남인도에서도 풍부하고 다양한 역사의 발전이 있었다. 아쇼카의 칙령들 역시 남인도 왕국의 일부를 언급하고 있다. 고대 남인도에는 판디아Pandyas, 촐라Cholas, 체라 Cheras 등의 왕국들이 있었다. 이 왕국들은 기원전 300년부터 9세기와 13세기 사이까지 통치했다. 북쪽의 왕국들과 긴 해안선과 도로로 연결돼 있는 남인도 왕국의 항구들은 무역의 중심지였다. 로마와 아랍의 선박들이 이곳을 자주 찾았고, 이들 왕국의 선박들은 향신료를 찾아 동남아시아를 들락거렸다. 무역이 성행함에 따라 상인 계급과 도시들도 성장했다. 베다 문화는 돌과 바위를 정교하게 깎아 힌두 사원을 지은 지역 엘리트들에게 영향을 끼쳤다. 타밀인들은 수브라마니아Subramanya와 카르티케야 Karlikeya로도 알려진 힌두교의 신 무루간Murugan을 숭상하며 인도 남부와 가까운 지역에서 살았다. 무루간은 뱀과 공작과 관련이 있는 영원한 미남의 전쟁신이다. 다른 인기 있는 신들로는 베다 힌두교 판테온에 많이 모셔지는 인드라, 태양의 신 수리아Surya, 락슈미, 시바와 그의 동료 파르바티, 하누만, 비슈누를 들 수 있다. 자이나교와 불교는 인도 남부에서도 번창했다.

남인도에 사는 약 8000만 명의 인도인들은 주로 타밀어를 사용한다. 가장 초기의 타밀 문장은 기원전 3세기의 비문碑文에서 발견된다. 타밀족은 드라비다어족에 속한다. 수세기에 걸쳐 많은 산스크리트어 단어들이 타밀어로 채택되었는가 하면, 많은 타밀어 단어들이 산스크리트어로, 심지어 흥미롭게도 히브리어로도 옮겨갔다. 타밀이란 말은 프라크리트Prakrit어, 브라미Brahmi어, 산스크리트어 대본에 처음 나타났다. 고대 타밀어로 된 서사시에는 『실라파티카람Cilappatikaram』(타밀문학 최초의 서사시)과 『마니메칼라이Manimekalai』(실라파티카람과 함께 고대 타밀문학을 대표하는 '쌍둥이 서사시'로 꼽히는 작품)가 포함된다.

상암 시대Sangam Age는 남인도에서 타밀 문화가 번성했던 기원전 300년에서 기원후 4세기 사이의 시기를 말한다. 주요 왕조인 판디아Pandyas는 마두라이시에 각종 학원들의 설립과 운영을 권장했는데, 시인들이 시를 짓고 암송하기 위해 이곳으로 몰려들었다. 그들이 지은 시는 '내면', 즉 아캄akam과 '외면', 즉 푸람Puram의 두 가지 주요 장르로 나뉜다. 아캄 시는 사랑의 모든 형태와 여정과 복잡함과 실연을 노래한다. 푸람 시는 전쟁과 왕의 행적, 그리고 시인들의 지혜를 다룬다.

힌두교의 신 비슈누와 시바에 초점을 맞춘 황홀한 숭배 의식인 박티 제례는 서기 500~900년 사이에 생겨났고, 박티 성자들이 음악을 배경으로 한 종교적인 시를 낭송하며 남인도 전역을 여행하면서 각지에 문학의 불꽃을 일으켰다. 이 때 타밀어로 기록되기 시작했다. 판디아 왕조 왕들의 후원을 받는 사원들은, 한때 무루간을 경배했고 비슈누에 대한 경배도 인기가 있긴 했지만, 지금은 시바에 대한 경배, 즉 시바교Shaivism가 종교 활동의 주요 중심이 되었다. 베다 문화에 뿌리를 둔 카스트 제도는 이제 확고히 자리를 잡게 되었다.

인도 아대륙에 걸쳐서 스리랑카와 동남아시아로 확장된 무역 길드가 설립되었다. 고대 촐라 왕국은 885년 아디티아Aditya 왕이 판디아를 격파하면서 영광의 길에 접어들었고, 남인도에서 가장 규모가 큰 촐라 제국이 되었다.

주로 노래이며 『리그베다』의 찬송가에서 유래한 『사마베다Sama Veda』의 음악 표기법을 바탕으로 한 카르나타카 음악은 남인도의 독특한 음악 전통이 되었다. 카르나타카에서는 6세기에 또 다른 위대한 왕조인 찰루키아Chalukyas가 집권했고, 그로 인해 칸나다Kannada어가 새로운 중요성을 갖게 되었다. 촐라와 찰루키야는 1336년 데칸고원에서 비자야나가라 Vijayanagara국이 출현할 때까지 남인도의 정치판을 지배했다

라지푸트족은 어떤 종족인가?

한편 데칸 고원에서 멀리 떨어진 인도 북서부 지역에서는 라지푸트족이 세력을 확장하고 있었다. 라지푸트족은 9세기에 인도 역사의 장에 모습을 드러냈다. 라지푸트의 네 씨족은 라자스탄의 신성한 산인 아부Abu산에서 일어난 희생의 불에서 창조된 신화적인 조상의 후손들이라고 주장한다. 아그니반시Agnivanshi, 즉 불의 씨족에는 파리하라Pariharas족, 차우한Chauhans족, 솔랑키Solankis족, 파와르Pawars족이 포함된다. 또한 라지푸트족에도 태양에서 내려왔다고 주장하는 수리야반시Suryavanshis족과 달에서 내려왔다는 찬드라반시Chandravanshis족이 있다. 각 씨족, 즉 쿨 Kul에는 씨족의 여신, 즉 쿨 데비kul devi가 있다. 라지푸트족은 훈족이나, 아프가니스탄을 정복한 기마유목민, 또는 5세기에 훈족과 함께 인도에 진출한 부족 출신일 것이다. 전사들인 라지푸트는 크샤트리아 카스트에 동화되었다.

라지푸트라는 이름은 '왕'이라는 뜻의 라자와 '아들'이라는 뜻의 푸트라에서 나온 것으로 추정되는데, 여기엔 아마도 왕권이 장자에게 승계되는

왕위계승제의 의미가 담겨 있을 것이다. 라지푸트 씨족들은 그들끼리 전쟁을 벌였다. 인도 북부에 델리 왕조Delhi Sultanate와 무굴 지배가 성립된 후, 많은 라지푸트가 술탄의 봉신이 되었다. 라자스탄의 우다이푸르와 조드푸르의 더 최근의 통치자들인 메와르Mewar와 마르와르Marwar가 이끄는 라지푸트 씨족들은 여전히 반항적이었다. 오늘날 구자라트주의 라자스탄과 사우라슈트라 지역을 포함하여 영국이 라즈푸타나라고 불렀던 번왕국藩王國들은 1818년에야 영국 라지(라지는 '통치'를 의미한다)에 속하게 되었다. 라지푸트들은 그들의 토후국들을 계속 관리하고 여기서 나오는 수익의 상당 부분을 영국으로 넘겨주는 조건으로 그들의 재산과 수익의 상당 부분을 유지하는 것이 허용되었다.

라지푸트의 여왕들과 대★여왕들은 말할 것도 없고, 왕들과 대왕들의 엄청난 부, 동화 같은 궁전, 폴로 팀, 믿어지지 않을 정도의 보석 등은 라지푸트가 인도 왕실의 이국적인 이미지를 영속화했다. 1971년에 그들의 재산과 봉건적인 특권을 박탈당해 궁핍해진(이 해에 일어난 일에 대해서는 나중에 더 설명한다) 많은 라지푸트 왕들과 여왕들은 그들의 궁전을 고급 호텔로 개조했다. 어떤 이들은 한때 자신들이 통치했던 지역에서 시행한 공직선거에 출마하여 당선되기도 했다. 라지푸트 씨족들은 그들의 유산과 혈통에 열렬한 자부심을 갖고 매달린다.

기독교는 언제 인도에 들어왔는가?

전설에 따르면, 성 토마스가 서기 52년에 인도 남서부 말라바르 해안에 도착했을 때 기독교가 인도에 전파되었다고 한다. 케랄라 전역의 마을들은 오늘날에도 그들만의 지역적인 성 토마스 전통을 가지고 있다. 어쨌든 그 무렵 시작된, 페르시아만을 경유하는 인도와 지중해 사이의 해상무역이 인도인들을 초기 기독교 세계와 접촉하게 만들었을 것이다. 케랄라의 시리아계 기독교인들의 역사는 시리아의 부유한 기독교 상인인 카나의 토마스Thomas of Kana가 인도의 크랑가 노르에 70명의 가족과 함께 도착했을 때인 서기 345년으로 거슬러 올라간다. 오늘날 인도에는 약 700만 명의 시리아 기독교인들이 살고 있다.

1498년 포르투갈 탐험가인 바스쿠 다 가마가 캘리컷 항에 닻을 내려 유럽과 인도의 부를 잇는 직항로를 개설한 후 인도의 기독교는 또 다른 큰 활력을 얻는다. 신앙심 깊은 포르투갈인들은 교역과 기독교의 전파를 함께 했다. 포르투갈인의 발자취를 따라 예수회가 인도에 들어왔다. 예수회 창립자 중 한 명인 성 프란치스코 하비에르는 1542년 고아에 도착하여 1552년 사망할 때까지 아시아 전역을 여행하며 기독교 복음을 전파했다. 다른 예수회 회원들도 성 하비에르의 발자취를 따랐다. 그들은 인도에 온 최초의 서양 학자들이었으며 인도의 언어를 배워 인도의 경전들을 번역했으며, 인도의 정치, 사회 및 문화생활에 대한 관찰 내용을 보고서에 상세히 기록했다. 그들은 인도인 개종자들을 성직자로 교육시키기 위해 대학과 신학교를 열었다.

영국은 17세기 초에 성공회를 인도에 전파했다. 다른 개신교 신앙들도 영국의 식민지 확장을 따라 인도에 들어왔다. 미국의 개신교 복음주의자들은 19세기에 인도에 도착했다. 인도에는 인도 힌두교 세대를 교육한 가톨릭이 운영하는 훌륭한 교육기관의 강한 전통이 있다. 2011년 인도 인구조사에서는 인도 전체 인구의 2.3%인 2800만 명이 기독교인으로 집계되었다.

인도의 유대인들은?

인도 유대인들의 역사는 오래되고 뚜렷하며, 종교 때문에 인도에서 박해를 받은 적이 없다. 인도에는 세 개의 서로 다른 유대인 공동체가 있었다.

케랄라주의 코친에 정착한 유대인들인 코치님Cochinim은 솔로몬 왕 시대에 향신료, 공작새, 그리고 다른 이국적인 상품들을 찾아 인도로 온 유대인 상인들에 뿌리를 두었다. 케랄라 왕 바르만이 하사한 한 쌍의 동판에는 서기 1000년에 케랄라에 정착한 유대인들에게 구체적인 정주 권리를 부여한 것으로 나타나 있다. 17세기까지 코친 유대인들은 11개의 유대교 회당을 갖고 있었다.

두 번째 그룹인 베네 이스라엘Bene Israel은 그들의 선조가 이스라엘의 잃어버린 10지파 중 하나라고 믿고 있다. 박해를 피해 탈출하던 중 기원전 175년에 케랄라 해안에서 배가 난파되어 인도로 와 정착하게 되었다는 것이다. 베네 이스라엘은 유대교의 요소는 보존하고 있었지만 오랜 세월 다른 유대인들과는 거리를 두어왔다. 1964년에 이스라엘이 그들을 유대인으로 공식적으로 인정할 때까지, 그들을 두고 유대인 논쟁이 벌어졌었다.

또 다른 유대인 집단은 훨씬 늦은 18세기 후반에 인도에 도착했는데, 그 무렵에는 인도에서 유럽 세력의 확대가 한창이었다. 소위 바그다디 유대인이라고 불리는 이 유대인들은 바그다드뿐 아니라 바스라, 알레포, 페르시아와 중동 전역의 다른 지역에서도 환영을 받았다. 유대인 무역상들은 1730년 오늘날의 구자라트 해안에 있던 유럽의 대인도 무역의 주요 거점인 항구도시 수라트에 유대교 회당을 세웠고, 18세기 말부터 캘커타(현 콜카타)와 봄베이(현 뭄바이)에서 유대인 공동체들이 번성했다. 그 공동체는 캘커타에서 5개의 유대교 회당을 세웠다. 봄베이에서 유대인 상인 겸 자선가인 야곱 사순Jacob Sassoon은 케네세스 엘리야후 회당의 건설에 자금을 댔다. 봄베이의 사순 두크에는 그의 이름이 새겨져 있다.

1940년대 후반까지 인도에는 약 3만 명의 유대인이 살고 있었다. 1948년 이스라엘 국가가 건국된 후 인도 유대인 대다수가 이스라엘로 이

주했다. 오늘날 코친, 캘커타, 뭄바이에서 번성했던 유대인 공동체는 작은 잔재로 축소되어 있으며, 인도의 총유대인 인구는 5500명 미만이다.

이슬람교는 언제 인도에 왔는가?

예언자 무함마드의 탄생과 이슬람교가 등장하기 훨씬 이전부터 아랍 무역상들이 인도를 빈번히 드나들었다. 7세기와 8세기 사이에는 이들 무역상들 가운데서 이슬람교 개종자들이 주로 말라바르 해안을 중심으로 인도에 오기 시작했다. 그들 중 일부는 항구도시들에 정착했다. 11세기 초에 가즈니의 마흐무드는 인도가 엄청난 부국이라는 이야기에 매혹되고, 반 우상숭배 열성에 자극을 받아 인도 아대륙으로 일련의 급습을 감행했다. 터키계 술탄인 마흐무드는 아프가니스탄, 파키스탄, 인도 북서부의 일부지역 및 이란 서부를 아우르는 제국을 세웠다. 마흐무드의 용병 기병대는 기동성이 뛰어나고 효율적이었지만 비용이 많이 드는 군대였다. 마흐무드는 그들의 전투력을 고무하기 위해 약탈 가능성을 은근히 내비쳤다. 그는 또한 가즈니를 먼지 나는 무역도시에서 제국의 수도로 만드는 야망을 갖고 있었다.

　인도 북서부 지역의 힌두교 사원들은 신앙심 깊은 성공한 상인들이 보관한 금과 보석으로 가득 찬 보물창고들로 널리 알려져 있었다. 1026년, 마흐무드의 침입자들은 펀자브, 신드, 구자라트를 휩쓸어 구자라트 해안의 솜나트에 있는 시바 신전을 급습했다. 그들이 신전에 머무는 동안 지붕의 일부가 무너져 천장과 바닥 사이의 공간에 신비롭게 맴돌던 신전의 가장 중요한 우상이(아마도 섬세하게 균형을 이룬 자석 저항에 의해 고정되었을 것이다) 땅으로 떨어지게 되었다. 그들은 또한 많은 사람들을 죽였고 노예로 팔릴 죄수들을 사로잡았으며 엄청난 약탈을 자행했다. 가즈니주의 마흐무드와 이 시기의 다른 이슬람 약탈자들은 그들이 우상숭배로 보고 있던 힌두교, 자이나교, 그리고 불교 사원의 조각상들의 외관을 훼손했다.

가즈니족의 인도 급습에 대한 마흐무드의 역사, 라지푸트 씨족의 저항, 마흐무드가 힌두 사원(특히 솜나스의 신전)을 파괴하고 훼손한 역사는 힌두트바Hindutva와 힌두 민족주의의 주장과 목표를 중심으로 인도에서 고도로 정치화한 서술의 일부가 되었다. 힌두트바의 목표 중 하나는 솜나트 신전의 약탈을 시작으로 이슬람교도들이 입힌 피해로부터 인도 힌두교도들의 위상을 회복하는 것이다.

마흐무드 습격의 잔혹성에도 불구하고, 보흐라, 이스마일리, 코하 파의 이슬람교도 상인들은 솜나트와 기타 구자라트 해안 지역의 자이나교도와 힌두교도 무역상들 사이에서 평화롭게 살았다. 힌두교도들은 또한 마흐무드의 용병군의 일부로서 싸웠고, 가즈니에 사는 힌두교도와 자이나교도 상인들은 이슬람 세계의 무역 네트워크에 참여했다.

가즈니의 마흐무드에 이어 중앙아시아, 이란, 아프가니스탄 출신의 다른 침략자들이 인도로 와서 영토를 정복하고 머물렀다. 델리 술탄은 1206년에서 1526년 사이에 델리에 일련의 연속적인 무슬림 왕조를 세웠다. 맘루크족, 킬지족, 투글라크족, 사이이드족, 아프간 로디족의 왕조다. 오늘날 뉴델리의 아름다운 로디 가든에서 로디 왕들의 무덤을 볼 수 있다. 델리 술탄은 1526년 파니파트에서 무굴족 왕들 중 첫 번째인 바부르와의 싸움에서 패해 마지막 로디 왕이 되었다.

무굴족은 어떤 종족인가?

무굴족은 페르시아어와 페르시아의 미적 감각을 인도에 가져온 페르시아화한 튀르크어계 몽골족이었다. 16세기와 17세기 인도 무굴제국의 황금시대는 인도에서 가장 유명한 고대 유적, 시, 회화 등을 포함한 영속적인 유산을 남겼다. 무굴인들은 인도를 지배하면서 인도인처럼 변화하여, 인도의 힌두교, 자이나교, 조로아스터 교도들이 주요한 공헌을 한, 정교한 예술적 업적을 남긴 새로운, 그리고 의심할 나위 없는 인도적인 문화를 만들어냈다. 무굴족 지배자들은 힌두족 공주들과 결혼하고, 다른 신앙을 가진 인도인들을 그들의 궁정으로 불러들이고, 힌두족 통치자들과 행정적인 관계를 만들며 연합했다. 무굴족이 인도의 언어, 음식, 복장, 예법, 행정, 정치 지형에 미친 영향은 혁신적인 것이었다. 오늘날 우리가 알고 있는 인도는 무굴족의 유산 없이는 상상할 수 없다.

무굴제국은 출발이 다소 거칠었다. 바부르는 인도를 겨우 4년 통치한 후 사망했고 그후 아들 후마윤에게 왕위가 계승되었다. 후마윤의 왕위도 견제를 받았다. 1530년에 아버지 바부르의 뒤를 이은 그는 1540년 신드로 망명했다. 1542년에 태어난 그의 아들 아크바르Akbar는 힌두족 출신의 왕 비크라마디티야Vikramaditya로부터 델리를 되찾자마자 사망한 아버지 후마윤의 뒤를 이어 1556년 14살의 나이로 왕위에 올랐다. 후마윤의 무덤은 델리의 화려한 건축물 중 하나다. 찬란한 무굴 시대라고 불리는 시대는 1605년까지 아크바르가 통치한 50년간을 말한다. 그는 부서지기 쉬운 봉토들의 집합체에 지나지 않던 나라를 서쪽으로는 아프가니스탄에서 동쪽으로는 벵골, 남쪽으로는 데칸 고원의 고다바리강까지 이르는 대제국으로 탈바꿈시켰다. 아크바르는 능률적인 군사조직과 교묘한 관리로 자신의 제국을 지켜냈지만, 신하들을 공정하고 존중하는 태도로 대하기도 했다. 그는 다른 신앙들에 관심을 가진 호기심 많은 군주로 힌두교, 자이나교, 조로아스터교, 기독교 성직자와 학자들, 그리고 각각 다른 이슬람 종파의 지도자들 사이의 공개적인 논쟁을 장려했다. 그는 비이슬람 교도들에게 부과되는 세금을 폐지하고 여러 명의 라지푸트족 공주와 결혼하고 그들의 가족들에게 조정의 높은 지위를 주었다.

아크바르는 건축에 관심이 많아 아그라 근처에 자리한 파테푸르 시크리에 왕실 도시를 건설했다. 정교하게 조각된 붉은 사암으로 지은 파테 푸르 시크리는 페르시아와 인도의 건축 요소를 결합하여 음악과 춤 공연을 위한 구역, 거대한 야외 체스판, 그리고 연못을 채우고 분수를 뿜어 올리기 위한 물 공급 수로를 갖춘 매혹적인 여러 정원을 만들었다.

아크바르는 또한 유럽과의 교역을 포함하여 무역에 관심이 많았다. 그는 포르투갈인들이 1510년 고아에서 현지 술탄을 무찌르고 포르투갈 정착지를 늘리고 있는 것과 다른 유럽 강국들이 인도와의 교역에 관심을 갖고 있음을 알고 있었다. 아크바르는 아그라에 아르메니아인 공동체를 끌어들여 정착촌을 만들어 살게 하고 그들의 기독교신앙을 지킬 수 있게 했다. 아르메니아인들은 인도와 레반트 사이의 섬유무역에서 중간 상인으로 활동했고, 아크바르는 아그라에서 생산되는 유명한 날염 면직물의 수출 확대를 원했다. 그는 아르메니아 여성인 마리암과 결혼했는데, 마리암의 여동생은 그의 처첩 담당 의사였다. 그는 또한 예수회가 아그라에 대학을 세우도록 허가했고, 그들의 프로젝트를 지원하기 위해 정기적으로 금전을 하사했다. 아크바르가 예수회 선교사에게 하사한, 아그라에 있는 영지의 일부에 위치한 기독교 묘지는 지금도 남아 있다. 아크바르가 아그라에 살도록 허가해 준 아르메니아인들 중 많은 사람들이 그곳에 묻혔으며, 수세기에 걸쳐 아그라를 자신의 고향으로 만들어온 프랑스인, 영국인, 그리고 다른 유럽인들도 그곳에 묻혔다.

아크바르의 아들 자한기르는 아버지가 죽은 후 왕위에 올랐다. 그는 아버지의 궁정생활 전통을 유지했다. 아편과 알코올 중독자였던 그는 점차 그의 통치의 대부분을 그의 아내인 누르자한에게 맡겼다. 누르자한은 모든 면에서 놀라운 여성이었다. 아름답고, 교육 수준이 높고, 예술가적 성향이 뛰어나고, 정치적으로 준열했던 그녀는 무굴인들 중에서 가장 뛰어난 자들과 함께 전투용 코끼리를 타고 사냥을 할 수 있었다. 무굴인들에게는 장자상속권 제도가 없었다. 남성 통치자들은 많은 아내와 첩을 거느리고 있었고, 왕위승계를 노리는 많은 아들들은 형제들과 다른 가족 경쟁자들을 제거해야 했다. 샤자한은 이복동생 샤리야르(누르자한의 사위이며 자한기르의 아들)와 대격전을 벌여 그를 격파한 후 1628년 왕위에 올랐다. 그는 샤리야르를 처형하고 계모를 유폐한 후 통치권을 확보했다.

샤자한은 아그라에 있는 야무나강변에 타지마할의 건축을 지시한 사람으로 가장 유명하다. 열네 번째 아이를 낳다가 죽은 사랑하는 아내 뭄타즈의 무덤인 타지마할과 그 주변의 모스크와 정원을 완성하는 데 30년이 걸렸다. 섬세하게 조각한 꽃무늬 패널과 준보석의 상감세공이 돋보이는 하얀 대리석으로 지은 타지마할은 세계에서 가장 정교한 건축 기념물 중 하나로 여겨진다. 코란 구절들이 검은 대리석과 벽옥으로 만든 페르시아어 글자로 비석의 외관과 무덤 내부에 상감되어 있다. 기념비가 완벽한 대칭으로 보이게 하기 위해, 무덤의 네 귀퉁이에 있는 정교한 뾰족탑의 꼭데기뿐 아니라 글씨의 크기를 보정하여, 지상에서 보는 사람들에게 균등하고 곧게 보이게 했다. 일단의 건축가들이 타지마할의 건축공사를 감독했다. 석공들과 정교한 건축재들은 인도, 아프가니스탄, 페르시아, 네팔 전역에서 아그라로 데려오고 가져왔다. 타지마할은 오늘날까지도 영원한 사랑의 상징으로 인도에서 가장 많이 찾는 관광지다.

샤자한의 치세는 그의 할아버지 아크바르에 의해 시작된 인도 무굴제국 통치이 황금시대를 장식했다. 무굴인들은 지대와 세금의 철저한 징수자들이었을 뿐만 아니라 활발한 무역상들로, 구자라트와 벵골의 항구도시에서 출항하는 선박들로 이루어진 함대를 유지했는데, 이 두 지역 모두 아크바르 통치기간에 정복했던 곳이다. 무굴통치 시기는 유럽인들과 그들의 무역회사들이 인도에 진출한 시기와 일치했다. 자한기르는 1615년 영국 동인도회사가 구자라트 수라트에 무역센터를 설립할 수 있도록 허가해 줌으로써 영국인으로 하여금 인도에 첫 발판을 만들게 했다. 인도 무역에 대한 경쟁은 유럽 강대국들 사이에서는 물론 유럽인들과 무굴인들 사이에서도 치열하게 벌어졌다. 그럼에도 불구하고, 무굴인들은 인도 아대륙에서 이전에 볼 수 없었던 부를 축적하여, 그들의 제국을 관리하고, 방어하고, 확장했을 뿐만 아니라 믿을 수 없을 정도로 사치스럽고 세련된 궁정생활에 소비했다.

샤자한은 타지마할을 건설하는 것 외에도 아그라에 요새를 확장하고, 이와 유사하게 델리에 랄킬라, 즉 붉은 요새로 불리는 붉은색의 거대한 사암 요새를 축조했으며, 그 맞은편에는 델리에서 가장 유명한 모스크인 자마 마스지드를 세웠다. 그의 치하에서 델리는 위대한 제국의 위대한 중심지가 되었다. 샤자한은 또한 증조할아버지 바부르의 놀이정원에 대한 애착심을 물려받아 현재의 파키스탄에 위치한 라호르에 매우 아름다운 샬리마르 유원지를 만들었다.

아크바르는 키타브 카나라고 불리는 궁중 서예가와 화가, 책제본 기술자들의 아틀리에를 만들었는데, 문자 그대로 '책방'이었다. 그의 아들과 손자 왕들도 이런 궁중 전통을 이어갔다. 이들 3대 무굴 통치자들이 후원한 화가들은 궁중 생활의 장면과 문학작품들의 장면을 묘사한 (인도의) 절묘한 세밀화라는 유산을 남겼다. 무굴제국 치하에서 시와 문학이 발달했다.

자한기르는 특히 역사공부를 좋아했으며, 그의 통치기간 동안 몇몇 중요한 역사서가 저술되었다. 페르시아어는 궁정 언어이자 무굴제국의 행정 언어였으며, 우르두 시의 위대한 전통을 갖고 있는 궁중 시의 전용어였다. 페르시아의 나스탈리크 서체(길고 평평한 획과 두드러진 둥근 모양이 특징인 15~16세기 페르시아 서체 _옮긴이)로 쓰는 우르두어는 인도 아대륙의 투르크와 무굴 통치하에서 진화했다. 이 통치자들은 나스탈리크 서체로 힌두스탄어를 썼으며 시간이 지남에 따라 이 언어는 많은 페르시아어와 아랍어 단어와 표현을 흡수했다. 우르두어는 파키스탄의 국어이며 인도의 공식 언어 중 하나다.

무굴제국의 궁정은 범인도 문화와 국제 문화의 센터였다. 산스크리트어와 기타 인도 언어로 된 문헌들이 페르시아어로 번역되었다. 무굴제국의 궁정을 방문한 유럽인들은 무굴 통치자들과 궁정인들의 자문을 받아 그곳에서 본 것에 대해 썼다. 샤자한의 궁정에 대해 쓴 가장 유명한 유럽인들의 기록 중 하나는 프랑스의 개신교 신자이며 다이아몬드 상인인 장 밥티스트 타베르니에Jean-Baptiste Tavernier, 1605~1689년가 쓴 것이다. 그는 훗날 호프 다이아몬드Hope Diamond로 알려진 멋진 112.75캐럿의 인도 다이아몬드를 프랑스로 가지고 돌아와 다른 귀중한 인도 보석들과 함께 루이 14세에게 팔았다. 타베르니에는 그의 회고록에서 놀라운 공작 옥좌Peacock Throne에 대한 기록을 남겼다. 샤자한이 지시한 사양에 따라 금으로 만든 옥좌에는 보석과 진주로 덮인 두 마리의 공작이 있었는데, 그 공작의 꼬리가 귀중한 보석으로 아른아른 빛났다. 그 옥좌는 1738년 나디르 샤가 무굴제국을 급습했을 때 전리품으로 빼앗아 가져갔고, 그가 죽은 후 사라졌는데, 그 옥좌에 박혀 있던 금 조각과 보석들은 흩어져 행운을 좇는 사람들을 만족시켰다.

무굴제국의 궁정과 라지푸트 및 다른 힌두 통치자들의 궁정 사이에는 계속 상호 교류와 교환이 이루어졌다. 힌디어, 벵골어, 브라즈바샤어(이 마지막 것은 오르차의 분델라 왕들의 언어)를 포함한 인도의 각 지역 언어로 된 문학은 이 기간에 르네상스를 맞았는데, 힌두교를 주제로 한 세밀화도 그러했으며, 많은 작품들이 『라마야나』와 『마하바라타』라는 위대한 서사시에서 주제를 따왔다. 힌두 왕들은 그들의 궁전과 요새들을 힌두와 무굴-페르시아 요소를 통합한 하이브리드 건축양식으로 건설했다. 무굴

시대에는 수학과 천문학에도 중요한 발전이 있었다. 약삭빠르게 무굴제국과 아주 가까운 곳에서 그의 왕국을 온전히 유지한 자이푸르의 라지푸트 왕 자이싱 2세는 놀라운 정확성으로 별과 행성의 움직임을 추적하는 천문관측소들을 건설했다. 이 관측소 중 가장 큰 것은 자이푸르에 있고 또 다른 것은 델리에 있다.

샤자한은 1658년에 병이 났다. 무굴 인도는 그의 병과 함께 기울어졌으며 결코 회복되지 못했다. 샤자한의 아들 다라 시코가 스스로 섭정이 되어 왕위를 차지했다. 그의 형제들인 아우랑제브, 슈자, 무라드는 아버지가 이미 죽었을 것으로 믿고 각자의 군대로 아그라를 급습하여 아버지의 총애를 받는 형제 다라 시코를 축출했다. 아우랑제브는 더 큰 군대를 모아 그의 형제들 모두를 물리쳤다. 그는 무라드를 처형했다. 슈자도 살해당했고 다라 시코는 특별대우의 대상이 되었다.

다라 시코는 모든 면에서 그의 형제 아우랑제브와는 정반대였다. 그는 교양 있고 개방적이었다. 그의 종교적 신념은 이슬람교의 한 종파인 수피교의 신비한 매력 쪽으로 기울어져 있었다. 그는 당시의 시크교도 지도자와 친구가 되었으며, 직접 고대 인도의 철학서인 『우파니샤드』의 운문들을 페르시아어로 번역하여 이슬람 성직자들과 학자들이 스스로 읽을 수 있게 했다. 그는 세밀화 화가와 서예가들을 후원하고 그들의 가장 뛰어난 작품들을 담은 중요한 화첩을 수집했는데, 그중 일부가 남아 있다. 그는 델리에 도서관을 지었는데, 지금도 존재한다. 그는 공연예술을 좋아했고, 음악가와 무용수들을 후원했다.

이 중 어느 것도 아우랑제브와 잘 어울리지 않았다. 페르시아어와 아랍어에 정통한 아우랑제브는 경건하지만 너그럽지 못한 사람이었다. 그는 아버지 샤자한이 다라 시코를 편애하는 것에 분개했다. 그의 여동생 자하나라가 실수로 화상을 입었을 때, 샤자한은 딸의 침대 옆을 지키며 간호했고, 아우랑제브를 궁중으로 불러들였다. 아우랑제브가 전투복 차림으로 나타나자, 격분한 샤자한은 아들의 칭호를 박탈하고, 다라 시코에게 붉은 텐트를 사용할 특권을 누리게 해주었다. 아우랑제브가 취한 모든 군사작전은 그의 아버지의 명령에 따라 패배하거나 모욕적인 타협으로 끝났다. 매 순간 그의 형제 다라 시코가 더 나은 거래를 한 것 같았다. 마침내 아우랑제브가 다라시코를 압도하게 되자, 아우랑제브는 그를 사슬로 묶어 델리로 데려와 처형했다.

샤자한은 불완전하게나마 병에서 회복되었지만 결코 왕권을 되찾지는 못했다. 그는 자신이 가장 좋아하는 아들과 왕권을 물려주기로 한 아들을 포함하여 세 아들이 처형당한 것에 충격을 받았다. 아우랑제브는 아버지를 죽이지는 않았다. 그 대신 그는 아버지가 사랑하는 아내의 무덤인 타지마할을 볼 수 있게 아그라 요새 안에 호화로운 숙소를 지어 그를 가두었다.

아우랑제브는 술, 도박, 가무를 금지함으로써 선조들이 누리던 무굴식의 궁중적인 즐거움을 제거했다. 다른 신앙에 대해 관대하던 선대의 왕들과는 대조적으로, 그는 이슬람이 아닌 인도의 모든 종교에 대해 일종의 성전을 벌였다. 아우랑제브는 비이슬람 신앙인들에 대한 혐오세금을 되살리고, 수십 개의 힌두 사원을 파괴하라는 명령을 내렸다. 그리고 아그라에서 기독교 선교의 지원을 중단하고, 새로운 유럽인 교역소(공장이라고 불렸다) 근처의 기독교 정착촌들을 파괴했으며, 기독교 개종자들을 노예로 만들었다. 한편, 그는 제국 확장정책을 계속 강행하여 반란을 일으킨 이전의 동맹국들을 무력으로 정복하고 무굴제국의 남쪽 국경선을 데칸고원 쪽으로 더 밀어 내렸다. 골콘다의 포위 공격에 성공하고 다이아몬드 광산을 소유함으로써, 아우랑제브는 아마도 세계에서 가장 부유한 사람이 되었다

비록 그는 그의 선조들보다 값비싼 궁중 사치품에 훨씬 적은 돈을 썼지만, 끊임없는 군사작전과 그것이 제국의 모든 측면에서 불러일으킨 저항과 반란으로 무굴제국 재무부가 궁핍에 빠지는 큰 타격을 입었다. 아우랑제브가 돌아서는 곳마다 그는 분노로 들끓는 적대적인 이웃들과 마주쳤다. 1675년 그는 시크교의 제9대 구루(지도자)인 테그 바하두르를 처형하는 바람에 시크교도들의 분노를 샀다. 영국 해적들은 메카에서 돌아오는 그의 배들 중 일부를 공격하여 약탈했다. 쟈트족이 바랏푸르에서 반란을 일으켰다. 데칸 고원에서 시바지 반군과 대치하고 있는 아우랑제브군은 도시를 여행하고 있는 것 같았다. 그의 병사들은 요리사, 구두수선공, 대장장이, 연예인, 그리고 5만 마리의 낙타와 3만 마리의 코끼리를 데리고 다녔는데, 이 모두를 말과 함께 먹이고 돌봐야 했고 남자들은 봉급을 지불해야 했다. 이 엄청난 규모의 사치스러운 군사원정은 역사상 가장 부유한 국가 중 하나의 재무부 금고를 고갈시켰다. 지나치게 팽창된 영토에서 오는 느슨한 결속으로 흔들리며, 반란으로 모든 전선이 휘청거리는 무굴제국은 시바지 본슬Shivaji Bonsle이 이끄는 마라타족과 대회전을 치렀다.

아우랑제브는 1707년 88세의 나이로 세상을 떠났는데, 젊은 시절의 그의 경쟁자들보다 더 오래 살았다. 그러나 그가 그토록 탐내던 제국은 그가 형제들을 죽이고 아버지를 가두어 통치하지 못하게 함으로써 결코 회복될 수 없는 한계점에 이르게 된 깃이다. 19세기 중반까지 절뚝거리며 지속되긴 했지만 인도의 무굴제국은 사실상 이때 끝났다.

마라타족은 어떤 종족인가?

마라타족은 인도의 주요 종족 중 하나로, 그들의 역사상의 고향은 대략 지금의 인도 마하라슈트라주를 중심으로 한 지역이다. 마라타족에서 가장 걸출한 인물은 앞에서 말한 시바지 본슬인데, 그는 어린 시절부터 무굴이 지배하는 지역에서 힌두교 인도를 되찾아 오는 것을 운명이라고 믿었다. 아우랑제브는 일시적으로 시바지의 야망을 꺾고 그와 그의 아들을 포로로 잡아 아그라에 있는 자신의 궁정으로 데리고 갔다. 그러나 1666년 그들 부자는 궁정에서 가난한 사람들에게 나눠주기 위해 마련하는 큰 과자 바구니에 숨어 교묘하게 탈출에 성공했으며, 그 후 시바지는 무굴족으로부터 영토를 빼앗으려는 노력을 배가했다. 1674년에 그는 마라타 왕국의 황제, 즉 차트라파티chhatrapati에 올라 1680년까지 통치했다. 1707년 시바지가 죽은 후, 마라타 남부연합으로 알려진 마라타족 왕들의 동맹이 마라타 세력을 되살려 영국이 이 왕국을 소멸시킨 19세기 초까지 지속했다. 17세기 후반부터 19세기 초까지 마라타는 인도의 주요 정치 세력이었다.

마하라슈트라인들은 시바지를 영웅으로 떠받든다. 그의 동상은 마하라슈트라주의 수도인 뭄바이에서 흔하게 볼 수 있는데, 이전에는 빅토리아 테르미누스로 불리던 주요 철도역이 지금은 차트라파티 시바지 테르미누스로 불린다.

시크교는 어떤 종교인가?

시크교는 15세기 펀자브에서 이슬람과 힌두교 사이의 불화로 부글부글 끓어오르는 가마솥 같은 상황에서 탄생한 종교다. 구루Guru('스승' 또는 '지도자'라는 뜻) 나나크Nanak, 1459~1539는 이슬람교와 힌두교 모두를 배척하면서도 이들 두 종교의 근본 요소들을 받아들여 신은 하나고 영원하며, 신자들은 사회복지에 대한 의무를 지고 있다고 설파했다. 구루 나나크의 발자취를 아홉 구루들이 뒤따랐다. 구루 람 다스Ram Das는 '불멸의 과즙'이라는 뜻의 신성한 도시 암리차르를 세워 그곳에 저수지와 신전을 건설했다. 황금 잎으로 뒤덮인 황금사원은 시크교에서 가장 성스러운 곳이다. 마지막 구루인 구루 고빈드 싱은 구루 그란트 사히브를 작곡했는데, 이는 10명의 시크교 구루들의 가르침의 정점인 찬송가 모음집이다. 이 신성한 책은 1678년에 구르무키Gurmukhi로 불리는 독특한 필기체로 썼다. 신은 형체가 없기 때문에 시크교도들은 어떤 신성해 보이는 형상도 숭배하지 않는다. 그들은 구루드와라고 불리는 사원과 회당에 모여 『구루 그란트 사히브』에 나오는 구절을 노래한다. 시크교도의 구루드와라는 랑가르, 즉 누구나 먹을 수 있는 공동 식사로 유명하다.

구루 나나크는 인도 국내를 구석구석 조용히 여행하며 진실한 삶에 대한 메시지를 설파했다. 그러나 이러한 평화로운 시작은 지속되지 못했다. 무굴인들은 펀자브에서 나날이 커가는 시크교의 인기를 이슬람과 그들의 통치에 대한 위협으로 여겼다. 자한기르는 1606년 구루 아르잔의 처형을 명령했고, 자한기르의 손자 아우랑제브는 1675년 아홉 번째 시크교 구루인 테그 바하두르를 처형했다. 무굴의 지배에 분개하며 자기들의 신앙을 지키기로 결심한, 열 번째 구루이며 최후의 구루인 고빈드 싱은 1699년 '신앙군' 즉 '칼사Khalsa'를 만들었다. 자기들의 신앙을 굽히지 않는 추종자라는 평판이 이미 확보되어 있던 시크교도들은 무예의 사람들이 되었다. 칼사에 입문하는 데는 (1) 캐시kesh 즉 머리칼을 자르지 않고, (2) 캉가kanga 즉 나무 빗, (3) 카라kara 즉 쇠 팔찌, (4) 카체라kachera 즉 면 팬티, (5) 키르판kirpan 작은 단검의 다섯 가지 외관 표지의 채택이 포함된다. 정통 시크교도 남성은 늘어뜨린 수염과 종종 긴 머리를 감춘 밝은 색의 터번으로 알아볼 수 있다.

18세기 말까지 시크 군국주의는 시크 왕 란지트 싱의 통치 아래 현재의 아프가니스탄, 파키스탄, 인도 북서부에 걸쳐 뻗어나가면서 본격적인 제국으로 발전했다. 전성기의 시크제국 영토는 19세기 초 점차적으로 영

국의 지배 아래 놓이게 되었다

파르시교도들은 어떤 사람들인가?

파르시교도들의 인도 입국에 관한 아름다운 전설이 있다. 페르시아에서 이슬람교 개종을 피해 도망친 파르시교도들(조로아스터교도라고도 했다)은 아라비아해의 구자라트 해안으로 항해했다. 그들이 도착한 정확한 날짜 는 논란이 있다. 서기 716년으로 당겨질 수도 있고, 936년으로 늦춰질 수 도 있다. 전설에 의하면 파르시교도들은 현지 힌두교 왕에게 자기들이 피신할 수 있게 해달라는 요청을 했고, 왕은 우유를 담은 그릇이 가득 담 긴 쟁반을 든 전령을 보내, 그의 왕국은 이 우유 그릇처럼 가득 차 있어 새로 온 사람들을 위한 공간이 없다고 설명했다. 그러자 파르시교도들은 각 우유 그릇에 설탕 한 스푼씩을 넣어 휘저으며 자기들은 이 설탕처럼 왕국을 풍요롭게 하고 부담스럽지 않게 하겠다고 했다. 감동한 왕은 그 들이 구자라트어를 배우고, 그들의 여자들이 사리를 입으며, 현지인 누구 에게도 개종을 요구하지 않는다는 조건하에 머물도록 허락했다. 파르시 는 이런 조건들을 받아들이고 머물렀다.

인도에서 파르시교도들은 특히 인도 서부와 이전에 봄베이로 알려진 뭄 바이에서 번성했다. 14세기까지 거슬러 올라가는 인도행 유럽 여행자들의 이야기에는 파르시들에 대한 많은 언급이 있다. 그러나 파르시들은 17세 기 초 구자라트주의 수라트에 영국 동인도회사가 도착하면서 그들의 적 은 수에도 불구하고 인도 역사에서 하나의 세력으로 부상하기 시작했다. 포르투갈인과 네덜란드인과의 무역에 이미 적극적이었던 많은 파르시들 은 새로 온 영국인들과 함께 일했고, 그들의 아들들은 회사가 설립한 영 국학교에서 교육을 받았다. 파르시인들의 무역과 사업 통찰력, 영어 유창 성, 채식주의가 아닌 요리, 그리고 파르시 여성들이 누리는 상대적 자유는 신흥 영국의 식민정권 아래서 그들이 두각을 나타낼 수 있게 했다. 동인도회사가 운영의 본거지를 봄베이, 즉 오늘날의 뭄바이로 옮겼을 때, 많은 파르시들이 뒤따랐고 뭄바이는 파르시들의 생활 중심지가 되었다.

가장 유명한 파르시 가문은 타타Tatas 가문이다. 1868년 잠세치 누세르완지 타타Jamsetji Nusserwanji Tata는 장차 오늘날 인도 최대의 재벌 중 하나인 타타그룹이 될 것을 소박하게 시작했다. 1903년 잠세치 타타는 인도의 최고급 호텔 중 하나인 타지마할 호텔을 뭄바이에 건설했다. 전해지는 얘기에 따르면 타타는 당시 스완크 왓슨 호텔에서 인도인이라 하여 숙박을 거부당한 후 영국인에 대한 복수심으로 이 호텔을 지었다. 타타그룹은 지난 세기 동안 사업 범위를 강철, 정보기술, 소매품 및 모든 유형의 제조업으로 확대한 후, 최근 들어 영국의 상징적인 브랜드인 롤스로이스와 재규어를 인수했으며 현재 영국에서 가장 큰 기업고용주가 되었다. 타지마할 호텔 설립 이야기가 사실이라면, 잠세치가 만든 이 기업그룹은 그가 경험한 모욕에 대한 복수를 뛰어넘는 것이다.

파르시인들은 사업 영역을 넘어 인도 문화에 기여해 왔다. 페로제샤 메타Pherozeshah Mehta경은 인도 독립운동 지도자이자 인도국민회의당의 초대 총재였다. 영화제작자 겸 사진작가인 수니 타라포레발라Sooni Taraporevala는 파르시인들의 삶을 영화와 사진으로 기록했으며, 캐나다에 사는 파르시 작가 로힌턴 미스트리Rohinton Mistry는 인도에서 가장 유명한 소설가 중 한 사람이다. 인도에서 다른 종교를 믿는 종족들과 비교했을 때 결코 많지 않은 파르시 인구는 1941년 11만 5000명에서 2004년까지 6만 9000명 미만으로, 지난 수십 년 동안 심각한 수준으로 감소했다. 엄격한 부계 관습과 개종 규칙은 비非파르시인들과의 결혼과 함께 이러한 감소의 원인으로 지목된다. 이 공동체의 미래는 불확실하다.

2. 영국의 인도 통치와 독립의 길

동인도회사는 어떤 회사인가?

1600년 12월 31일 엘리자베스 1세 여왕이 영국 모험가들에게 영국의 아시아 무역에 대한 15년 독점권을 주는 칙허장을 승인하여 영국 동인도회사가 최초로 탄생했다. 영국은 인도 무역에서 한 세기가 늦었다. 포르투갈 탐험가 바스쿠 다 가마의 누더기 선단이 1498년에 현재 코지코드로 알려진 도시인 캘리컷에 상륙했다. 포르투갈인들은 1500년 인도의 코친에 최초의 유럽 해안 교역소를 설립했다. 그로부터 1세기 후, 영국인에 이어 네덜란드, 프랑스, 심지어 덴마크까지 인도무역회사를 설립했다. 이 회사들은 인도 해안을 따라 '공장들'로 불리는 교역소들을 설립하여 인도의 향신료, 면직물, 인디고, 그리고 다른 귀중품들에 대한 접근을 놓고 끊임없이 서로 싸웠다. 영국의 제임스 1세는 1609년 동인도회사의 칙허장의 유효기간을 무기한으로 갱신했다. 1612년, 그는 아그라에 있는 무굴 궁정 주재 대사인 토머스 로 경Sir Thomas Roe 에게 지금의 인도 구자라트주에 있는 수라트에 무역공장을 설립하는 회사의 독점권을 모색하도록 지시했다. 자한기르 황제는 1615년 인도에서 포르투갈의 로마가톨릭 개종 시도를 경계한 나머지, 동인도회사에게 광장히 요긴한 이러한 권리를 부여했다. 마드라스와 캘커타의 영국 교역소가 뒤를 따랐다.

1661년, 지금은 뭄바이로 불리는 봄베이시로 변모할 섬들은 포르투갈 공주 카타리나 데 브라간사(영국명 캐서린 브라간자)의 지참금의 일부로 카타리나가 영국 왕 찰스 2세와 결혼함으로써 영국 소유가 되었다. 이 지역에 대한 접근과 함께 찰스 2세는 영국 동인도회사에 화폐를 주조할 수 있는 권한, 자치권 획득, 법원 설치와 처벌, 군대 고용 및 전쟁 임무를 포함한 강력한 권한을 부여했다. 이리하여 영국 동인도회사의 변혁이 시작되었는데, 소수의 항해하는 건장한 투기꾼들이 운영하는 소규모 주식거래 사업에서 제국의 도구로 변모한 것이다.

이러한 변화는 1763년 7년 전쟁이 끝날 때까지 계속되었는데, 이때 영국은 인도와 북아메리카에서 프랑스군을 격파했다. 인도의 프랑스 동인도회사 대표인 조제프 프랑수아 뒤플릭스는 아우랑제브 이후 무굴제국의 해체라는 이점을 살려, 불만을 품은 현지 왕자들과 동맹을 맺고 오늘날의 첸나이인 마드라스에서 영국군을 격파하는 데 성공했다. 그러나 영국군 중대장인 로버트 클라이브는 1757년 오늘날의 서벵골 콜카타 인근의 작은 마을인 플라시에서 있을 프랑스군과 영국군 사이의 결전을 앞두고 프랑스군에 소속돼 있는 인도군 지휘관인 미르 자파르를 매수하여 인도군을 전투에서 빠지게 했다. 프랑스군은 패배했다.

'회사 통치'란 무엇인가?

일단 프랑스인들이 물러가자, 로버트 클라이브가 인도에서 영국 동인도회사를 확장하는 것에 거칠 것이 없었다. 클라이브 휘하에서 동인도회사는 벵골을 장악했고, 뒤이은 약탈은 클라이브를 매우 부유하게 만들었다. 그러나 동인도회사의 관리는 엉망이었고 1773년 영국 의회는 동인도회사 문제에 대해 토의했다. 영국 정부는 동인도회사가 아닌 영국 정부가 인도에 대해 궁극적인 권한을 가지고 있음을 공식적으로 인정하는 대가로 동인도회사의 대출금을 연장하는 데 동의했다. 1765년에 동인도회사는 뱅골과 비하르에서 디와니diwani, 즉 사법 행정과 수익의 징수권을 취득했다. '회사 통치', 즉 동인도회사에 의한 인도의 지배권이 탄생한 것이다. 회사 통치의 목표는 인도에서 최대한의 수입을 거두는 데 있었다. 이윤을 극대화하려는 의도로 동인도회사는 자신들이 통제하는 토지에 대해 세금을 부과했고, 다가올 극심한 가뭄에 대비해 상인들이 곡물을 비축하는 것을 막는 바람에 1769년에서 1773년 사이에 뱅골에서 큰 기근을 일으켰다. 콜레라와 천연두 발생과 함께 기아와 질병으로 이 기간 동안 약 1000만 명의 인도인들이 사망한 것으로 추정된다.

1773년 동인도회사는 오늘날 콜카타로 이름이 바뀐 캘커타를 수도로 정하고, 워런 헤이스팅스Warren Hastings를 뱅골 총독으로 임명했다. 헤이스팅스는 영국이 인도를 통치하려면 그들의 역사와 관습, 그리고 그들의 종교를 알아야 한다고 믿었다. 또한 그는 인도의 언어, 문학, 문화에 대한 여러 학술 센터 중 하나인 뱅골에 '뱅골 아시아협회'의 창설을 지원했다. 1780년, 그는 젊은 이슬람 남성들을 교육하기 위해 현재의 알리아 대학인 마드라사-에-알리아Madrasah-e-Aliah를 설립했다. 그러나 헤이스팅스는 또한 영국 왕실이나 의회의 이해관계를 거의 고려하지 않고 무자비하게 동인도회사의 이익을 추구했다.

1788년, 동인도회사의 괴잉 처사에 경악해 왔던 영국 의회는 헤이스팅스를 '중대 범죄자'로 고발했는데 범죄 목록이 너무 길어서 그것을 모두 읽는 데 이틀이 걸렸다. 재판기간 중 영국 대중을 공분케 한 많은 세부 죄목들, 이른바, 강간, 고문, 그리고 수익을 올린다는 명목으로 저지른 인도인들에 대한 조직적 살인과 기아는 워런 헤이스팅스 휘하의 동인도회사의 행위에만 한정되지 않았다. 예컨대 로버트 클라이브는 그와 유사하면서도 더 나쁜 범죄로 유죄선고를 받았다. 재판은 7년 이상 진행되었다. 헤이스팅스는 결국 무죄 판결을 받았지만, 그 재판은 동인도회사의 인도 정부가 일련의 개혁을 단행하는 무대를 마련하여, 인도를 왕실과 의회의 통제 아래 더욱 엄격하게 이끌게 했다.

19세기 초에는 영국의 군사적 정복과 직접 병합 또는 기존 현지 세습 군주 및 통치자와의 보조적 동맹관계를 통해 인도 내의 영국 지배 영토가 극적으로 확장되었다. 1856년까지 영국 동인도회사는 영국 정부를 대신하여 대부분의 인도 아대륙과 버마(현 미얀마)를 현지 통치자들과 직접 또는 간접적으로 연합하여 통치했다.

인도에 대한 지배가 기정사실이 되면서, 영국인들은 그들이 인도를 어떻게 통치해야 하는지에 대해 심사숙고하기 시작했다. 그들은 계몽주의와 그에 수반하는 과학과 산업혁명에 대한 전적인 확신을 가지고 통치했다. 휘그 당 소속 정치인이자 역사가인 토머스 매콜리Thomas Macaulay는 1835년 "인도의 교육에 관한 각서"에서 서양의 문명과 지식이 인도에 비해 우수하다는 점, 그들에 대한 교육은 당연히 영어로 제공되어야 한다는 점, 그리고 교육목표는 인도에서 근무하는 상대적으로 적은 수의 영국 행정가들과 그들이 현재 통치하고 있는 수백만 명의 인도인들 사이의 중개자 역할을 할 수 있는 학식 있는 현지인들을 배출하는 것이라는 유명한 선언을 했다. 매콜리는 "우리는 현재 우리와 우리가 다스리는 수백만의 사람들 사이에서 통역사가 될 수 있는 한 계층의 사람들, 혈통과 피부색은 인도인들이지만, 그러나 감식력과 의견과, 도덕과, 지성에 있어서는 영국인이 되는 한 계층의 사람들을 길러내기 위해 최선을 다해야 한다"고 주장했다.

영국이 만든 인도 형법은 어떤 것이었나?

토머스 매콜리는 또한 인도에서의 영국 사법행정에 대한 지침을 정하고 영국의 통치를 강화하기 위한 법규를 제정하기 시작했다. 인도 형법은 1862년에 채택되었다. 매콜리의 시각에서 영국 통치하의 인도 법률은 "가질 수 있을 때의 균일성, 가져야 할 때의 다양성, 그러나 모든 경우에 확실성"을 수용해야 한다는 것이다. 이 법은 매콜리가 가장 초보적으로만 이해하고 있었던 기존의 이슬람과 힌두교 법의 권위를 빼앗으려 했으며, 인도 법학의 모든 것을 단 하나의 가장 중요한 영국 문서 아래에 두었다. 사르다르 발라바이 파텔Sardar Vallabhai Patel, 자와할랄 네루 및 B. R. 암베드카르를 포함한 인도 공화국 설립자들이 대체로 광범위하게 그것을 채택했다. 동성애를 범죄시하고 언론 자유를 제한하는 것을 포함하여 19세기 중반에 영국인들이 규정한 많은 법률이 오늘날에도 계속 시행되고 있는데, 동성애를 범죄시하는 식민지 시대의 법을 배척하려는 압력이 커지고 있다.

세포이 반란이란 무엇인가?

워런 헤이스팅스는 1773년 동인도회사 사규상 최고책임자인 총독 governor-general이라는 새 직책을 맡은 후 회사군會社軍의 확충을 그의 정책 우선순위 중 하나로 삼았다. 1857년까지 동인도회사 휘하의 군대는 5만 명의 영국군 사병과 장교, 그리고 약 30만 명의 인도군으로 불어났다. 헤이스팅스는 인도군을 '병사'라는 뜻의 페르시아어 '시파히sipahi'에서 따온 '세포이sepoys'라 불렀으며, 영국 주인을 위해 기꺼이 싸우는 군인으로 만들 작정이었다. 헤이스팅스 전략의 일부는 인도의 종교와 카스트 정서를 존중하는 데 있었다. 예컨대, 상위 카스트의 힌두교인 병사들이 더 낮은 카스트의 힌두교인 병사들과 함께 식사를 하지 않아도 되게끔 별도의 식당 시설을 마련했다. 그러나 1765년 헤이스팅스가 인도를 떠나고 수십 년이 지나 그들의 힘의 범위와 위력이 커짐에 따라, 영국은 제국의 전진에 방해가 되는 우스꽝스러운 미신으로 여겨지는 이 관행에 대해 점점 더 인내심을 잃어갔다.

북부인도 전역으로 세력을 확대한 영국은 기존의 사회 및 정치 조직의 많은 부분을 파괴하고, 수백만 명의 인도인들을 조상의 땅과 직업으로부터 분리하고, 이전의 상류 지주계층의 수입권을 훔쳤다. 영토를 합병하여 영국의 직접 지배하에 두기 위한 한 가지 전략은, 인도 내 작은 왕국들에서 자연적인 직계 상속자가 없을 경우 통치자들이 자신의 토지나 영토를 양자에게 물려주는 인도의 전통적인 상속권을 인정하지 않는 것이었다. 이들 중 많은 수가 선택의 여지가 거의 없었던 농민들과 함께 결국 영국군의 고용병으로 전락했다. 그들의 봉급은 같은 계급의 영국군보다 적었고 영국인 장교들로부터 명령을 받았다.

동인도회사의 지배 아래서 정의의 심판은 명백하게 이중 잣대로 내려졌다. 인도인들이 영국인들에게 주제 넘는 짓을 한다면 쫓겨나야 했기 때문에, 영국인들은 인도인들의 권리를 침해해도 거의 처벌받지 않았다. 그와 같은 시기인 1830년대와 1840년대부터 기독교 선교사들은 인도인들을 개종시키려는 노력을 확대했다. 기독교가 힌두교, 시크교, 또는 이슬람교보다 우월하다고 믿은 영국은 기독교로의 개종을 인도에서 그들의 제국을 정당화하는 '문명 선교'의 도구로 이용했다. 1850년내 중반에 이르러 영국이 힌두교도와 이슬람교도를 기독교도로 대량 개종시킬 준비를 하고 있다는 소문이 인도 전역에 퍼지기 시작하면서 긴장이 고조되었다.

종전의 소총에 비해 향상된 엔필드 소총의 도입은 대 환난을 촉발시키는 불똥 역할을 했다. 이 신형 소총의 탄창은 사전에 윤활용 기름이 발라져 있었고 병사들은 그것을 소총에 장착하기 전에 입에 물고 있어야 했다. 그런데 그 탄창에 바른 기름이 이슬람교도가 혐오히는 돼지 지방으로 만든 것이라고도 하고, 힌두교도가 혐오하는 쇠기름이라고도 하는 소문이 퍼졌다. 높은 카스트의 힌두교도들이 만약 쇠기름 바른 탄창을 입에 댔다면 즉각적으로 그 지위를 잃을 판이었다. 영국인들은 세포이들 사이에 불만이 확산되고 있음을 알고 있었다. 그들은 이스트를 넣지 않은 인도산 빵인 차파티가 선동적인 정보를 전달하기 위한 일종의 비밀 암호로 유통되고 있다고 의심했다. 1857년 3월 29일, 바락포르에서 제34 뱅골 연대의 인도 병사인 망갈 판데이Mangal Pandey가 탄창을 끼운 소총을 공중으로 흔들고, 탄창에 대해 소리 지르며 다른 인도 병사들도 동참해 줄 것을 촉구하자, 그를 제압하려 영국군 장교가 달려왔고, 인도 병사들이 그를 향해 발포함으로써 노골적인 저항의 첫 번째 중대 사건이 터졌다. 자신을 쏘아 자결을 시도하다 부상당한 판데이는 재판을 받고 교수형을 당했다. 망갈 판데이란 이름은 모든 인도인 '저항 세력들'에 대한 영국의 별칭이 되었다. 인도인들에게 망갈 판데이는 국가적 영웅이다.

인도군의 반란이 인도 북부 전역으로 확산되자 영국군은 여기저기 흩어져 주둔 중인 그들의 군대가 고립되고, 취약하며, 한심할 정도로 반란에 대비가 되어 있지 않다는 것을 알게 되었다. 1857년 5월 30일부터 11월 27일까지 계속된 럭나우의 영국인 거주지에 대한 포위 공격은 인도군 반란의 중추적인 사건이었다. 럭나우는 1856년 영국이 그곳 지역민들과 통치자들에게 원한을 사는 방법으로 합병한 아우드주의 수도였다. 이 영국인 거주지에 대한 공격은 부당하게 빼앗겼다고 생각하는 넝토에 대한 통제권을 인도인 전사들이 되찾으려는 시도로 비쳐졌다. 그들은 거의 성공했다. 영국의 첫 번째 격퇴 시도는 실패했다. 그러나 두 번째는 효과가 있어, 영국은 포위망을 깨뜨릴 수 있었다.

반란이 진행되는 동안 영국인 남녀노소는 인도인들의 분노의 표적이 되었고, 많은 이들이 그들의 집에서나 도피하다가 살해되었다. 이에 질세라 영국인들은 1857년 9월 마침내 델리를 탈환하고 수천 명의 비무장 민간인들을 살해함으로써 훨씬 더 악랄하게 반격했다. 인도인들은 반란에 연루되었든 아니든 교수형을 받기 전에, 카운포르에서 학살당한 영국 여성과 아이들의 피로 뒤덮인 바닥을 혀로 핥는, 굴욕적이고, 영혼을 짓밟는 형벌을 받았다.

영국의 인도 통치로 무굴제국의 마지막 황제였던 바하두르 자파르 샤 2세Bahadur Zafar Shah II는 이미 어떠한 실질적인 권력도 박탈당한 상태였다. 델리에 있는 그의 궁정은 약탈당하고 파괴되었으며, 델리시는 영국의 지휘를 받는 군인들이 집집마다 돌아다니며 주민들을 살해하고 손에 넣을 수 있는 가치 있는 물건을 훔치는 도시가 되었다. 시인이고 서예가였으며, 예술후원자였던 바하두르 샤는 버마로 유배되었고, 1862년 영국 감옥에서 사망했다. 인도에서 무굴의 통치는 그렇게 끝이 났다.

1858년 11월 1일 알라하바드에서 인도를 영국 동인도회사 관할에서 영국 왕실 관할로의 이양을 주관한 인도의 초대 총독이었던 캐닝 경Lord Canning은 빅토리아 여왕의 인도 직접 통치를 선포하는 포고문을 낭독했다. 1876년 영국 의회는 빅토리아 여왕에게 '인도의 여제'라는 칭호를 부여했다.

왕실 식민지는 군주가 임명한 총독이 관리하는 대영제국의 영토였다. 인도는 지금까지의 영국 식민지 중 가상 가치 있고 인구가 많은 식민지였다. 1868년 빅토리아 여왕의 요청으로 영국 총리가 된 벤저민 디즈레일리 Benjamin Disraeli는 인도를 '영국 왕관의 가장 빛나는 보석'이라고 불렀다.

잔시의 라니는 누구인가?

영국은 인도 통치에서 영토 지배권을 장악하기 위해 이른바 '랩스 독트린

Doctrine of Lapse'이라는 '무사실권원칙 無嗣失權原則 (후계자가 없으면 토지지배권을 상실한다는 원칙)'을 활용했다. 근본적으로, 만약 어떤 지방 소왕국의 통치자에게 자연 발생적인(양자와 같은 인위적인 것이 아닌) 남성 후계자가 없다면, 그의 왕국은 임자 없는 왕국이 되어 영국이 손에 넣을 수 있다는 것이다. 영국이 잔시국 Jhansi國 왕의 양자를 합법적인 후계자로 인정하지 않자, 잔시국 왕비인 라니 락슈미바이 Rani Lakshmibai 가 반란을 일으켰다. 영국인들은 이 폭도들이 잔시국에서 영국 군인과 그 가족들을 학살한 세포이 반군을 돕고 자금을 지원했다고 믿었다. 그들은 영국 동인도회사와 연합한 이웃 통치자들이 그녀의 왕국을 공략하는 것에 저항하는 그녀를 돕기를 거부했다. 그러나 1858년 영국이 잔시국을 향해 진군하면서 라니 왕비에게 항복을 요구하자 그녀는 거절했다. 말을 탄 잔시국의 라니 락슈미바이의 모습은 손에 칼을 든 채 영국 통치에 저항하는 인도의 첫 번째 주요 전투의 아이콘이 되었다. 영국인들이 세포이 반란이라고 부르는 것을 인도인들은 최초의 독립전쟁이라고 부른다.

마하라자는 어떤 사람들이었는가?

실제로 영국은, 라이벌인 인도 통치자들에게 맞서는 데 도움을 주겠다고 하거나 특권과 직함을 보존해 주겠다면서 접근해 약삭빠르게 인도 왕족들을 자기 편으로 끌어들였다. 그 대가로 왕족들은 세금납부를 통해 영국이 지속적으로 수익을 올리게 하고 영국 이익을 방어하는 데 도움이 될 것으로 예상되었다. 인도의 세습 통치자들, 즉 '왕'을 뜻하는 라자 raja 와 '위대한 왕'을 뜻하는 마하라자 maharajah 들은 그들의 호화로운 생활방식과 멋진 보석으로 유명했는데, 그들의 아내들인 여왕이라는 뜻의 라니 rani 와 위대한 왕후라는 뜻의 마하라니 maharani 로도 그러했다. 1947년 인도의 마하라자들이 독립 인도에 그들의 왕국을 통합하기로 합의했을 때,

이 신생국가 인도는 옛날 방식대로 그들의 호화로운 생활을 위해 자금을 대느라 국고가 궁핍해질 지경이었다. 인도 의회는 1971년 인도 헌법 개정안을 통과시켜 군주의 개인 지갑에 자금을 대는 제도를 폐지했다.

쿨리는 어떤 사람들이었는가?

마하라자의 사치스러운 생활과는 거리가 먼 곳에 쿨리가 있었다. 영국 식민주의의 산물인 '쿨리'는 인도 노동자를 칭하는 영국 용어였다. 이 단어는 급료를 뜻하는 타밀어 '쿨리kuli'에서 유래했다. 1834년 노예제도를 폐지하는 영국의 법이 발효되었을 때 수천 명의 인도인 쿨리들이 모리셔스, 영국령 기아나, 피지, 서인도 제도 및 기타 지역의 농장에서 일하기 위해 파견되었다. 오늘날 인도에서 이 말은 기차역에서 빨간 셔츠와 '포터 쿨리'라고 쓰인 공식 놋쇠 배지로 쉽게 알아볼 수 있는 수하물 운반원들을 가리킨다.

라빈드라나트 타고르는 누구인가?

라빈드라나트 타고르Rabindranath Tagore, 1861~1941는 인도의 시인, 화가, 소설가, 수필가, 철학자, 그리고 교육 개혁가였다. 벵골 르네상스로 알려진 19세기 중엽에 벵골에서 문화를 꽃피우고 종교를 부흥시킨 저명인 중 한 명인 타고르는 1913년에 그의 시집 『기탄잘리Gitanjali』('신에게 바치는 송가'라는 뜻)로 노벨문학상을 받았다. 타고르는 벵골의 교육 수준이 높은 지주 가정에서 태어났다. 그의 할아버지 드와르카낫드 타고르는 영국을 여행한 최초의 인도 힌두교도들 중 한 사람이었다. 그의 아버지인 데벤드라나트 타고르는 브라모 사마지Brahmo Samaj(브라마의 사회)라 불리는 인도의 민족주의적 문화 운동에 적극적이었으며, 신의 보편적 정신에 대해 명상하길 원하는 모든 카스트와 종교의 사람들을 위한 아사람ashram

(힌두교도들이 수행하며 거주하는 곳)을 콜카타에서 북쪽으로 150마일 떨어진 곳에 세웠다. 런던 대학교에서 공부한 타고르는 인도 문학과 영문학에 정통했다. 1901년, 그와 그의 아내 므리날리니Mrinalini는 아버지의 아사람으로 옮겨갔고, 그곳에서 그는 '평화가 깃든 곳'이라는 의미의 샨티니케탄Shantiniketan이라는 이름의 학교를 설립했다. 이 학교 학생들은 전인적이고 인본주의적인 정신으로 교육을 받았다. 종종 교실 밖 나무 그늘 아래서 학생들과 선생님이 둥그렇게 둘러 앉아 수업을 했다.

타고르는 아시아와 서구의 철학과 미학의 합성을 강력하게 믿고 있었으며 그의 사상은 바로 그 합성의 산물이었다. 그는 그의 작품이 널리 읽히고 있고, 그가 그들의 예술적 전통을 마음껏 차용한 일본과 유럽 대륙을 여행했다. 타고르는 영국으로부터 독립하기 몇 년 전에 인도를 움켜잡은 힌두교와 이슬람교 공동체 간의 분쟁 또는 폭력에 깊은 슬픔을 느꼈다. 훗날 인도의 초대 총리가 되는 자와할랄 네루는 1941년 타고르가 사망한 후 다음과 같이 썼다. "아마도 [타고르]가 세계와 인도에 대한 방안이 점점 줄어드는 숱한 공포를 보지 않고 지금 돌아가신 것이 나을 것이다. 그는 그 공포를 충분히 보았고, 무한히 슬퍼했고 불행해했다."

수바스 찬드라 보세는 누구인가?

수바스 찬드라 보세Subhas Chandra Bose, 1897~1945는 인도의 민족주의자이자 자유 투사로, 인도가 영국으로부터 독립하려면 마하트마 간디가 주창하는 비폭력적인 방법으로는 불가능하다고 확신하여 1939년 인도국민회의당과 결별했다. 제2차 세계대전 때 보세는 영국의 적국인 일본과 독일에 인도의 독립 투쟁에 대한 도움을 청했다. 그는 1941년 독일로 건너가 힌디어로 아자드 힌드Azad Hind라는 자유 인도 라디오 방송국을 개설하고, 독일에서 전쟁 포로로 수용돼 있던 3000명의 인도군 병사들을 징

집하여 1개 대대를 만들었다. 이 인도 병사들은 리비아 전선에서 영국을 위해 싸우다 나치군의 포로가 되어 이곳에 온 것이다. 레기온 프라이에스 인디언Legion Freies Indien, 즉 자유 인도인 부대로 명명된 이 부대는 전쟁이 끝나 갈 무렵 프랑스에서 연합군의 상륙을 막기 위한 독일군의 대서양 장벽 방어 작전에 소규모 분견대로 투입되었지만 별다른 활동을 보이지는 못했다.

제복을 입은 이 청년들은 인도의 오렌지, 흰색, 녹색의 삼색 위에 뛰어오르는 호랑이 문양이 있는 어깨 휘장을 뽐냈다. 1943년에 보세는 독일에서 일본으로 이동했다. 일본은 당시 싱가포르와 말레이시아 전선의 영국군 휘하에서 일본군과 싸우던 인도군 약 4만 명을 포로로 잡고 있었다. 일본의 지원을 받아, 최초의 '인도 국군Indian National Army'이 이들 포로와 동남아시아에 거주하는 인도인들로 창설되었다. 1943년 10월 21일, 보세는 자유 인도의 임시정부 창설을 선언했다. 그의 '인도 국군'은 버마에서 일본 편에 서서 영국군과 싸웠다. 이 '인도 국군'에는 도쿄 소년으로 알려진 유소년단과 잔시의 라니로 명명된 여성 여단이 있었다.

1945년 추축국이 패전한 후, 유럽에서 독일 편에 서서 영국군과 싸웠던 '인도 국군'과 '자유 인도군 병사들'이 인도에 송환되어 반역죄로 재판을 받게 되었다. 1945년과 1946년의 이 재판은 인도 전역에서 대규모 시위를 불러일으켰다. 이러한 국민 감정의 이용 가치를 재빨리 인식한 자와할랄 네루와 인도국민회의당은 군법회의에 회부된 최초의 '인도 국군' 장교 3명의 변호를 맡아 자신들의 자유 투쟁에 '인도국군'의 이미지를 교묘하게 동화시켰다. 이 세 명의 장교들은 '국왕을 상대로 전쟁을 벌인' 혐의로 유죄 판결을 받았으나, 그 후 무시할 수 없을 정도로 강력한 대중의 항의로 석방되었다. 1947년 8월 15일, 인도가 영국의 지배로부터 독립한 날, 나머지 11명의 '인도 국군' 포로들도 역사적인 사건에 대한 대사면으로 석방되었다. 수바스 찬드라 보세는 '인도 국군'의 최종적인 복권이나 인도의 독립을 살아서 보지 못했다. 그는 1945년 8월 18일 일본 여객기 추락사고로 인한 부상 때문에 사망한 것으로 추정된다.

마하트마 간디는 누구인가?

인도 독립운동의 가장 상징적 인물인 마하트마 간디는 인도를 초월하는 인물이다. 사탸그라하satyagraha로 알려진 그의 비폭력적인 정치적 저항 철학은 인도 독립에 핵심적인 역할을 했을 뿐만 아니라 미국의 민권운동에서부터 남아프리카의 아파르트헤이트(인종분리정책)에 대한 투쟁에 이르기까지 전 세계에서 압제에 대한 저항을 고무시켰다. 독창적이고 자기 비판적인 사상가인 마하트마 간디는 자신의 주장을 더 발전시키기 위해 능란하게 언론을 활용하는 커뮤니케이션 천재였다. 1869년 10월 2일 인도 구자라트주 포르반다르에서 태어난 모한다스 카람찬드 간디는 10대에 결혼하여 1888년 법학을 공부하기 위해 런던으로 떠날 무렵 이미 가정을 꾸렸다. 사교춤을 배우고, 불어를 구사하며, 바이올린을 연주하는 법대생에서 마하트마Mahatma, 즉 위대한 영혼으로 알려진 금욕적인 정치 지도자로 변신을 시작한 것도 바로 그곳이었다. 런던에서 간디는 마담 헬레나 블라바츠키Helena Blavatsky의 『신지학의 열쇠The Key to Theosophy』와 헨리 솔트Henry Salt의 『채식주의를 위한 변명Plea for Vegetarianism』을 읽었다. 그는 런던 채식주의자 협회에 가입하여 인도의 채식주의에 관한 일련의 기사를 썼다.

간디가 변호사 자격을 취득한 후 다시 인도로 돌아왔을 때, 그는 변호사로서 취업을 하는 데 어려움을 겪었다. 대중 앞에서 이야기 할 때 수줍음을 타는 약점이 그가 사건을 논박하는 것을 불가능하게 만들었다. 1893년 그는 남아프리카의 인도 상인들을 대변하는 변호사로 일하게 되어 더반으로 갔다. 1896년 가족을 데려오기 위해 잠시 인도를 다녀간 후 20년간 대부분을 남아프리카에서 보냈다. 간디가 그의 정치적, 개인적 철학을 벼려서 구축한 곳이 남아프리카였다. 간디의 불의에 대한 저항의 초기 징후는 기차 1등 칸을 백인 전용으로 정해 인도인들의 이용을 금지한 엄격한 인종차별에 대한 도전이었다. 간디는 일등 칸 차표를 사서 자리에 앉아 역장이 3등 칸으로 옮기라고 명령해도 그의 자리에 고집스럽게 머물러 이 도전에 성공했다. 남아프리카의 엘리트 인도인들을 인도인 '쿨리 계급' 노동자들과 함께 묶는 차별적인 법으로부터 보호하려던 간디의 노력은 그로 하여금 인도인들에 대한 전반적인 불의의 문제를 다루게 만들었다. 그는 1894년 나탈 인도 의회를 창설하고 정치 팸플릿을 발간하기 시작했다. 1903년 그는 주간지인 《인도여론Indian Opinion》을 창간하여 노동 파업에서부터 진흙 목욕의 건강 효과에 이르기까지 모든 것에 대해 점진적인 진보적 견해를 피력했다.

간디는 남아프리카에서 자신을 탈바꿈시켰다. 그는 톨스토이가 1893년에 낸 철학적 걸작인 『신의 나라는 네 안에 있다』를 읽었는데, 이 책에 나오는 비폭력성에 대한 명상이 그에게 심오한 자극을 주었다. 그는 친구이며 자이나교 학자인 슈리마드 라지찬드라와 영적인 문제에 대한 서신을 주고받았고, 인도에서 그가 보낸 책을 읽었다. 간디는 자신의 채식주의 식단을 실험했다. 그는 자신의 영적, 정치적 작업을 위한 더 나은 도구로 자신을 바꾸기 위해 브라마차리아brahmacharya, 즉 독신(금욕)주의 서약을 했다. 그는 서구의 난해하고 대안적인 철학에 접해본 유럽인들과 친분을 쌓았고, 그중에서도 남아프리카의 건축가 헤르만 칼렌바흐 Hermann Kallenbach, 네덜란드의 노동조합주의자 헨리 폴락Henry Polak과 친분을 맺었다. 간디는 폴락이 그에게 빌려준 책인 존 러스킨의 『나중에 온 이 사람에게도Unto This Last』에서 영감을 받아 1904년에 공동체적이고, 자기만족적인 생활인 피닉스 정착Phoenix Settlemen 실험에 착수하기 위해 유토피아 공동체를 설립하기로 결심했다. 간디가 일생동안 설립한 여러 유토피아 공동체 중 첫 번째였다. 1910년, 그의 친구 칼렌바흐는 그에게 4.5제곱킬로미터의 부지를 제공했고, 그곳에 간디와 함께 또 다른 유토피아 공동체인 톨스토이 농장을 설립했다.

간디는 남아프리카에서 비폭력적이고 집단적인 정치적 저항에 대한 그의 방법과 철학체계를 구축했다. 전환점은 그가 사탸그라하라고 부르는 것, 즉 진실에 대한 확고한 집착의 형태로 그의 영적, 정치적 노력을 병합하는 것에서 왔다. 사탸그라하는 필요하다면 억압자가 도덕적 실패를 인정하도록 강요하기 위해 목숨을 희생할 준비가 된 개인의 입장으로 불의에 대한 대규모 비폭력 저항을 하는 것이었다. 비폭력 저항은 간디가 1913년 남아프리카 공화국의 연한부 계약 노동자들을 지키기 위해 대규모 파업을 벌이면서 벼려졌다. 영국에서 교육받은 법정 변호사로서의 역할에 걸맞은 옷을 정성스럽게 입은 간디가 인도식 옷을 입은 노동자 쪽에 모습을 드러냈고, 그의 머리는 힌두교의 거룩한 사람처럼 면도를 했다. 마하트마가 태어난 것이다.

1915년 간디가 남아프리카에서 인도로 돌아왔을 때, 그는 인도 구자라트주의 아마다바드 근처의 사바르마티 강둑에 있는 새로운 아슈람(힌두교도들이 수행하며 거주하는 곳)으로 이사했다. 그 시점부터 인도의 독립과 가난한 인도인 수백만 명의 곤경을 완화시키는 일이 간디의 사명이 되었다. 1918년 그는 아마다바드의 제분소 노동자들을 이끌고 시위를 벌였다. 1919년 그는 롤럿법(나중에 이 법에 대해 설명할 것이다)에 항의하기 위해 거국적인 사탸그라하를 촉구했다. 1921년에는 펀자브에서의 살인 행위에 항의하기 위해 또 다른 거국적인 사탸그라하를 요구했다. 인도에 대한 그의 목표는, 그 자신과 그의 추종자들에 관한 한, 자치뿐만 아니라 스스로에 대한 통제 모두를 의미하는 스와라지swaraj가 되는 것이었다. 1909년에 그는 영국으로부터, 그리고 서구적인 근대성으로부터 인도의 독립을 가장 분명하게 요구하는 『힌두 스와라지Hind Swaraj』란 책을 저술한 바 있다. 1926년에는 그의 사서선인 『나의 진실탐구 이야기My Experiments with Truth』를 영어와 구자라트어 두 언어로 발행하는 그의 잡지 ≪젊은 인도Young India≫에 연재했다.

간디는 영국인들과 충돌한 만큼이나 다른 인도 독립 지도자들과도 충돌했다. 인도인들은 시골 마을에서 사는 것이 가장 좋고, 가장 가난한 사람의 삶이 나아질 때까지 진정한 민족주의자들은 간디처럼 가능한 한 검소하고 엄격하게 살아야 한다는 신념을, 독립 후 현대화하고 산업화한 인도를 구상했던 자와할랄 네루와 같은 지도자들은 공유하지 않았다. 암베드카르는 힌두 카스트제도를 개혁할 수도 있지만 그대로 둘 수도 있다는 간디의 신념에 강력하게 반대했다. 암베드카르는 힌두교가 카스트 문제와 달리트에 대한 억압으로 인해 구제불능이라는 것을 알고는 궁극적으로 포기했다. 1946~1947년 벵골에서 서로를 학살하던 힌두교도와 이슬람교도들에게 간디의 공동체 화합에 대한 간청이 묵살되었다. 이슬람 연맹의 수장이자 파키스탄의 첫 지도자인 무함마드 알리 진나Mohammad Ali Jinnah는 파키스탄을 건국하기 위해 인도의 분할에 대한 간디의 반대를 거부했다.

1948년 1월 30일, 정기 저녁기도회에 참석하기 위해 걸어가고 있던 간디를 힌두교 극단주의자인 나투람 고드세Nathuram Godse가 총을 쏴 살해했다. 마하트마 간디가 사망한 후 자와할랄 네루는 인도 국민들을 향한 연설에서 간디는 "수백만 명의 가슴 속에 살아 있으며, 오래 오래 살게 될 것이다"라고 말했다.

잘리안왈라 바그에서 무슨 일이 있었는가?

수천 명의 인도군인들이 영국 국기 아래서 싸웠던 전쟁인 제1차 세계대전이 끝나갈 무렵, 식민통치의 수모를 겪은 인도인들의 인내심이 바닥나고 있었고, 독립에 대한 동요가 커가고 있었다. 인도를 포기할 의사가 전혀 없는 영국은 이에 놀라 변호사 시드니 롤럿Sidney Rowlatt을 폭동 선동 조사위원회Sedition Committee 위원장으로 임명하여 '인도의 혁명 운동'을 진압하기 위해 취할 수 있는 조치를 조사하도록 했다. 롤럿 위원회는 1918년에 인도 전국의 신문 발행을 금지시키고 반란을 선동한 것으로 의심되는 인도인들을 재판 없이 투옥할 것을 요구하는 보고서를 올렸다. 그 보고서를 바탕으로, 1919년 3월 21일 영국식민지 인도의 입법기관인 제국입법위원회에서 난동 교사를 엄금하고 적절한 중형을 권고하는 롤럿법이 통과되었다. 마하트마 간디는 즉각 항의의 표시로 하르탈hartal, 즉 파업을 촉구했다.

펀자브에서는 당장에라도 폭발할 것 같은 독립운동이 이미 진행되고 있었다. 4월 10일, 암리차르의 미션스쿨에서 근무하던 마르셀라 서우드 Marcella Sherwood란 이름의 영국인 여교사가 자전거를 타고 마을을 지나가다가 폭도에게 습격당해 부상을 입었다. 4월 12일, 펀자브 주지사인 마이클 오더와이어Michael O'Dwyer는 공공집회를 금지하는 명령을 내렸다. 1919년 4월 13일, 그 명령을 몰랐을 수도 있는 한 무리의 사람들이 잘리안왈라 바그로 불리는 사방이 막힌 한 공공정원에서 평화적인 항의시위를 벌였다. 서우드 교사에 대한 공격에 뒤이은 현지인들의 저항을 평정하기 위해 암리차르에 온 영국군 장교 레지널드 다이어Reginald Dyer는 탈출할 길이 없는 시위자들에게 예고 없이 발포 명령을 내렸다. 우박처럼 퍼붓는 총탄에 379명이 죽고 1500명이 부상했다. 당황한 나머지 일부 시위자들은 몸을 숨기려고 정원에 있는 우물에 뛰어들었다. 사건이 끝난 후 우물에서 120구의 시체를 건져 올렸다.

다이어는 또한 서우드 교사에 대한 공격이 일어난 길을 지나는 모든 인도인들에게 엎드려 기어가도록 명령했다. 다이어는 학살 사건에 대한 조사를 받고 육군에서 해임되었지만, 많은 영국인들은 그를 영국 여성의 명예를 지키고 세포이 반란을 너무나 많이 연상시키는 반란사태를 진압한 국가적 영웅으로 여겼다.

잘리안왈라 바그에서의 학살과 다이어의 굴욕적인 기어가라는 명령은 영국 통치가 모든 정당성을 잃었다는 많은 인도인들의 견해를 굳혔고, 그 것이 인도의 독립 투쟁에서 중요한 전환점을 만들었다. 아시아 최초의 노벨상 수상자인 라빈드라나트 타고르는 1919년 5월 30일 잘리안왈라 바그에서의 사건 이후 영국 총독 첼름스포드 경Lord Chelmsford에게 1915년 영국 국왕이 그에게 수여한 기사 작위를 포기한다는 편지를 썼다. 타고르는 그의 편지에서 이렇게 썼다. "명예의 휘장이 굴욕이라는 어울리지 않는 맥락으로 우리의 수치심을 두드러지게 하는 순간을 맞아, 나는 모든 특별한 차별 속에서, 소위 보잘 것 없다고 해서 인간에게 걸맞지 않는 수모를 겪는 동포들의 곁에 삭발한 채 서 있고 싶습니다."

소금 행진(사타그라하 행진)은 무엇을 말하는가?

1929년 12월 29일, 자와할랄 네루를 위원장으로 하여 민족주의 인도국민회의당의 지도력으로 구성된 전 인도 국민회의위원회AICC: All India Congress Committee는 영국으로부터 인도의 완전한 독립, 즉 푸르나 스와라지purna swaraj를 지지하는 결의안을 승인했다. 이 위원회는 인도에 지배 지위를 부여하는 것에 대한 영국의 태도 표변에 좌절감을 드러냈다. 독립을 향한 한 걸음인 지배 지위에 대한 문제 제기는 원탁회의에서 논의될 예정이었으나, 이 문제는 영국 국내 정치 투쟁의 인질이 되었고, 인도 총독인 어윈 경Lord Irwin은 결국 인도 민족주의 지도부에 이 문제를 논의하기 위한 원탁회의를 개최한다는 약속을 할 수 없게 되었다.

인도국민회의당 지도부는 영국에게 어떤 인상을 심어주기 위해서는 12월 29일의 독립결의안에 따른 정치적 행동이 필요하다는 것을 알고 있었다. 1930년 3월 2일 간디는 총독 어윈 경에게 서한을 보내 영국의 인도 통치는 인도인들이 그 아래서 살아갈 수 없는 저주였으며, 영국인들에게 "그들이 인도에 저지른 과오를 깨닫게" 하기 위해 대규모 시민 불복종 운동을 벌일 작정이라고 설명했다. 3월 12일, 간디는 78명의 헌신적인 추종자들의 선두에 서서 사바르마티 아슈람에서 도보로 출발했다. 그들의 목적지는 구자라트주의 남쪽 해안에 있는 단디였는데, 그들은 인도에 영국 소금을 수입해 유리하게 판매하기 위해 제정된 인도 소금에 대한 영국 당국의 세금 부과에 저항하여 그곳에서 소금을 만들어 무료로 나눠줄 작정이었다. 그들은 경찰의 편의를 위해 시위행진 참가자들의 이름을 발표했다. 간디는 영국인들에게 감히 자기들의 행진을 막아보라고 했다. 행진 참가자들은 24일 동안 200마일(322킬로미터)을 걸어 목적지인 단디에 도착했다. 그곳에서 간디는 파도에 의해 침전된 소금을 조금 집어 들었다.

외국기자들이 사진을 찍어서 전 세계 신문에 재빨리 실렸던 간디의 이미지는 하얀 도티dhoti(인도 남자들이 몸에 두르는 천)와 숄로 몸을 감싸고, 긴편한 샌들을 신고 긴 대나무 지팡이를 짚고 단호하게 앞으로 걸어가는 모습이었는데 이것이 인도 독립투쟁의 가장 상징적인 이미지가 되었다. 간디의 예를 따라 사람들은 바닷물로 소금을 만들기 위해 인도의 해안으로 가기 시작했다. 간디가 바라던 대로 대규모 체포가 시작되었다. 간디의 아들 람다스Ramdas와 다른 추종자들이 체포되었다. 경찰은 시위자들을 때리고 발로 차면서 폭력을 사용하기 시작했다. 간디 자신은 1930년

5월 5일 이른 시간에 체포되었다. 5월 21일, 시인이자 민족주의 지도자인 사로지니 나이두Sarojini Naidu가 다라사나 염전에 대한 비폭력적인 항의로 '소금 사탸그라하(무저항 불복종 운동)'로 알려지게 된, 2500명의 흰옷을 입은 참가자들의 행진을 이끌었다. 시위대는 단호히 염전 입구를 향해 걸어갔다.

그들이 행진의 중단을 거부했을 때 일어난 일은 UP통신사의 미국 기자인 웹 밀러Webb Miller 덕분에 즉각 세계 뉴스가 되었다. 염전 입구를 향해 당당하게 걸어가는 하얀 옷을 입은 시위자 행렬을, 영국인들의 명령에 따라 인도 경찰들이 강철 곤봉을 휘두르며 잔인하게 진압하는 모습을 보도한 밀러의 목격담은 전 세계에 충격을 주었고 인도에서의 영국 통치에 대한 어떤 도덕적인 핑계도 종식시켜 버렸다. 웹 밀러는 이렇게 썼다.

자신이 몇 분 안에 강철 곤봉에 맞아 쓰러져 어쩌면 죽을지도 모른다는 것을 모든 사람들이 알고 있었지만, 나는 그들에게서 어떤 망설임이나 두려움의 기색을 발견할 수 없었다. 그들은 음악이나 응원의 격려도 없이, 심각한 부상이나 죽음에서 벗어날 가능성도 없이, 머리를 꼿꼿이 세우고 꾸준히 행진했다. 경찰이 달려 나와 두 번째 행렬을 체계적이고 기계적으로 두들겨 팼다. 싸움도, 투쟁도 없었다. 행진하는 사람들은 그저 쓰러질 때까지 앞으로 걸어 나갔다.

'인도를 떠나라(Quit India)' 운동은 어떤 것인가?

1942년 8월 8일, 영국이 전쟁(제2차 세계대전) 이후까지 인도 독립을 위한 조치 진행을 거부하는 것에 좌절하여(그 시점에는 그 결과가 매우 의심스러웠다) 인도국민회의가 뭄바이에서 소집되었고, 그해 초에 간디가 영국에게 자발적으로 "인도를 떠나라"고 요청한 사실을 추인했다. 간디는 '결사'라는 슬로건으로 인도 국민을 결집시켰다. 영국은 즉시 간디와 의회 지도자들을 체포하는 가혹한 조치를 취하고, 여러 의회 위원회를 불법화했다. 이 같은 강력한 탄압은 인도 국민들을 독립 운동의 배후에 단결시켜 전국적인 대규모 시위를 불러 일으켰다. 영국은 시위대를 강력하게 억압함으로써 민심의 동요를 간신히 잠재우긴 했지만, 결국 전환점에 도달하여 인도에서의 영국 통치의 종말이 어렴풋이 보이기 시작했다.

인도의 독립에 여성들은 어떤 역할을 했는가?

인도 여성들은 그들 나라의 독립투쟁에 특히 적극적이었다. 많은 여성들이 카디khadi, 즉 집에서 손으로 짠 무명옷을 입고, 그들이 가진 보석들을 대의에 기부하라는 간디의 요청을 받아들였다. 그들은 파업과 평화적인 시위에 참가했다. 인도의 독립운동은 인도 여성들에게 기회를 제공했다. 대부분의 여성들이 아버지나 남편의 보호 아래 오로지 가정에만 틀어박힌 삶을 살고 있는데, 독립운동이 그들에게 공적인 삶에서 자신을 주장하는 길이 되었다. 진보적이고 교육받은 배경을 가진 인도 여성 특권층에게 독립운동이 정치적 리더십의 길을 제공한 것이다.

인도 독립운동의 여성 지도자들 중에는 '인도의 나이팅게일'로 알려진 시인 사로지니 나이두Sarojini Naidu가 있다. 그녀는 1925년 인도의 독립투쟁을 주도한 정당인 인도국민회의당의 초대 여성대표로 선출되었다. 1930년 그녀는 앞서 말한 소금 사탸그라하 비폭력 시위를 주도하여 다라사나 염전에 대항했다. 그녀는 1931년 9월 간디와 함께 런던으로 가서 인도 독립을 논의하는 두 번째 원탁회의에 참석했다. 인도 독립 이후, 그녀는 우타르프라데시주의 첫 여성 주지사가 되었다.

또 한 사람은 섬유공장 주인이자 간디의 후원자인 암발랄 사라바이 Ambalal Sarabhai의 누이인 아나수야 사라바이Anasuya Sarabhai였다. 그녀는 1914년부터 구자라트주의 아마다바드에서 노동자들을 조직화하기 시작했다. 1920년 간디는 파업 중인 아마다바드의 공장 노동자들을 이면에서 지원하며 그들을 대신하여 단식을 시작했다. 그 노동자들은 결국 임금 인상을 관철했는데, 간디는 이때 정치 전략으로서 단식의 힘을 발견했다. 아나수야 사라바이의 조카딸이자 암발랄 사라바이의 딸인 므리둘라Mridula는 1930년 소금 사탸그라하에서의 활동으로 수감되었다. 그녀는 1947년 인도와 파키스탄의 분단 기간 동안 이 치명적인 대혼란에 휘말린 난민들을 돕기 위해 펀자브로 갔다. 자와할랄 네루의 누이인 비자야 락슈미 판디트Vijaya Lakshmi Pandit는 인도국민회의당의 독립 투쟁에 바싹 관여하고 있었다. 영국은 그녀의 활약을 문제 삼아 그녀를 세 번이나 감금했다. 1930년대에, 그녀는 연합주United Provinces(과거 인도 왕실 영토로 훗날 인도의 우타르프라데시주가 되었다)의 국회의원으로 선출되었고, 지방 자치 및 공공보건 장관으로 임명되었다. 그녀는 1946년에 재선되었다. 인도가 독립한 후, 그녀는 UN의 인도 수석 대표를 지냈다.

무함마드 알리 진나는 누구인가?

무함마드 알리 진나Mohammad Ali Jinnah는 파키스탄을 건국했다. 인도국민회의당에서 활동한 탁월한 변호사였던 진나는 1906년 힌두교도가 다수인 인도에서 무슬림의 이익을 대변하기 위해 설립한 인도 이슬람 동맹당All-India Muslim League의 지도자가 되었다. 1930년대 후반과 1940년대에는 인도국민회의당과 이슬람 동맹당 사이에 마찰이 일어났고, 힌두교도와 이슬람교도 사이의 폭력적인 반목이 이 나라를 분열시켰다. 영국은 교묘하게 이들을 서로 반목하게 만들었다. 진나는 인도의 분할과 인도 무슬림들을 위한 별도의 국가 창설을 불가피한 것으로 보았는데, 간디는 이에 격렬히 반대했다. 그러나 이러한 반대에도 불구하고 파키스탄은 건국되었고 진나는 파키스탄 최초의 총독이 되었다가 파키스탄 제헌국민의회에서 대통령으로 선출되었다. 그는 1948년 인도 반도가 독립되고 파키스탄이 건국된 지 불과 1년 만에 결핵으로 사망했는데, 인도와 파키스탄 양국 모두에게 지울 수 없는 영향을 미쳤다.

인도 반도에서의 '분할'은 무엇을 말하는가?

'분할Partition'은 인도 이슬람교도들의 조국으로서 파키스탄이란 새로운 국가를 건설한 인도의 분단을 말한다. 두 번의 '분할'이 있었다. 인도의 동쪽에 있는 벵골은 지금의 인도 서벵골주와 원래 동파키스탄이었던 지금의 방글라데시로 분할되었다. 인도의 서쪽에서는 펀자브가 현재의 인도 펀자브주와 파키스탄 펀자브주로 분할되었다. 이러한 분단의 선은 새로운 경계를 정할 책임을 맡은 위원회 위원장인 시릴 래드클리프 경의 이름을 따서 래드클리프 라인으로 알려져 있다. 1947년 8월 15일 독립이 될 때까지도 이 위원회 소속의 인도국민회의당파와 무슬림동맹 대표들은 경계를 정확히 어디에 둘지에 대해 합의하지 못했다. 1947년 8월 17일, 래드클리프 경은 인도 쪽도 파키스탄 쪽도 만족하지 못하는 최종 결정을 내렸다.

20세기 초 수십 년 동안 인도의 힌두교도와 이슬람교도 사이에 일어난 폭력의 산발적인 발발은 인도의 독립이 확실해짐에 따라 그 규모가 커지고 빈도가 잦아졌다. 영국은 이런 현상을 인도인들이 종교를 배경으로 하여 정치적으로 조직된 정체성을 고취시킨 탓으로 여겼다. 인도인들에게로의 정권 이양을 담당한 마지막 인도 총독인 마운트배튼 경Lord Mountbatten은 독립을 서둘러 예정일을 10개월 앞당겼는데, 이로 인해 일종의 공황 상태가 발생했다. 마하트마 간디와 무함마드 알리 진나 사이의 성향 차이로 인한 충돌이 문제를 더 꼬이게 했다. 세속적이고 위스키를 좋아하는 진나가 궁극적으로 파키스탄 이슬람 국가의 아버지가 되고, 영적인 마음을 가진 간디가 종교적인 노선에 따른 인도의 분단을 끝까지 반대한 것은 역사의 아이러니다.

1947년 8월 파키스탄과 인도가 각각 다른 독립국가로 태어났을 때 수백만 명의 사람들이 이 두 나라 사이에 생긴 새 국경을 넘으려고 허둥거렸다. 힌두교도와 시크교도들은 인도로, 이슬람교도들은 파키스탄으로 도망쳤다. 거의 이해할 수 없는 비율의 상호 학살은 이들 이동하는 사람들을 내내 공포에 떨게 했다. 1948년까지 약 1500만 명의 사람들이 한쪽에서 다른 쪽으로 이주했다. 100~200만 명이 살해당했고 7만 5000여 명의 여성들이 강간당했다. 그 야만성은 충격적이었다. 사람들이 수천 명의 폭도들에 의해 그들의 마을에서, 피난민들로 가득한 도로에서, 심지어 기차에서까지 학살당했다.

인도도 파키스탄도 분단의 정신적 충격에서 회복하지 못한 채 두 나라는 여러 차례의 전쟁을 치렀다. 인도 카슈미르는 이슬람교도가 다수를 차지하는 카슈미르 민족과 인도에 속한 주로서의 카슈미르 사이의 원한을 품은 분쟁의 장소로 남아 있다. 1971년 동파키스탄은 독립을 위해 서파키스탄과 치열한 전쟁을 벌인 끝에 방글라데시 국가를 탄생시켰다. 수 세기 동안 델리와 라호르에서 번성했던 혼합주의 문화는 분할로 의해 크게 흔들렸고, 그리고 그 트라우마는 한편으로 모든 종류의 신앙인들이 조화롭게 살 수 있는 세속주의 공화국으로서의 인도를 생각하는 인도인들과, 다른 한편으로 힌두교 다수결주의를 주창하는 인도인들 사이에 아직도 깊은 반감을 불러일으키고 있다.

3. 새 공화국

인도는 독립할 때 어떤 도전을 받았는가?

인도는 1947년 8월 15일 영국으로부터 독립을 성취했을 때 어려운 상황에 직면했다. 3억 4500만 명의 국민들 대부분이 가난하고 교육받지 못한 사람들이었다. 평균수명은 32세에 불과했다. 전체 인구의 92%가 문맹이었다. 800만 명의 피난민들이 파키스탄이 된 지역에서 새로 그어진 국경을 넘어 인도로 쏟아져 들어왔다. 힌두교와 이슬람교의 종파 간 폭력사태로 인해 100만~200만 명의 사람들이 학살된, 분단의 큰 트라우마를 극복하는 것 외에도, 피난민들은 우선 집과 일자리가 필요했다. 1947년에 인도는 1943년 벵골 기근의 여파로 곡물 사재기와 폭리가 횡행하며 여전히 휘청거리고 있는데다, 영국인들이 전 세계에 흩어져 있는 영국군을 먹이기 위해 굶주린 인도로부터 곡식을 빼돌리는 바람에 300만 명의 인도인들이 기아로 죽었다. 변덕스러운 몬순에 의존하는 인도 농업은, 특히 분할되기 전의 인도에 곡물을 공급하던 광대한 곡물생산 지역이 파키스탄 영토가 되었다는 점을 감안할 때, 새로 독립한 인도의 국민들을 먹여 살릴 충분한 식량을 생산할 것이라고 기대할 수 없었다.

새로운 민주주의 체제가 확립될 필요가 있었고, 서로 다른 언어를 사용하고, 다른 종교적 신념을 갖고, 다른 음식을 먹으며, 다른 카스트에 속한 다양한 국민을 하나로 통합하는 새로운 헌법이 채택되어야 했다. 빈곤하고 교육받지 못한 인구를 가진 엄청나게 다양한 국가인 인도에서는 민주주의가 결코 제대로 작동하지 않을 것이리고 보는 비관론자들이 많았다. 그럼에도 인도의 지도자들은 보편적인 참정권을 선택했고, 모든 나라의 민주주의와 마찬가지로 인도의 민주주의도 결함이 있으며, 타격을 받긴 했지만, 장래를 어둡게 보았던 비관론자들이 틀린 것으로 판명되었다. 인도의 민주주의는 번창했다.

또한 식민지시절 영국이 관할권을 갖지 못했던 565개의 번왕국 princely states 의 문제도 있었다. 이들 대부분은 새로운 국가에 가입하고 대가로 인도 새 정부가 매년 주는 내탕금 privy purses 을 받게 되었다. 인도의 몇몇 주요 언어 집단들은 독립이 언어를 기반으로 새롭게 정의된 주를 세울 것이라는 기대를 갖고 있었다. 서로 다른 언어 집단의 열망을 반영하면서 이전의 번왕국들을 통합하기 위해 인도의 주들을 재편성하는 과정이 즉시 시작되었다. 이 과정은 인도 공화국의 70여 년 역사 내내 계속되어 왔다. 인도 공화국은 14개 주에서 시작했는데, 현재는 28개 주가 있으며, 가장 최근인 2014년에 새로 텔랑가나주가 추가되었다. 아마도 미래에 더 많은 주가 생길 것이다.

독립할 때 인도는 개발이 절실히 필요한 나라였다. 농업 경제가 지배적이었던 인도는 기초적인 기반 시설이 매우 부족했다. 발전소, 도로, 새로운 산업, 교육기관, 의료 시설, 그리고 젊은이들과 증가하는 인구를 위한 일자리가 필요했다. 자와할랄 네루가 이끈 인도 최초의 정부는 국가개발 계획 프로그램을 채택했다. 1950년 인도 공화국의 창건과 함께 이나라의 급속한 발전계획을 세울 기획위원회가 만들어졌다. 2015년 1월 나렌드라 모디 총리가 기획위원회를 해체할 때까지 인도의 개발은 일런의 정부 주도 5개년 계획으로 기획되었다.

국가의 새로운 국경을 방어하는 문제도 있었다. 1947년 10월 파키스탄이 카슈미르를 침공하여 인도로부터 이 지역의 일부를 빼앗는 데 성공함으로써, 인도와 파키스탄 간의 지속적인 적개심뿐만 아니라 자국 영토의 주권을 유지하는 것에 대한 끊임없는 불안을 불러일으켰다

인도 공화국은 언제 건국되었는가?

인도는 1947년 8월에 독립했지만 1949년 11월 6일에 새로운 헌법이 채택되었으며 1950년 1월 26일에 인도 공화국이 탄생했다. 인도 헌법은 독립국 인도를 '자주적인 민주공화국'으로 설정했으며, 인도 국민들의 정의, 자유, 평등 및 박애를 보장하고 공동체적 조화를 도모하고자 했다. 그리고 그 헌법은 새로운 공화국을 위한 사법적, 입법적 기반을 마련했다. 인도 헌법은 모든 수정안, 부록, 부속서 및 색인을 포함하여 467쪽에 달하는 세계에서 가장 긴 헌법 중 하나이다.

자와할랄 네루가 인도 초대 총리로, 사르다르 발라바이 파텔Sardar Vallabhai Patel이 초대 부총리로 임명되었다. 라젠드라 프라사드Rajendra Prasad가 인도 초대 대통령이었다. 첫 내각에는 여성 각료가 암리트 카우르Amrit Kaur 보건부 장관 오직 한 명뿐이었다.

인도는 8월 15일을 독립기념일로, 1월 26일을 공화국의 날로 기념한다.

자와할랄 네루는 어떤 사람이었는가?

자와할랄 네루는 인도 독립운동의 핵심 지도자였으며, 1947년 인도가 독립한 후 초대 총리가 되었다. 카슈미르의 부유한 집안의 아들로 태어나 변호사가 된 네루는 마하트마 간디의 영향을 크게 받았으나, 간디의 자급자족하는 마을 국가로서의 인도에 대한 비전은 물론 그의 기술 거부와 현

대 경제의 함정론을 공유하지는 않았다. 영국은 1920년대와 1930년대에 네루를 반영反英 활동을 이유로 여러 차례 체포했다. 그는 두 번의 수감 기간에 『자서전: 자유를 향해An Autobiography: Toward Freedom』(1936)와 『인도의 발견The Discovery of India』(1946)을 집필했다.

네루는 1947년 8월 15일, 인도의 독립과 자유를 기념하기 위해 다음과 같이 기억에 남을 만한 구절이 든 내용의 아주 유창한 연설을 했다. "온 세상이 잠들어 있을 때 자정을 알리는 괘종소리가 울리면, 인도는 삶과 자유를 깨달을 것입니다. 역사에서 흔하지 않은 순간이 오고 있습니다. 한 시대가 끝나고, 과거에서 벗어나 새로운 시대를 향해 나아갑니다. 오랫동안 억압받은 한 민족의 영혼이 발언할 순간이 왔습니다."

네루 총리는 당시 소련의 경제개발 방식을 본떠 정부 주도의 5개년 계획 아래 관리되는 사회주의식 산업화의 길을 택했다. 그의 지도 아래 인도는 1961년에 창설된 개발도상국 모임인 비동맹운동의 핵심 일원이 되었으며, 냉전기간에 미국이나 구소련과의 제휴를 거부했다. 1962년 중국과의 국경선 분쟁으로 벌어진 전쟁에서 인도가 패배한 것은, 나중에 더 자세히 설명하겠지만, 중국의 의도를 한심하게 오판한 네루에게 큰 정치적 타격을 주었다.

독립국 인도를 건국하고 이끈 거인들 중 한 사람인 네루는 1952년에 치른 인도의 첫 선거와 1957년과 1962년의 두 번째와 세 번째 선거에서 잇달아 승리했다. 그는 1964년 뇌졸중으로 사망했지만, 그의 유산은 그의 딸 인디라 간디와 그 후 그의 외손자 라지브 간디가 각각 총리가 됨으로써, 인도국민회의당과 그 권력을 장악한 가족 왕조를 21세기까지 영속시켰다. 하지만 이들 딸과 외손자는 모두 암살당하고 말았다. 인도의 현 총리이자 힌두 민족주의 정당인 바라티야 자나타 당의 당원인 나렌드라 모디가 2014년 선거에서 낙승하여 정권을 잡은 후 네루 가문은 정치적으로 심각하게 약화하였으며 가문 사람들, 특히 라지브 간디의 미망인 소니아 간디Sonia Gandhi와 아들 라훌 간디Rahul Gandhi는 인도국민회의당의 유산신탁 관리인으로서 특히 힘든 일을 계속해 나가고 있다. 그리고 인도 독립의 전설적인 설계자인 인도국민회의당은 이제 정치적 난관에 봉착해 있으며, 네루가 남긴 많은 유산, 즉 사회주의가 인도처럼 가난한 나라를 위한 유일한 해결책이라는 그의 신념, 모든 신앙을 가진 사람들이 조화롭게 살 수 있는 다원 민주주의 국가 건설에 대한 그의 약속, 서구의 사상과 제도에 푹 빠진 정치적, 사회적 비전은 이제 인도가 힌두인 다수결주의적 국민 개념을 꾸준히 추구함에 따라 퇴색되고 있다.

암베드카르는 누구인가?

빔라오 람지 암베드카르B. R. Ambedkar는 인도 공화국 헌법의 주요 기안자였으며 초대 법무장관이었다. 인도 마하라슈트라주에서 지금은 달리트로 알려진 불가촉천민인 마하르Mahar 카스트 출신으로 태어난 암베드카르는 놀라운 삶을 살았다. 인도 주둔 영국군에서 일하던 그의 아버지는 영국군과의 관계를 이용하여 자녀들을 지역학교에 입학시켰지만, 상위 카스트 출신 아이들과 함께 교실 안에 앉을 수는 없었다. 그 가족이 봄베이로 이사한 후 암베드카르는 같은 계급 출신 젊은이들 중에서 처음으로 그 도시의 엘핀스톤 대학에 입학한 사람이 되었다. 그는 바로다 번왕국으로부터 상학금을 받아 뉴욕의 컬럼비아 대학교에서 공부하여 경제학 박사학위를 받았다. 그후 그는 런던으로 가서 사법시험에 합격했고 런던 경제대학원에서 또 다른 박사학위를 받았다.

암베드카르는, 다들 보았듯이 달리트의 권리를 위해 평생 십자군 노릇을 했다. 그는 자신이 창간한 정기간행물들을 통해 자신의 견해를 전파했고, 달리트가 힌두교 사원과 공공 우물에 접근할 수 있게 할 것을 요구하며 달리트 차별 반대 행진을 이끌었다. 암베드카르는 달리트의 권리에 관한 문제로 마하트마 간디와 충돌했으며, 달리트는 별도의 선거인단을 통해 그들의 지도자를 선출해야만 그들의 이익을 보호할 수 있다고 믿었다. 그는 또한 옷을 잘 차려입는 것의 긍정적인 힘을 믿었고, 인도 시골 마을의 숨 막히는 사회적 규범을 벗어나 도시의 역동성을 키워야만 달리트의 해방이 이루어질 수 있다고 믿었다. 암베드카르는 카스트 제도의 엄격한 시행을 규정한 고대 힌두교의 법령인 마누 법전을 비판했다. 힌두교가 결코 달리트를 동등하게 받아들일 수 없다고 확신한 암베드카르는 1956년 인도 나그푸르에서 열린 공공 의식에서 약 40만 명의 달리트 추종자들과 함께 불교로 개종했다.

오늘날 암베드카르는 인도 최하위 카스트 구성원들에게 영감을 준 정치적인 증명의 원천으로 남아 있다. 안경을 쓰고 스리피스 슈트(3개 한 벌의 정장)를 입은 암베드카르의 조각상들이 인도 전역의 달리트 마을들과 인근 지역을 우아하게 장식하고 있다. 하지만 우리가 제2부에서 보게 되겠지만, 인도의 달리트들은 잔인하고 체계적인 차별에 대항하여 계속 투쟁하고 있다. 2017년 7월, 인도의 대통령 선거인단은 달리트인 람 나스 코빈드Ram Nath Kovind를 대통령으로 선출했는데, 총리가 실질적인 권력을 갖고 있는 인도의 의회 민주주의 체제에서 대통령은 주로 의례적인 직책이다. 코빈드는 현 집권당이며 힌두 민족주의 정당인 바라티야 자나타 당의 충실한 지지자로, 그의 당선은 2019년 총선에서 하위 카스트 힌두교도들의 지지를 높이기 위한 당의 정치적 계산으로 널리 인식되고 있다. 달리트가 인도 대통령직에 오르는 것은 대단한 일이지만, 이것이 달리트를 사회적으로 계속 소외시키고 있는 인도의 상류층 사이에 뿌리박힌 편견을 바꾸는 데 도움이 될지는 두고 볼 일이다.

카슈미르에서 무슨 일이 일어났는가?

인도가 독립하고, 1947년 8월 파키스탄이 탄생했을 때 카슈미르의 미래는 불투명했다. 카슈미르는 힌두교도인 마하라자 하리 싱 Hari Singh이 통치하고 있었지만 이슬람교도들이 다수인 주였다. 네루도 진나도 카슈미르의 독립을 받아들이려 하지 않았다. 네루의 견해는 인도가 세속적인 공화국이기 때문에 모든 신앙의 시민들을 수용할 수 있다는 것이었다. 진나의 견해는 이슬람이 다수인 카슈미르는 당연히 파키스탄에 속해야 한다는 것이었다. 그러나 세속적이고 민주적인 카슈미르 국민회의당을 이끈 셰이크Sheikh(아랍 토후국 군주의 명칭) 무함마드 압둘라Mohammed Abdullah는 카슈미르가 파키스탄 영토가 되는 것에 찬성하지 않았다.

1947년 10월 22일 파키스탄은 카슈미르를 침공했다. 카슈미르의 마하라자 싱은 인도 정부에 도움을 요청했고, 네루는 카슈미르의 최대 세속 정당의 지도자이며 셰이크인 무함마드 압둘라와 협의하여 카슈미르가 인도군의 파병에 응하는지 확인한 후 이에 동의했다. 마하라자가 이에 동의했고, 인도군이 카슈미르로 파병되어 파키스탄의 진격을 차단하는 데 성공했다. 그러나 파키스탄은 이번 침공으로 카슈미르 북서부의 영토를 소유하게 되었다.

유엔이 인도-파키스탄 양측의 휴전을 중개하여 1949년 1월 1일부터 발효되었다. 양측은 카슈미르의 주민들이 양국 중 한쪽을 택하는 의사표시를 하는 국민투표를 실시해야 한다는 데 동의했다. 그러나 인도는 파키스탄이 점령지에서 먼저 철수해야 한다고 주장했다. 파키스탄은 이에 반대했다. 결국 국민투표는 실시되지 못하고 말았다.

1965년 파키스탄군은 다시 카슈미르를 침공했으나 인도에 의해 격퇴되었다. 1971년, 동파키스탄 지역 주민들이 방글라데시란 이름의 국가로 독립을 선포하고 인도의 도움으로 독립에 성공하게 되었을 때, 인도와 파키스탄은 다시 전쟁에 돌입했다. 1972년 이들 양국은 심라조약Simla Pact 에 서명하여 1971년 카슈미르에서 두 나라를 분리하는 통제선을 사실상 의 국경선으로 인정하기로 합의했다.

그러나 카슈미르에서 독립에 대한 문제가 완전히 사라진 적은 없었다. 파키스탄이 언젠가 카슈미르를 모두 장악할 것이라는 희망이 있는 것도 아니다. 여기에다 1970년대에 일어난 일련의 사건들이 인도 쪽 카슈미르 에서 민중봉기를 위한 발판을 마련했는데, 그 비극적인 영향들이 오늘날 까지 이 지역을 휘젓고 있다. 1977년, 인도국민회의당과 세이크 압둘라 의 카슈미르 주 정부의 동맹이 붕괴되었다. 1979년, 파키스탄의 줄피카 르 알리 부토Zulfikar Ali Bhutto 총리는 카슈미르의 이슬람교도들을 위해 싸울 것이라고 공약했다. 1980년대에는 카슈미르 계곡에 마드라사(이슬 람국가들의 종교 학교)들이 생겨나고 아프가니스탄 전쟁 중 탈레반이 소련 군을 기어이 철수하게 만든 것에 고무된 젊은 카슈미르 남성들이 파키스 탄에서 무장군으로 훈련받기 위해 국경을 넘어가는 등 이슬람화가 증대 했다. 1986년 선거에서 인도국민회의당과 국민연맹당Nation fonference Party이 동맹을 맺어 압도적인 승리를 거둔 결과 무슬림 연합전선 연립정 당의 의석수가 4석밖에 남지 않게 되었으나 결국 부정선거로 널리 인식 된 것이 변곡점이 되었다.

1988년 7월 잠무-카슈미르 해방전선JKLF이 스리나가르에서 폭탄을 터 뜨려 파키스탄에 본거지를 둔 라슈카르-에-타이바Lashkar-e-Taiba, 히스불 Hizbul 무자헤딘, 하르카툴Harkatul 무자헤딘 등 여러 무장 단체가 벌이고 있는 전면적인 폭동의 시작을 알렸다. 1990년대까지 지속되는 반란은 변 화를 가져올 민주적 과정이 불가능하다는 좌절감을 안겨주었고 이슬람 이데올로기가 번성했다. 그 반란들은 취업 전망이 어두운 많은 교육받은 카슈미르 청년들을 끌어들였고, 카슈미르에서 인도를 상대로 사실상 대리전을 벌였던 파키스탄의 적극적인 지원을 받았다.

1990년 1월, 저항 세력들의 폭력적인 공격이 극에 달했다. 힌두 카슈미르 성직자들이 표적이 되었고, 수천 명이 카슈미르 계곡을 탈출했다. 반란을 진압하기로 결정한 인도 정부는 카슈미르에 직접 통치를 실시하고 군대를 파견했다. 카슈미르 무장 세력과 인도군 간의 싸움은 1990년대 내내 격렬했으며 양측 모두 잔학 행위를 저질렀다. 그러나 카슈미르 민간인에 대한 범죄, 즉 반란을 진압한다는 명목으로 자행된 납치, 고문, 처형 등 인도군이 저지른 범죄에 대한 면책은 약 70만 명으로 성장한 인도군의 잔인한 점령 아래서 분노한 많은 카슈미르인들을 소원하게 만들었다.

1999년에 인도와 파키스탄은 카슈미르 지역 이름이 붙은 카길 전쟁 Kargil War이라는, 국경을 넘나드는 포격전을 벌였다. 인도 육군과 파키스탄에서 건너온 무장 세력 간의 전투가 격렬해졌다. 1990년과 2011년 사이에 4만 3000명이 넘는 사람들이 카슈미르에서 사망했다. 제2부에서 보게 되겠지만, 카슈미르는 불안정한 상태가 이어지며 폭력이 계속되고 있다.

인도는 언제 핵보유국이 되었는가?

인도 독립 1주년인 1948년 8월 15일 인도의회는 원자력법을 통과시켜 인도원자력위원회를 설립했다. 이 위원회의 설립목적은 '핵의 평화적 사용'을 위해 인도의 핵 능력을 개발하기 위한 것이었는데, 네루 총리는 처음부터 인도가 핵무기를 보유할 필요가 있음을 분명히 했으며, 그러기를 주저하지 않을 참이었다. 1954년 인도는 뭄바이 근처의 트롬바이에 원자력연구소AEET를 설립했으며, 호미 J. 바바Homi J. Bhabha가 소장으로 임명되어 인도의 초기 핵개발 활동을 이끌었다. 1955년 캐나다가 인도에 연구용 원자로를 공급하기로 합의하고 미국이 평화를 위한 원자력 프로그램에 따라 인도에 원자로용 중수를 공급하기로 합의함으로써 인도의 핵개발이 탄력을 받게 되었다. 인도는 천연 우라늄을 가공하고 무기급 플루토늄을 제조하기 시작했다.

1958년 네루는 생산 능력 20톤 규모의 플루토늄 공장을 건설하기 위해 프로젝트 피닉스를 출범시켰다. 인도는 1964년 중국의 1차 핵실험 이후 강대국들이 핵 보장을 거부하자 1966년 핵무기 프로그램에 착수하여 1974년 5월 18일 핵실험을 단행했다. 그날은 부처님 탄생기념일이었고, 실험 코드명은 부처 작전Operation Buddha이었다.

이 실험에 대한 국내 반응은 긍정적이었지만, 국제 사회는 경악했다. 핵 확산 방지를 위한 노력의 일환으로 1974년 인도의 핵실험에 대응하여 원자력공급국 그룹이 결성되었다. 캐나다는 인도에 대한 핵 원조를 중단했다. 1978년 미국 의회는 인도의 핵 프로그램에 미국의 참여를 사실상 금지하기 위해 1955년의 원자력법을 개정했다. 그러나 인도는 스스로 핵 능력을 더욱 발전시키기 위한 길을 순조롭게 가고 있었다. 1998년 5월 15일, 인도는 아탈 비하리 바지파이Atal Behari Vajpayee 정부 아래서 라자스탄주의 사막에서 일련의 핵 장치를 터뜨리는 데 성공했다. 파키스탄은 즉시 뒤따라 자체 핵 실험에 성공하여 오늘날까지 계속되고 있는 남아시아에서의 핵무기 경쟁을 시작했다.

비크람 사라바이는 누구인가?

비크람 암발랄 사라바이Vikram Ambalal Sarabhai는 인도 우주 프로그램의 아버지였으며 인도의 발전에 필수적인 많은 과학 연구기관과 교육기관을 설립했다. 고대 인도에는 수학, 금속 공학 및 기타 과학이 크게 발전했음에도 불구하고, 유감스럽게도 현대 인도 공화국은 인도의 독립을 지키고 시민들의 삶을 향상시키는 데 필요한 중요한 지식을 발전시킬 기관들이 부족했다. 아마다바드 섬유공장 소유주이자 독립운동 후원자인 암발랄 사라바이의 아들인 비크람 사라바이는 1947년 우주선cosmic lays에 관한 논문으로 케임브리지 대학에서 박사학위를 받았다. 그는 인도로 돌아오자마자 가족의 재정지원을 받아 아마다바드에 물리학연구소를 설립했다. 1962년 네루는 사라바이에게 새로 창립한 인도우주연구위원회 위원장을 맡아달라고 요청했다. 인도의 우주 프로그램은 1963년 사라바이 위원장 주도하에 첫 로켓을 발사했을 때 사실상 시작되었다.

네루는 인도의 핵 프로그램을 이끌었던 호미 J. 바바Homi J. Bhabha가 사망한 후 사라바이에게 인도 원자력위원회의 관리를 맡아줄 것을 요청했다. 사라바이는 물리학 연구소의 우주 물리학 교수로서의 임무를 계속 수행함과 동시에 1971년 사망할 때까지 인도의 우주 프로그램과 핵 프로그램 모두를 이끌었다.

또한 사라바이는 아마다바드에 인도경영연구소, 티루바난타푸람에 비크람 사라바이 우주센터, 콜카타에 가변 에너지 사이클로트론 센터, 하이데라바드에 인도 전자공학 회사Electronics Corporation of India, 비하르에 비하르 우라늄 회사Uranium Corporation of Bihar를 설립하고, 칼파캄에 고속 브리더 원자로를 설치했다. 그는 젊은 아내의 억압받는 삶에서부터 달리트들의 곤경에 이르기까지 사회적 주제를 다루는 혁신적인 무용수이자 안무가인 그의 아내 미리날리날 사라바이Mrinalinal Sarabhai와 함께 아마다바드에 다르파나 공연예술 아카데미Darpana Academy of Performing Arts를 공동 설립했다.

2014년 힌두교 민족주의 정당인 바라티아 자나타 당의 국가적 영향력 확대로 인해서, 인도 정부와 집권당 당원들에 의해 인도의 과학적 탐구를 서양 규범에서 벗어나 인도의 고대 힌두교 문헌을 종종 문자 그대로 읽어서 끌어내는 과학에 대한 해석으로 옮기고, 그리고 힌두교-민속주의 이념가들을 인도의 연구기관과 교육기관들의 지도부에 배치하려는 강한 움직임이 있었다(제2부에서 살펴볼 수 있다). 이러한 노력이 인도에서 과학과 교육을 발전시키는 데 그토록 많은 기여를 한 비크람 사라바이와 여러 사람들의 업적을 무너뜨릴지 여부는 여전히 두고 볼 일이다.

IIT는 무엇인가?

신생 인도 공화국이 필요로 하는 교육기관과 연구 기관을 설립하는 데 전념한 사람은 비크람 사라바이뿐만이 아니었다. 뭄바이의 타타 그룹과 연고가 있는 파르시교도 사업가인 아르데시르 달랄Ardeshir Dalal은 인도 독립 이후 경제개발을 촉진하기 위해 신세대 기술 전문가들을 양성하는 연구소를 만들 아이디어를 처음으로 냈다. 1945년 벵골의 정치인이자 보험회사 중역인 날리니 란잔 사르카르Nalini Lanjan Sarkar가 이끄는 위원회가 그러한 연구소 4개를 설립할 것을 제안했다. 네루는 이들 연구소를 "과학자와 기술자에게 최고의 기술을 연마토록 하여 연구, 설계 및 개발에 종사하게 하며, 필요한 과학기술의 자립을 도모하는 데 도움을 줄 수 있는 시스템"으로 마음속에 그렸다. 1951년, 최초의 인도 공과대학교Indian Institute of Technology: IIT가 카라그푸르에 설립되었다. 이후 수십 년 동안 뭄바이, 마드라스, 칸푸르, 델리에 각각 하나씩, 4개의 IIT가 추가로 설립되었다.

2016년에는 인도에 총 23개의 IIT가 있었다. IIT는 세계에서 가장 우수하고 경쟁력 있는 고등교육기관으로 지원자의 약 2%만 입학한다. 이 중 여성은 10%도 안 된다. 인도와 세계 유수의 기업들이 정기적으로 IIT 졸업생들을 채용하고 있다. IIT 동문들로는 선 마이크로시스템스의 공동 창업자인 비노드 코슬라Vinod Khosla, 구글의 CEO인 순다르 피차이 Sundar Pichai, 인포시스의 창업자 중 한 명인 난단 닐레카니Nandan

Nilekani, 인도의 개인 식별 시스템인 아드하르Aadhaar 창안자, 그리고 마이크로소프트의 CEO인 사티아 나델라Satya Nadella 등 글로벌 비즈니스 리더들의 상위권에서 찾을 수 있다.

녹색혁명은 인도에 어떤 영향을 미쳤는가?

과학과 기술은 인도의 수천 년 된 농경 관행에도 영향을 미쳤다. 독립국 인도의 주요 과제 중 하나는 가난에서 벗어나는 일이었으며, 그리고 계속 증가하는 인구를 먹여 살리는 일이었다. 독립 후 수십 년 동안 이 나라는 대량 기아 사태를 막기 위해 미국으로부터 많은 곡물을 수입해야 했다. 녹색혁명*은 인도를 식량을 자급자족하게 하고 식량 보조금에 대한 의존을 종식케 했다. 1963년 인도 정부의 요청에 따라 노먼 볼로그Norman Borlaug가 교잡종 밀 종자를 인도로 가져왔다. 1968년이 되자 인도의 밀 수확량이 너무 많아 학교를 곡물 창고로 사용해야 할 정도였다.

인도 농업연구위원회는 밀, 쌀, 기장 및 옥수수를 포함한 새로운 교잡종 곡물 씨앗의 개발을 계속했다. 1961년부터 2001년 사이에 인도 인구는 4억 5000만 명에서 10억 명으로 두 배 이상 증가했지만 곡물 생산량은 거의 세 배 증가했다.

그러나 식량 생산의 인상적인 증가는 그 대가를 톡톡히 치렀다. 녹색혁명의 관개, 화학비료, 살충제에 대한 의존은 인도의 환경, 특히 인도의 곡창지대인 편자브에 심각한 악영향을 미쳤다. 관개 시설이, 보충되는 물의 양보다 더 많이 더 빨리 대수층으로부터 빨아들이면서, 지하수면이 급

---

* 미국 농학자 노먼 볼로그(Norman Borlaug)가 최초로 사용한 농경 방법으로 새로운 교잡종 밀 종자를 이용해 관개법, 기계화된 농법, 화학비료와 살충제 사용으로 작물의 수확량이 급격히 증가한 것을 말한다.

격히 낮아지고 토양의 염분이 높아졌다. 지나친 관개의 결과였다. 인도에서 살충제 사용은 1960년 2000톤에서 1985년 7만 5000톤으로 증가했다. 펀자브 지방의 암 발병률이 놀라울 정도로 증가했다.

라지 카푸르는 누구인가?

독립 후 처음 수십 년간 인도의 급속한 발전은 예술 분야에서도 분명하게 드러났다. 인도와 전 세계에서, 배우이자 영화감독이며 제작자였던 라지 카푸르Raj Kapoor보다 더 유명하고 사랑받은 인도인은 아마도 없을 것이다. 그의 영화는 인도가 중요한 경제적, 사회적 변화를 겪을 때 수백만 인도인들의 희망과 고통을 포착했다. '인도의 찰리 채플린'으로 불리는 카푸르는 1955년 영화 〈슈리 420Shree 420〉을 제작, 감독했는데, 이 영화에서 카푸르는 순수한 마음으로 재치 있는 노래를 입에 달고 다니며 대도시의 냉소적인 욕심에 맞서는 평범한 인도인으로 분장했다. 「메라 주타 하이 자파니Mera Joota Hai Japani」라는 노래는 독립 이후 시대에 성인이 된 인도인 세대의 자부심과 열망을 담아냈는데, 오늘날을 살아가는 거의 모든 인도인들은 여전히 "내 신발은 일본식이고, 이 바지는 영국식이고, 머리 위의 빨간 모자는 러시아식이지만, 내 마음은 인도식이다"라는 가사를 알고 있다.

사티아지트 라이는 누구인가?

사티아지트 라이Satyajit Ray는 인도에서 가장 위대한 영화제작자로 널리 알려진 벵골 출신의 영화감독이었다. 발리우드Bollywood(봄베이와 할리우드의 합성어. 인도 영화 산업을 통칭하는 말)의 상업적인 텔레비전방송 산업과는 거리가 먼 라이는 20세기 초 벵골 문화가 꽃피는 속에서 자랐다. 1921년 서벵골주 주도인 캘커타(1995년에 전통 명칭인 콜카타로 개명)에서 태어난 그는 라빈드라나트 타고르가 설립한 혁신적인 학교인 샨티니케탄에서 그림과 서예를 공부했다. 라이는 음악, 연극, 영화에 열렬한 관심을 가졌고 할리우드 영화와 스타들에 대한 신문과 잡지 스크랩에 열심이었다.

1950년 라이는 벵골 출신 작가인 비부티부샨 반도파디야이Bibhuti-bhushan Bandopadhyay가 쓴 『패더 판찰리Pather Panchali: 길의 노래』의 어린이 판 삽화 제작을 의뢰받았다. 『패더 판찰리』는 가난한 벵골 브라만 가문에 관한 이야기로, 그 집안의 아들 아푸Apu의 눈을 통해 이야기가 전개된다. 라이가 제작한 삽화는 1955년에 발표된 그의 첫 번째 영화인 〈패더 판찰리〉의 기초가 되었다. 이 영화는 1956년 칸 영화제에서 최우수 인간 다큐멘터리 상을 수상하면서 대단한 찬사를 받았다. 라이는 젊은이로 성장하여 작은 마을에서 대도시로 옮겨가 살면서 아푸를 주인공으로 한 이 영화 제작에 매진하여 1959년에 아푸 3부작을 완성했다.

1992년 사망할 때까지 사티아지트 라이는 신문편집자의 좌절한 아내에 관한 이야기인 타고르의 중편소설 『부서진 둥지Broken Nest』를 원작으로 한 1964년 영화 〈차룰라타Charulata: 외로운 아내라는 뜻〉와 타고르의 또 다른 이야기를 바탕으로 한 1984년 영화 〈집과 세상The Home and the World〉을 포함하여 총 37편의 영화를 감독했는데, 이 〈집과 세상〉이란 영화는 아내의 성취를 바라는 계몽적이고 인본주의적인 남편과 벵골의 스와데시, 즉 자립운동을 하는 자기중심적인 한 젊은 급진주의자 사이에서 망설이며 괴로워하는 한 여성에 관한 이야기다. 이 이야기는 1920년대 캘커타의 정치적 격변을 반영하면서 개인이 자유롭게 진로를 선택할 수 있는 열린 사회로서의 인도의 비전과 국가의 이름으로 된 정치적인 올바름이 모든 것을 능가하는 것 사이의 충돌을 포착하고 있다

두르다르샨(DD)이란 무엇인가?

독립국 인도의 영화 산업이 영화관의 큰 스크린에서 꽃을 피우고 있는 동안, 이 신생 국가는 스크린보다 훨씬 작은 텔레비전 화면을 아직도 대부분이 문맹인 국민들에게 국내 뉴스를 전달하고 국민 문화를 이해시키는 수단으로 보았다. 1959년 유네스코의 도움으로 텔레비전이 인도에 전해졌고, 인도의 국영 공공서비스 텔레비전 네트워크인 두르다르샨Doordarshan: DD은 새로운 국가의 모양을 갖추는 데 중요한 역할을 했다. 이 방송에서는 매주 1회씩 라젠드라 프라사드Rajendra Prasad 당시 대통령이 첫 진행자로 나섰는데, 이는 인도에서 텔레비전의 국가적 중요성을 반영하면서도 이 새로운 매체를 인도 의회민주주의의 진정한 정치권력을 가진 총리에게서 멀어지게 만들었다. DD의 목적은 다양하면서도 대체로 가난한 국민들을 통합하고 고양시키는 것이었다. DD, 즉 두르다르샨은 힌디어로 "멀리서 보인다"는 뜻으로, '텔레비전'이라는 단어를 힌디어로 맞게 번역한 것이다. 1982년에 처음으로 컬러텔레비전이 인도에 들어왔고, 같은 해 발사한 위성방송용 인사트-1A Insat-1A 위성이 인도의 국내방송을 더욱 인기 있게 만들었다. 시청률이 치솟기 시작했다. 1983년에 텔레비전 시청은 인도 국민들의 28%에 불과했는데 1986년에는 56%로 두 배가 되었고 1990년에는 90%로 증가했다. 1984년 DD는 인도 중산층 가정의 일상을 그려내고 결혼 지참금, 여성의 지위, 가족계획 등 사회적 이슈를 다룬 최초의 쇼 시리즈인 〈험 로그Hum Log: We People〉를 방영하기 시작했다.

〈험 로그〉는 대단한 인기를 끌었으며 인도의 텔레비전과 정치의 역사에서 중요한 변곡점을 기록한 1987년의 한 방송물, 즉 텔레비전 방영을 위해 만든 〈힌두 서사시 라마야나〉의 연속극을 위해 인도 시청자들을 사전에 훈련시킨 작품이었다. 〈라마야나〉 연속극은 수천만 명의 인도인들을 매주 일요일 아침마다 텔레비전 앞으로 모이게 만들었다. 이 쇼는 텔레비전 방송에서 종교적 당파주의에 대한 인정된 금기로부터의 일탈이었으며 1990년대 초 힌두민족주의자들의 권력부상을 위한 무대를 마련하는 데 도움이 되었다.

오늘날 세계에서 가장 큰 지상파 텔레비전 네트워크 중 하나인 DD는 202개 언어로 30개의 채널을 운영하고 있다.

힌두 법안(Hindu Code Bill)이란 어떤 것인가?

독립국 인도의 새 헌법은 종교집단이 아니라 개인에게 권리를 부여했다. 자와할랄 네루 총리는 새로운 헌법적 권리와 현존하는 종교적 속인법屬人法을 조화시킨다는 목표를 가지고 1948년, 힌두교 속인법을 성문화하고 개혁하기 위한 힌두교 민법을 제정하는 법안 도입을 시도했다. 궁극적으로 속인법 문제에 대해 균일한 민법을 만드는 것이 목표였다. 그러나 이 법안은 힌두교 민족주의자들 사이에서 매우 격렬한 분노를 불러일으켰으며 철회되어야만 했다. 그후 법무장관 B. R. 암베드카르는 1951년 인도의회에 새로운 법안을 제출했다.

많은 논쟁과 힌두민족주의자들의 격렬한 반대 끝에 힌두 민법은 1950년대 중반 인도의회에 의해 채택되었다. 힌두 민법은 일부다처제를 불법화하고 이혼과 계급카스트 간의 결혼을 다룬 새로운 힌두교 결혼법과 힌두 어아이 입양을 다룬 힌두 입양 및 유지 법안, 그리고 상속과 관련하여 딸을 아들 및 미망인과 같은 지위에 두는 힌두교 상속법 등을 포함하고 있었다. 균일한 시민법은 전혀 채택되지 않았고, 개인의 권리에 대한 헌법적 보장과 종교적 속인법의 시행 사이의 갈등은 오늘날 인도에서 논쟁의 대상으로 남아 있으며, 특히 나중에 살펴보겠지만 이슬람 속인법에 따른 이슬람 여성들에 대한 대우에 관해서는 더욱 그러하다.

비동맹운동에서 인도는 어떤 역할을 했는가?

앞서 설명했듯이, 비동맹운동은 유럽 국가들의 식민지였다가 새로 독립한 신생국 지도자 29명이 1955년 인도네시아 반둥에서 만났을 때 시작되었다. 1960년, 인도의 네루 총리, 이집트의 가말 압델 나세르Gamal Abdel Nasser 대통령, 가나의 콰메 은크루마Kwame Nkrumah 대통령, 그리고 유고슬라비아의 요시프 티토Josip Tito 대통령 등 4명의 지도자들이 새로 독립한 아프리카와 아시아 17개국이 유엔총회에 가입하는 데 핵심적인 역할을 했다. 이 지도자들은 냉전 기간에 미국과 소련의 지구적인 권력 분점 바깥에서 정치적 공간을 보존하고자 했던 비동맹운동의 창시자들로 간주된다. 비동맹운동은 신생독립국가들의 국가 주권에 대한 권리를 옹호하고, 아파르트헤이트(예전 남아프리카 공화국의 극단적인 인종차별정책과 제도), 인종차별주의, 식민주의, 신식민주의 및 제국주의에 반대했다. 지구적인 세력 균형이 진화함에 따라 비동맹운동의 초점은 냉전의 동서 문제에서 남북 문제로 옮겨갔다.

왜 중국은 인도를 공격했는가?

인도와 중국 간의 초국가적 단결을 바라는 자와할랄 네루의 희망과는 달리, 두 나라는 1959년부터 아크사이친 고산지대에서 국경분쟁을 벌였다. 문제는 그 지역을 중국 쪽에선 자기 영토에 속한다고 믿었고 인도는 인도 카슈미르의 일부라고 믿었던 데 있었다. 1962년 10월 20일, 중국은 분쟁 지역에서 인도군에 대한 새로운 공격을 감행하여 이틀 만에 그 영토를 장악했다. 앞서 언급한 것처럼 중국의 침략을 너무 안일하게 생각했다는 비난을 받은 자와할랄 네루에게는 굴욕적인 패배였다. 중국과 인도는 두 나라를 나누는 국경의 일부에 대해 계속 분쟁을 벌이고 있다.

드라비다 운동이란?

드라비다 운동은 남인도 타밀족의 언어, 문화, 정체성에 뿌리를 둔, 정치적으로 진보적인 운동이었다. 이 운동은 1916년 창당한 정의당Justice Party과 1925년 페리야르 E. V. 라마사미Periyar E. V. Ramasamy가 만든 자기존중운동Self-Respect Movement 당과 함께 시작되었다. 사회정의에 초점을 맞춘 이 정당은 1949년에 설립된 오늘날의 드라비다 무네트라 카자감 Dravida Munnetra Kazhagam: DMK 으로, 그리고 1972년에 DMK에서 이탈한 전 인도 안나 드라비다 무네트라 카자감All India Anna Dravida Munnetra Kazhagam: AIDMK 으로 진화했다. 1960년대에 인도국민회의당 창당자들이 뉴델리에서 회의를 열어 독립국 인도의 국어를 선정했는데, 힌디어의 국어화를 반대하는, 타밀어를 사용하는 주의 소요는 1967년 타밀나두주에서 인도국민회의당을 권좌에서 끌어내리는 데 한몫했다.

타밀나두주의 정치지도력은 어떤 면에선 인도 북부의 정치가 갖지 않은 방식인데, 타밀 영화 산업과 밀접하게 연관되어 있다. 대본 작가 무투벨루 카루나니디Muthuvelu Karunanidhi와 영화배우 자야람 자얄랄리타 Jayaram Jayalalithaa와 라마찬드란Ramachandran은 모두 주총리로 봉사했다. 자얄랄리타는 2016년 5월에 타밀나두의 총리로 그녀로선 6번째 임기로 선출되었으며, 그 해 12월에 그녀의 죽음으로 갑자기 끝났다. 수천 명의 슬픔에 잠긴 팬들과 지지자들이 그녀에게 마지막 경의를 표하기 위해 타밀나두주의 거리를 메웠다.

낙살라이트 운동이란?

낙살라이트 운동은 1967년 서벵골주에 있는 낙살바리 마을에서 봉기로 시작된 혁명운동이었다. 봉기는 현지 지주가 고용한 깡패들이 한 아디바시 농부를 공격한 데서 촉발되었다. 인도의 토착민들인 현지 아디바시들이 이에 격분하여 폭동을 일으켜 자신들의 것으로 간주되는 땅을 강제로 되찾았다. 인도공산당(마르크스주의)이 주도하는 서벵골 정부는 이 폭동을 진압했고, 9명의 아디바시가 사망했다. 이 사건은 많은 아디바시들이 살고 있는 인도 동부의 소위 부족 지대 전체에 반향을 불러 일으켰다.

1970년대까지 낙살라이트 운동은 인도의 여러 지역을 지배하는 게릴라 운동이 되었고, 안드라프라데시주와 비하르주에서 급진적인 단체들이 결성되었다. 마오주의자들이 장악한 이 운동은 결국 안드라프라데시주, 자르칸드주, 오리사주, 서벵갈주, 차티스가르주에 걸쳐 길게 뻗은 '붉은 회랑'으로 알려진 넓은 지역으로 퍼져나갔다. 2010년, 만모한 싱 총리는 이 운동을 '가장 심각한 내부 안보 도전'이라고 했다.

인디라 간디는 누구인가?

낙살라이트 운동은 인디라 간디가 총리로 재임하는 동안 인도의 단결을 저해하는 하나의 도전이었다. 인도의 초대 총리인 자와할랄 네루와 그의 아내 카말라 카울Kamala Kaul: 1899~1936 의 유일한 혈육인 인디라 프리야다르시니 간디Indira Priyadarshini Gandhi 는 1917년 알라하바드에서 태어났다. 그녀의 부모는 종종 투옥되거나 독립운동에 전념하느라 인디라는 외로운 아이였다고 한다. 1936년 어머니가 세상을 떠난 후 영어와 프랑스어에 능했던 젊은 인디라는 아버지를 위해 여주인의 역할을 맡았다. 그녀는 1940년대 초 옥스퍼드 대학교 서머빌 학생일 때 만났던 파르시족 출신의 신문기자인 페로제 간디Feroze Gandhi(마하트마 간디와 관련 없다)와 결혼했다. 이 부부에게는 1944년에 태어난 라지브와 1946년에 태어난 산제이라는 두 아들이 있었다.

비록 페로제 간디가 인도 의회의원이 되었지만, 이 부부는 서로 소원해져서 따로 살았다. 1955년 인도국민회의당 운영위원회 위원으로 선출된 인디라 간디는 1964년 아버지가 뇌졸중으로 사망한 후 랄 바하두르 샤스트리Lal Bahadur Shastri 정부의 각료직을 수락했다. 1966년 샤스트리가 사망했고, 간디는 그녀가 당의 말을 고분고분 따를 것이라고 생각한 인도국민회의당 지도자들에 의해 총리로 선출되었다. 하지만 그녀는 결코 고분고분하지 않았다. 인디라 간디는 자신이 권력의 고삐를 잡기로 결심한 약삭빠르고, 끈질기고, 강한 의지를 가진 정치인임을 증명했다. 1969년, 그녀는 당의 고참 창단위원들의 반란에 맞서 가까스로 승리를 거두면서 당의 분열에 직면했다. 그녀는 즉시 인도의 은행을 국유화하고 인도 번왕국 왕들에게 주던 엄청난 내탕금을 없앴다. 1971년 그녀의 인도국민회의당은 전국 선거에서 결정적인 승리를 거두었다. 그녀의 인기는 방글라데시 전쟁에서 인도가 파키스탄에 승리한 후 치솟았다. 그러나 간디의 높은 인기는 다음과 같은 일련의 사건들에서 볼 수 있듯이 오래가지 못했다.

방글라데시 전쟁에서 인도는 어떤 역할을 했는가?

파키스탄이 1947년에 탄생했을 때 이 나라는 인도 반도 동북쪽 동벵골 지방에 위치한 동파키스탄과 서북쪽의 서파키스탄으로 분리된 국가였다. 동파키스탄인들 대다수는 이슬람교도이긴 했지만 서파키스탄의 언어인 우르두어가 아닌 벵골어를 사용했다. 동파키스탄 사람들은 멀리 떨어진 서파기스탄의 이슬라마바드에서 자기들을 통치하고 있는 것에 분개했다. 1970년 동파키스탄의 자치를 주창했던 아와미 리그Awami League 당은 파키스탄의 첫 총선에서 동파키스탄 지역에서 압도적 과반수 의석을 얻은데다 동서를 합친 전체 의석의 과반수를 차지했다. 당연히 아와미 리그당의 당수 세이크 무지부르 라만Sheikh Mujibur Rahman이 파키스탄의 첫 번째 총리로 선출되었어야 했지만, 그러나 서파키스탄에 기반을 가진 계엄사령관인 야야 칸Yaya Khan 장군에게 이것은 도저히 받아들일 수 없는 일이었다. 1971년 3월, 서파키스탄 계엄당국은 동파키스탄 지역의 다카에서 이 도시의 지식인들을 대상으로 한 대량 학살을 지행했으며, 이를 시작으로 동파키스탄인들에게 말로 이루 표현할 수 없는 잔학한 난동 행위가 시작되었다. 이로 인해 동파키스탄인 약 3000만 명이 실향민이 되었으며, 동파키스탄에 살던 약 1000만 명의 힌두교도들은 안전한 곳을 찾아 인도로 떠났다.

인도는 인디라 간디 총리 주도로 동파키스탄군을 훈련시키고 그들에게 무기를 제공함으로써 방글라데시의 독립 시도를 지원했다. 인도와 서파키스탄 사이에 긴장이 고조되자 서파키스탄은 1971년 12월 3일 인도 공군기지에 대한 선제 공격을 감행함으로써 '13일 전쟁'이 발발했다. 12월 16일 서파키스탄은 방글라데시라는 이름의 새로운 국가가 된 동파키스탄의 해방을 인정하면서 인도에 굴복했다. 이 격변기에 희생된 방글라데시인의 숫자가 큰 논란의 대상이 되고 있다. 방글라데시 정부가 인정하는 공식적인 희생자는 300만 명이다.

인디라 간디 총리는 왜 비상사태를 선포했나?

1973년에 인도는 치솟는 물가로 급격한 인플레이션에 휩싸였다. 인디라 간디 총리는 거리에서의 폭동과, 그녀가 권좌에서 밀어낸 국민회의당 전직 고위 간부들의 저항에 직면했다. 모라르지 데사이Morarji Desai와 J. P. 나라얀Jaya Prakash Narayan이 "인디라를 몰아내자!"라는 슬로건을 내건 자나타(민중) 운동을 이끌었다. 1975년이 되자 간디의 권력 장악력이 극도로 허약해졌다. 그녀의 출생지인 알라하바드의 한 법원은 그녀의 선거 부정을 유죄로 판결하고 6년 동안 정치활동을 금지시켰다. 간디는 아들 산제이의 격려를 받아 1975년 6월 25일 국가비상사태를 선포했다. 야당 정치지도자들이 피검되고, 전화선이 차단되었으며, 언론이 검열을 받았다. 야당의 모든 정치활동이 금지되었으며 10만 명 이상의 사람들이 수감되었다. 급속한 인구증가를 억제하기 위해 강제불임정책이 도입되었다. 이 모든 것들이 민주주의 정부로선 충격적인 행동이었다.

1977년 인디라 간디는 모라르지 데사이와 노인이자 병든 J. P. 나라얀, 그리고 다른 정치범들을 감옥에서 석방하고 새로 선거를 실시할 것을 요구했다. 새 선거에서 신생 자나타 달Janata Dal 당이 권력을 장악하고, 모라르지 데사이가 총리가 되었다.

인디라 간디는 정계를 떠나 있었지만, 그러나 오래가지 않았다. 자나타 달 당 정부는 당원들 사이에서 사소한 내분으로 혼란에 빠졌다. 1979년에, 의회에서의 불신임투표에 직면한 데사이는 그가 질것이라는 것을 알고는 사임서를 제출했다. 1980년 인디라 간디가 압도적인 승리로 다시 권력을 잡았다.

칼리스탄 운동이란?

1980년대에 인도는 펀자브지역 시크교도들의 분리주의 운동으로 흔들렸다. 이 운동은 시크교도들의 국가로 칼리스탄Khalistan(순수의 땅)이라는 독립국가를 만들려 한 운동이었다.

칼리스탄 운동은 많은 시크교도들이 살고 있는 펀자브 지역을 분할한 1947년 인도 분할의 여파에 그 뿌리를 두고 있다. 시크교도들을 위한 별도의 독립 국가를 세운다는 조항도 없이 분할조약을 체결했기 때문에 자기들이 살던 지역이 파키스탄에 속하게 된 많은 시크교도들은 인도 쪽으로 도망쳤다. 1950년대에 아칼리 달 당Akali Dal Party은 동펀자브에 펀자브어를 공용어로 사용하는 주를 창건하는 운동을 주도했다. 이 요구는 인도의 중앙정부에 의해 거부되었지만 1965년 인도와 파키스탄의 전쟁에 뒤이어 마침내 펀자브어 사용 주가 만들어졌고, 펀자브에서 힌디어를 사용하는 다수 주민이 사는 지역은 새로 하르야나주를 만들어 분리해 나갔다.

녹색혁명은 펀자브인 농민들에게 엄청나게 파괴적인 영향을 미쳤다. 규모가 큰 농장을 가진 농민들은 작은 농장을 가진 농민들보다 이 새 기술을 채택하는 데 상황이 더 나았다. 많은 펀자브인 시크교도들이 영국과 캐나다로 이주했다. 시크교 정체성 문제가 새로운 주목을 받았고, 자네일 싱 빈드란왈레Jarnail Singh Bhindranwale라는 사람이 일시에 종교적이고 정치적이었던 시크교 부흥의 영적 지도자로 부상했다.

1980년, 이미 뉴델리에서 권력을 잡고 있던 인도국민회의당이 펀자브주에서 권력을 잡았다. 1982년 빈드란왈레는 중앙의 인도국민회의당 정부의 정책에 맞서 싸우기 위해 아칼리달당에 가입했다. 시크교도 무장단체의 활동이 점점 폭력적으로 변해갔다. 1983년 칼리스탄에 영감을 받은 무장 단체의 테러공격으로 적어도 175명이 사망했다. 빈드란왈레의 권위가 그의 정치적 호전성 못지않은 종교적 열정에서 비롯된 것인 만큼, 그는 시크교의 가장 거룩한 장소인 황금 사원단지에 본부를 세웠다. 1984년 6월 인디라 간디 총리는 인도군에게 블루 스타 작전이라고 불리는 명령을 내려 이 단지를 공격하게 했다. 인도 정부 백서에 따르면, 이 공격으로 빈드란왈레와 그의 무장 단체 대원들이 살해되었으며, 많은 민간인들(493명)도 희생되었다고 한다. 다른 소식통들은 수천 명의 민간인 사상자가 있었다고 말한다.

1984년의 시크교도 대학살은 어떤 사건이었나?

1984년 10월 31일, 인디라 간디 총리는 그녀가 명령한 황금사원 공격에 대한 보복으로 그녀의 시크교도 경호원 두 명에게 암살당했다. 권력을 위해 태어난 사람이자, 인도 최고위직에 네 번이나 올랐고 지역 갈등과 빈곤, 굶주림, 인구증가, 만성적인 카스트와 종교 분쟁이라는 끈질긴 문제와 씨름하며 수년간의 격렬한 논쟁을 통해 인도를 이끌어왔던 사람에게는 충격적일 정도로 끔찍한 최후였다.

그녀의 암살 소식이 전해지자 뉴델리에서 반 시크 폭동이 일어났다. 약 3000명의 시크교도들이 학살당했다. 남자, 여자, 아이들은 집이나 차에서 끌려 나와 성난 힌두교 폭도들에게 살해되었다. 목격자들의 증언에 따르면, 법 집행관과 정부 관료들이 폭력을 선동하고, 인도국민회의당 고위 간부들이 학살을 지원하고 교사했다. 사흘 동안 당국의 제재 없이 학살이 계속되었다.

인도 정부는 아직 이 대학살을 계획하고 사주한 사람들을 정의의 심판대에 올리지 못했으며, 엄청난 충격을 받은 공동체를 치유하기 위한 진실과 화해의 과정을 밟지 못했다. 인도국민회의당 간부 당원 다수의 정치적 경력은 그 대학살에 연루되어 있음을 시사한다. 공동체에 폭력 사태가 벌어지는 동안 손 놓고 바라보기만 했던 경찰에 대한 개혁도 없었다.

독립국 인도의 건국 창시자인 자와할랄 네루의 딸 인디라의 끔직한 종말이었다. 인도의 첫 번째이자 유일한 여성 총리인 인디라 간디는 현대 인도의 윤곽을 형성하는 데 많은 기여를 한 위대한 인물이었다.

라지브 간디는 어떤 사람인가?

1944년에 태어난 라지브 간디는 인디라와 페로제 간디의 장남이었다. 그는 정치보다 비행기 조종에 더 관심이 많았고, 케임브리지에서 공부한 후 인도항공사에서 조종사가 되었다. 케임브리지에서 그는 이탈리아에서 온 학생인 소니아 메노를 만나 1968년에 결혼했다. 이들 부부는 두 자녀인 라훌과 프리얀카와 함께 인디라 간디의 저택에서 살았다.

1980년, 라지브 간디의 동생 산제이 간디(어머니 인디라 간디가 자신의 정치적 후계자로 지목하고 있던)가 비행기 사고로 사망하자, 라지브가 인도 정치 가족의 소명을 따르게 되었다. 그가 의회에서 우타르프라데시주의 아메티 선거구를 대표하던 동생의 자리를 메우기 위해 출마하여 당선된 것이다. 1984년 어머니가 암살당하자 그는 총리로 취임했다. 겨우 마흔 살, 인도의 최연소 총리였다.

인도국민회의당의 사회주의적 과거와 절연하기로 작정한 라지브 간디는 많은 인도 경제계 인사들이 너무 조이고 있다고 생각했던 국가가 부과하는 세금, 쿼터, 그리고 관세로부터 인도 경제를 해방시키기 위한 조치들을 시행했는데, 그를 둘러싸고 있는 조언자들은 만모한 싱, 몬테크 알루왈리아 싱Montek Ahluwalia Singh, 아비드 후세인Abid Hussain, 아룬 자 Arun Jha, 그리고 아룬 네루Arun Nehru를 포함한 자유시장경제주의자들 및 재계에서 영입한 새로운 그룹의 사람들이었다. 인도 경제는 그의 할아버지 자와할랄 네루 시대 이후 인도의 산업을 활성화하고 자급자족하기 위한 시도로 수입 대체 산업정책 즉 외국 상품을 국내 생산으로 대체하는 정책을 추진해 왔었다. 라지브 간디는 선택된 품목에 대한 수입관세와 장벽을 완화했고, 법인세와 개인 소득세를 인하했으며, 일부 산업에 대한 국가의 통제를 완화했다. 이러한 제반 조치에 대한 반응이 빨리 왔다. 1986년 당시 빈곤 퇴치 정당으로 인식되고 있던 인도국민회의당은 여론 조사에서 지지도가 하강하기 시작했다. 라지브 간디의 인기가 곤두박질쳤고, 인도국민회의당 일반 구성원들의 반대에 직면했다. 그 반대의 일부 내용은 다음에 자세히 설명한다.

샤 바노(Shah Bano) 논쟁이란?

1985년 인도 대법원은 만장일치의 결정으로 전 남편 무함마드 아메드 칸

이 전 아내 샤 바노 베검에게 위자료를 지급해야 한다는 판정을 내렸다. 남편 칸은 1978년 이슬람 율법에 따라 "나는 당신과 이혼한다"는 문구를 세 번 외치고 아내 베검과 이혼한 바 있다. 이들 부부는 1932년에 결혼해서 5명의 자녀를 두었다. 샤 바노가 62세가 되었을 때, 두 번째 부인을 데려온 남편 칸은 첫째 부인 바노와 그들의 다섯 아이들을 집밖으로 내쫓았다. 그 후 그는 샤 바노에게 매달 200루피씩 지불하던 적은 액수의 위자료마저 중단했다. 1978년, 그녀는 위자료를 계속 지급하도록 전남편을 고소했다. 이에 대해 전남편은 이슬람 속인법 아래서는 그녀가 더 이상 그의 아내가 아니기 때문에 그녀에게 위자료를 지불해야 할 아무런 의무도 없다고 말했다. 하급법원이 샤 바노의 지원받을 권리를 인정한 후 전남편 칸은 대법원에 상고했으나, 대법원에서도 샤 바노에게 유리한 판결이 내려졌다.

인도의 이슬람교도들은 이번 판결이 이슬람 속인법을 위반한 것이라며 항의의 표시로 거리로 대거 몰려나와 시위를 했다. 1986년 총선거에서 무슬림 유권자의 지지를 잃을 것이라는 전망에 당황한 나머지, 라지브 간디가 이끄는 인도국민회의당 정부는 1986년, 이혼 후 3개월 동안만 위자료를 받을 권리를 이슬람 여성들에게 주는 법안을 제정했고, 그후의 생활비에 대한 책임은 경건한 목적을 위해 재산과 기금을 관리하는 이슬람 와크프 이사회Muslim Wakf Board로 옮겨졌다. 바라티야 자나타 당은 1986년 이슬람 여성법(이혼권 ㅂㅎ)을 인도 이슬람교도들에 대한 회유책이라며 비난했다. 다른 사람들은 인도의 다른 여성들보다 이슬람 여성들에게 더 적은 권리를 준, 법에 내재된 차별을 지적했다.

2017년 8월 인도 대법원은 이슬람 남성들이 "나는 당신과 이혼한다"라는 뜻의 아랍어 "탈라크talaq"를 세 번 외치는 것만으로 아내와 이혼할 수 있도록 한 법률 조항을 파기했다.

보퍼스 스캔들이란?

1986년, 라지브 간디 정부 또한 스웨덴 무기제조업체인 보퍼스Bofors가 인도 정치인들에게 뿌린 리베이트와 관련된 부패 스캔들로 타격을 받았다. 인도국민회의당은 1989년 총선에서 패배하여 V. P. 싱V. P. Singh이 이끄는 국민전선 연립정부(힌두 민족주의 BJP 포함)에 권력을 넘겼다

누가 라지브 간디를 암살했는가?

스리랑카 소수민족인 타밀족의 혁명단체인 '타밀 엘람의 해방 호랑이 LTTE: Liberation Tigers of Tamil Eelam'는 1991년 라지브 간디가 남인도에서 재선 운동을 하는 동안 그를 암살 대상으로 정했다. 그 동기는 1987년에서 1990년 사이의 '타밀반군 – 스리랑카정부군 분쟁'에 개입한 인도군이 타밀족을 살해한 것에 대한 보복이었다. LTTE 지도부는 간디가 재선될 경우 스리랑카에 다시 인도군을 보내 그들을 공격할 것을 우려했다.

1991년 5월 21일, 간디가 첸나이 근처의 한 마을에서 선거운동을 하고 있을 때 화환을 든 LTTE 여성 자살폭탄테러 단원이 접근하여 간디가 화환을 받기 위해 몸을 굽히자 폭탄을 터뜨려 자신과 네루-간디 왕조의 후계자를 함께 날려버렸다. 정치권력을 가진 그 자신에게는 끔찍한 종말이었고, 그의 젊은 가족들에게는 참담한 비극이었고, 인도국민회의당에는 크나큰 타격이었다. 그의 미망인 소니아 간디가 인도국민회의당의 권력을 장악하고, 그녀와 라지브의 아들 라훌Rahul이 정치에 입문하기 위해 몇 차례 도전했지만, 현재까지는 라지브 간디가 46년이란 독립국 인도 역사의 대부분을 통치한 3대 세습 네루-간디 왕조의 마지막이 되고 있다.

보팔에서 무슨 일이 있었는가?

독립국 인도의 역사에서 가장 비극적이고 참담한 사건 중 하나는 라지브

간디가 어머니의 암살로 총리직을 맡은 직후에 일어난 일이다. 1984년 12월 3일 새벽 시간, 보팔의 한 농약공장에서 유독가스가 누출되어 적어도 1만 5000명이 사망하고 수천여 명이 중독되었으며 결국 60만 명에 이르는 사람들이 피해를 입었다. 수십 년이 지난 오늘날에도, 그 지역은 치명적인 유출로 인한 오염뿐 아니라 유출이 있기 전 몇 년 동안 공장 근처에 버려졌던 화학 폐기물로 인해 계속 오염되어 있다.

이 공장은 미국의 화학 대기업인 유니언 카바이드의 인도 자회사가 소유하고 있었다. 1989년 유니언 카바이드는 인도 정부에 희생자에 대한 보상으로 4억 7000만 달러를 지불했다. 이것은 사망자 가족들에게 평균 2200달러, 부상자들에게 550달러를 지불하는 것으로 밝혀졌다. 그런데 보팔의 많은 사람들은 보상을 거의 받지 않았거나 전혀 받지 못했다고 불평했다. 선천성 결손증 및 암과 같은 잔류 건강 영향을 1984년 누출과 연관시키는 조사가 부실하게 진행되었다.

인도 연방대법원이 중재한 협상으로, 유니언 카바이드사에 대한 민사 및 형사 소송은 1989년 유니언 카바이드사의 지급금을 대가로 모두 취하되었다. 2010년 인도 유니언 카바이드사의 경영 간부 8명이 인도 법원에서 과실 혐의로 유죄 판결을 받았고 1명은 이미 사망했다. 인도 정부는 사고 당시 유니언 카바이드사 미국 본사의 최고경영자였던 워런 앤더슨Warren Anderson을 송환하려고 수년 동안 노력했다. 앤더슨은 2014년 미국에서 92세의 나이로 자연사했다. 1999년 다우 케미컬사Dow Chemical Company가 유니언 카바이드사를 인수했다. 다우는 보팔에 대한 어떤 책임도 부인하고 있다.

보팔 가스 누출사고는 인도에서 산업 오염원에 대한 어떤 적절한 대처 필요성을 일깨워 주었다. 1986년 인도는 환경보호법을 제정했으며, 1989년에는 유해 폐기물 관리 및 처리 규칙을 공표하여 독성 산업폐기물의 안전한 관리 및 취급을 보장하도록 했다. 하지만 이러한 규칙들은 인도의 산업계에서 일상적으로 무시되고 있다.

만달 위원회는 어떤 역할을 했나?

1979년 모라르지 데사이 정부는 불우한 처지에 있는 하층민 계층에 대한 보고서를 작성하게 했다. 비하르주의 전 지사였던 빈데슈와리 프라사드 만달Bindeshwari Prasad Mandal이 이 보고서 작성을 주도하는 임무를 맡았다. 1980년 만달 위원회는 정식으로 보고서를 제출했지만 정치적으로 너무 뜨거운 내용이어서 인도의 상류 계층들 사이에서 분노를 불러일으킬 가능성이 있다고 여겨져 조용히 보류되었다. 이 보고서는 1990년 V. P. 싱이 이끄는 통합전선 정부가 "기타 불우한 처지의 하층민 계층"으로 분류된, 역사적으로 혜택 받지 못한 카스트에 속하는 국민들을 위해 전체 정부 서비스 일자리의 27%를 따로 남겨둬야 한다는 보고서의 권고를 받아들였고 인도 의회에 통보한 후에야 발표되었다. 이러한 불우한 카스트들은 실제로 인구의 약 52%에 이르고 있지만, 정부 서비스 일자리의 22.5%를 이미 이들 카스트에 속하는 계층이 차지하고 있고, 인도 대법원은 카스트 기반 배정이 50%를 넘을 수 없다고 판결했기 때문에, 만달 위원회는 27%로 정했는데, 이 수치는 불우한 카스트들이 보유한 정부 서비스 일자리의 총 수를 50% 이하로 끌어내리기 위한 것이었다.

만달 위원회 보고서는 상류계층 인도인들 사이에서 소란을 불러일으켰는데, 그들은 이 새로운 일자리 배정이 공립대학들을 포함한 정부쪽 일자리에 대한 자기들의 접근을 부당하게 차단할 것이라고 생각했다. 그 보고서가 나온 지 한 달 후에 라지브 고스와미라는 델리 대학의 학생이 항의의 표시로 분신을 시도했다. 그는 살아남았지만, 인도 전역의 다른 학생들도 뒤따라 분신을 했고, 만달 위원회의 권고에 항의하기 위해 시위자들이 거리를 메웠다. 정부는 보고서를 보류할 수밖에 없었고 정치적 피해를 입었다. BJP는 싱의 연합전선 정부에 대한 지지를 철회했고, 싱 정부는 곧 무너졌다.

만달 위원회의 권고안은 1993년에 마침내 시행되었지만 역사적 카스트 차별을 시정하기 위한 차별 철폐 조치 문제는 계속해서 정치적으로 비난을 받고 있다.

허가-쿼터-라이선스 통치란 어떤 것인가?

자와할랄 네루는, 인도를 완전히 현대화한다는 명목으로 종교적인 속인법을 개혁했듯이 개발을 추진할 수 있는 국가의 능력을 믿었기 때문에, 인도를 산업화의 길로 인도하기로 결심했다. 구 소련이 달성한 급속한 산업화에 깊은 인상을 받은 그는 대규모 국가 관리 프로젝트를 크게 신뢰하면서, 정부가 기획하고 이끄는 것이 인도 발전의 열쇠라고 확신했다. 그는 거대한 새로운 콘크리트 댐을 현대 인도의 '신전神殿'이라고 불렀다. 그래서 인도는 새로운 기획위원회가 감독하는 5개년 계획을 시작했다.

네루의 사회주의에 좌절하여 1959년에 자유시장경제에 더 친화적인 스완탄트라 당Swantantra Party을 창당한 변호사인 C. '라자지' 라자고팔라차리C. "Rajaji" Rajagopalachari는 인도의 정부주도 계획(경제) 체제를 적절히 표현하기 위해 '허가-쿼터-라이선스 통치'라는 문구를 만들어낸 것으로 유명하다. 네루의 체제는 기업이 사업을 추진하기 전에 여러 정부 기관으로부터 허가나 면허를 받아야 하는 체제였다. 처음에는 그 시스템이 꽤 잘 작동했지만, 1980년대에 들어서면서 인도 경제는 많은 정부 규제와 일부 부패한 기업 환경으로 인해 크게 타격을 입은 것으로 보였다.

인도가 겪은 국제수지 위기(외환 위기)는 어떠했나?

인도가 21세기에 진입할 준비를 하면서 1991년에 겪은 국제수지 위기(외환 위기)와 그 여파만큼 인도의 경제적 성쇠에 영향을 미친 사건은 없었다. 1980년대 라지브 간디 정부 아래서 인도는 그들의 경제를 수입대체형에서 수출주도형으로 전환하기 시작하면서 일부 수입 제한 및 허가 요구 사항을 완화했다. 그러나 특히 석유 수입으로 인해 수입 총액이 수출 총액보다 빠르게 증가했다. 1990년 중동 사태로 유가가 급격히 상승했지만 페르시아만 연안 국가들에 나가 일하는 인도 노동자들의 외환 송금액은 오히려 감소했다.

한편 인도의 최대 수출 시장인 미국으로의 수출도 수요 약화에 따라 감소했다. 1985년부터 1991년 사이에 인도의 경상수지 적자가 두 배로 늘어났다. 인도의 정치적 불안정(연립정부 지도자인 싱은 1990년 12월에 사임해야 했다)으로 국제 신용평가기관들이 인도의 신용 등급을 낮춤에 따라 외자 차입 비용을 증가시켰다. 인도 루피화는 자유낙하에 들어갔고 외환 보유액이 급속히 고갈되어 갔다.

이 모든 결과로 1991년 인도는 국제통화기금IMF이 부과한 구조조정 조치(수입 제한 완화, 세제 개편, 금융 부문 개혁 등을 포함하여)를 긴급자금 지원 대가로 수용하지 않을 수 없게 되었다. 나라심하 라오Narasimha Rao의 새 정부 아래서, 만모한 싱 재무장관이 일련이 경제개혁을 관리했다. 인도 산업 가운데서 80%가 인허가제에서 벗어나고, 민간 부문이 인도 경제에서 더 큰 역할을 할 수 있게 되었으며, 대기업들은 정부의 사전 승인 없이 사업 다양화와 확장이 가능해졌다. 일부 기업 부문의 외국인 지분 한도가 40%에서 51%로 상향 조정되었다

1991년의 국제수지 위기는 인도에 새롭고 더 많은 사업 및 투자 친화적인 경제 시대를 열었다. 1950년 이래로 인도의 경제 및 사회 정책을 규

정해 온 네루식 사회주의의 종말의 시작을 나타냈다.

람 잔마부미(Ram Janmabhoomi)란 무엇인가?

한편 정치적 측면에서는, 1980년대에 힌두교 민족주의 정당과 집단이 꾸준히 권력과 인기를 얻었다. 이 집단들을 결집시키는 지점은 역시 분명해졌다. 우타르프라데시주의 아요디야에 있는 16세기 이슬람 사원인 바브리 마스지드(무굴 황제 바부르가 힌두교 사원의 폐허 위에 건설한 것)를 깡그리 파괴하고, 그 자리에 라마 신에게 바치는 힌두교 사원을 재건하라는 요구였다. 힌두교 민족주의자들은 아요디야를 라마의 출생지로 지목했다.

1984년 힌두 민족주의 단체인 비슈와 힌두 파리샤드Vishwa Hindu Parishad: VHP는 바브리 마스지드를 파괴하기 위해 람 잔마부미Ram Janmabhoomi(라마 탄생의 나라)를 출범시켰다. 1989년 여름, VHP는 이슬람 사원 부지에 새로운 힌두 사원을 짓는 데 사용될 라마의 이름이 새겨진 벽돌을 주제로 예배기간을 설정했다. 힌두교 민족주의 정당인 바라티야 자나타 당은 람 잔마부미를 대의명분으로 결집하여 인도 전역을 누빌 계획을 세웠다. BJP는 인도 의회의 의석을 2석에서 88석으로 늘렸다. BJP는 라지브 간디가 이끄는 인도국민회의당 정부를 축출하기 위해 다른 야당들과 연합했다.

1990년 9월, BJP 지도자인 랄 키셴 아드바니Lal kishen Advani는 마차를 타고 아요디야로 향하는 1만 킬로미터 행진 람 야트 라스트라Ram Yath Rastra에 들어갔다. 이것은 힌두교 민족주의자들의 운명에 중요한 전환점이 되었다. 10월 30일, 경찰은 카르 세바크kar sevaks(라마 신전 재건을 주창하는 헌신적인 추종자)들이 바브리 마스지드를 공격하는 것을 저지했다. 그러나 이러한 람 야트 라스트라는 힌두교 유권자들을 힌두교 민족주의적인 대의로 결집시키는 눈부신 홍보 작전이라는 것이 증명되었다. 1991

년 총선에서 BJP는 다시 120석으로 의석을 늘렸다.

1992년 12월 2일 카르 세바크들은 바브리 마스지드를 습격하여 파괴했다. 즉시 인도 전역에서 힌두교도와 이슬람교도들 사이에 격렬한 충돌이 일어났다. 바브리 마스지드 모스크가 파괴된 지 불과 며칠 만에 1200여 명이 목숨을 잃었다. 뭄바이 시에서는 이슬람교도들이 인간 사냥을 당해 길거리나 집에서 살해되었다. 일부 힌두교도들도 살해되긴 했지만 이슬람교도들에 대한 학살은 조직적이었다. 발 태커리Bal Thackery와 그의 지방분권주의 정당인 마하라슈트리아 시브 세나Maharashtrian Shiv Sena 당이 이끄는 뭄바이 시정부는 이슬람교 가정과 사업체를 특정했으며 경찰은 힌두교 공격자 무리들이 자유롭게 활동하도록 보장해 주었다. 그 후 1993년 3월 12일 뭄바이 상업지구 중심부에서 폭탄이 터져 수백 명이 사망했다. 이것은 바브리 마스지드의 파괴와 인도에서 이슬람교도들의 살해에 대한 파키스탄에 기반을 둔 이슬람 테러리스트들이 이슬람계 뭄바이 범죄 조직의 중심인물인 다우드 이브라힘의 도움을 받아 행한 복수였다.

바브리 마스지드 이슬람사원의 파괴에 이어진 사건들은 인도 전국을 충격에 빠뜨렸다. 이에 대해 BJP는 더 중도적인 정치 노선을 채택하고, 지역 정당들과 연합하여 전국민주동맹National Democratic Alliance: NDA을 결성했다. 1998년과 1999년 선거 후, NDA는 BJP 소속 정치가인 아탈 비하리 바지파이Atal Behari Vajpayee가 이끄는 정부를 구성할 수 있었고, 힌두 국가라는 목표를 향해 인도를 바꾸는 프로그램을 실행하기 시작했다. 상 파리바르Sangh Parivar라고 불리는 힌두교 민족주의 운동의 저명한 구성원들이 교육 및 문화 기관의 수장으로 임명되었다. 힌두교 민족주의적인 교육 관점을 반영하기 위해 학교 교과서를 다시 썼다.

2004년 총선을 앞두고 NDA는 '인도 빛내기'라는 슬로건과 인도의 미래로 가는 길인 드넓은 현대식 고속도로 이미지를 내걸고 캠페인을 벌였다. 그러나 대부분의 인도인들은 차를 소유하지 않았고, 많은 사람들은 NDA 정부의 힌두 민족주의 프로그램에 경각심을 느꼈다. NDA는 인도국민회의당이 이끄는 통합진보연대United Progressive Alliance: UPA의 정당 공조에 참패했다.

독립 후 인도의 민주주의는 어떻게 진화했는가?

인도국민회의당은 인도에 자유를 가져온 정당으로서 신생독립국 인도의 타고난 지도 정당이었다. 인도에 헌법을 부여하고 다양한 종족과 문화를 가진 번왕국들로 어우러진 국가를 단일 정부 형태로 통합한 공화국을 만든 정당이었다.

인도국민회의당은 지역 엘리트들, 이른바 부유한 사람들, 교육받은 사람들, 그리고 상위 카스트에 속하는 사람들로 이루어진 강력한 후원체제를 구축했다. 그러나 인도의 새로운 민주정치는 또한 더 나은 교육을 받은, 그리고 더 자율적인 삶을 열망하는 가난한 사람들을 동원하기 시작했다. 인도의 새로운 시민들은 지역적, 카스트적 충성심뿐만 아니라 국가적 충성심도 갖고 있었다. 1960년대에는 지역 정당들이 나타나기 시작했다. 그리고 인도국민회의당에 내분이 일어나기 시작했다. 인디라 간디가 1969년 기강해이 혐의로 당에서 제명된 후, 인도국민회의당은 구당파와 인디라파로 양분되었다. '가리비 하타오Garibi hatao'(빈곤퇴치)라는 슬로건을 내걸며 빈곤을 벗어나게 하겠다는 인디라 간디의 1971년 약속은 그녀의 압도적인 선거 승리와 그녀의 개인적 힘을 신장하는 데 도움이 되었다. 그 집중된 권력이 당의 풀뿌리들로부터 그녀의 정치 생명을 유지시켜 주는 힘을 빨아들이게 했다.

간디가 1975년에 선포한 비상사태는 그녀를 지지하는 많은 사람들에게 큰 충격을 주었다. 비상사태에 의해 경각심을 느낀 정당들의 연합으로 결성된 자나타 달Janata Dal, 즉 인민당People's Party이 1977년 선거에서 승리하여 독립국 인도의 역사에서 최초로 인도국민회의당이 아닌 정당들의 연합 정부가 들어섰다. 자나타 달 정부는 1979년 내분으로 붕괴했고, 인디라 간디가 1980년 다시 집권했지만, 그러나 불만의 씨앗이 싹 터 자라나기 시작했다. 1984년 그녀의 암살은 1991년 그녀의 아들의 암살로 이어져, 한 가문에서 3대에 걸쳐 인도에 지도자를 세운 왕조 정치를 고집해 온 인도국민회의당은 이제 간디 가문 후보를 완전히 잃게 된 것이다. 라지브 간디의 미망인인 소니아 간디가 남편 암살 후 인도국민회의당의 지도자로 나섰지만, 이탈리아 태생인 그녀는 힌두교 우익들에 의해 외국인 혐오 정치의 표적이 되었다. 설사 그녀가 출마를 원했다 해도 실행 가능한 선택이 될 수 없었다.

인도가 독립한 이후, 언어 집단을 기반으로 한 새로운 주의 획정과 승인을 둘러싼 동요는 새로운 지역 정당들의 탄생으로 진화했다. 이들 지역 정당들은 카스트 정체성과 손을 잡았다. 타밀나두에서는 타밀 언어와 문화에 기대 브라만주의에 노골적으로 반대하는 강력한 지역 정당들이 일찍부터 나타났다. 1982년 텔루구데삼당Telugu Desam Party은 텔루구어를 수호하고 캄마Kamma 카스트의 이익을 돌보는 두 가지 공약을 내세우며 창당되었다.

1990년대에 하층 카스트들을 대변하는 세 명의 강력한 지역 지도자들이 등장했다. 물라얌 싱 야다브Mulayam Singh Yadav, 랄루 프라사드 야다브Laloo Prasad Yadav, 그리고 바한 쿠마리 마야와티Bahan Kumari Mayawati가 그들이다. 물라얌 싱 야다브는 1992년 우타르프라데시주 럭나우에서 사마지와디 당Samajwadi Party을 창당했다. 그 정당은 "소수자들, 특히 다른 배경을 가진 계층들Other Backward Classes: OBC과 이슬람교도들의 향상과 경제 발전을 대변한다"고 밝혔다. 사마지와디 당은 2012년 주의회 선거에서 승리해, 4선의 주총리이며 바후잔 사마지 당Bahujan Samaj Party 의 당수인 바한 쿠마리 마야와티Bahan Kumari Mayawati를 권좌에서 몰아냈다. 1989년 달리트 지도자 B. R. 암베드카르B. R. Ambedkar의 추종자인 칸시 람Kanshi Ram이 만든 바후잔 사마지 당은 모든 하층민 계층을 위한 사회 변혁과 경제 해방이라는 "임무상의 명분과 소중한 목표"를 위해 헌신하고 있다. 1990년에 비하르주 지사를 지낸 랄루 프라사드 야다브는 1997년 라슈트리야 자나타 달 당Rashtriya Janata Dal Party을 창당했다. 그 정당은 스스로를 "사회적으로, 경제적으로 억압받는 사회"의 목소리라고 칭했다.

이들 다양한 지역 정당들은 케랄라의 인도연방 무슬림 연맹Indian Union Muslim League, 안드라프라데시의 마질리스이이테하둘 무슬리민Majlis-e-Ittehadul Muslimeen, 우타르프라데시에 본부를 둔 전 인도 울레마 협의회 All India Ulema Council를 아우르는 인도 무슬림들을 대표한다. 물론 카슈미르는 자체의 특정한 정치사가 있다. 1998년 무프티 무함마드 사예드 Mufti Mohammed Sayeed는 카슈미르의 자치에 전념하는 카슈미르 인민민주당PDP을 창당했다. 2016년 4월, PDP는 BJP와 연립정부를 구성했다. 무프티 모하메드 사예드의 딸인 메부바 무프티 사예드Mehbooba Mufti Sayeed는 잠무와 카슈미르주의 지사이다.

인도공산당은 인도국민회의당과 마찬가지로 초기의 인도 독립운동에 그 뿌리를 두고 있다. 1977년 공산당은 서벵골의 의회 선거에서 승리하여 좌파 정부를 세우는 데 성공했고, 그후 30년 동안 그곳을 통치했다. 인도공산당은 또한 1957년 주 의회선거에서 승리하여 2011년까지 통치한 케랄라주에도 뿌리가 깊다. 1964년 공산당이 분열했고, 서벵골에 인도공산당(마르크스주의자)이 출현하여 이곳에서도 2011년까지 집권했다.

그 무렵 인도 경제는 1991년 국제수지 위기 이후 실시한 경제 개혁에 따라 강력한 성장세를 보이고 있었고, 서벵골에서는 개성이 강한 지도자인 마마타 바네르지Mamata Banerjee가 1997년 인도국민회의당과 결별한 후 '전 인도 트리나물 의회당All India Trinamool Congress Party'을 창당하여 집권했다.

인도의 독립투쟁 기간 동안에 미래의 독립국 인도에 대한 두 가지 경쟁적인 비전이 있었다. 마하트마 간디 및 네루와 같은 인도국민회의당 지도자들은 모든 종교의 인도인들을 포용하는 세속적인 공화국을 구상한 반면, 비나야크 다모다르 사바르카르Vinayak Damodar Savarkar와 M. S. 골워카르M. S. Golwalkar를 포함한 힌두 민족주의 지도자들은 힌두교 국가 창설을 구상했다. 1948년 나투람 고드세의 마하트마 간디 암살은 힌두교 국가 창설 세력의 입지를 크게 약화시켰다. 힌두교 무장 단체인 라슈트리야 스웨이암세바크 상RSS의 일원이자 우파 힌두 민족주의 정당인 힌두 마하사바Hindu Mahasabha의 일원인 고드세는 재판 도중, 자기의 행동을 후회하지 않으며 간디가 힌두교를 모독하고 힌두교 국가의 미래를 파괴하고 있기 때문에 살해했다고 말했다. 네루는 1948년 RSS를 금지하고 이 그룹의 지도자인 M. S. 골워카르를 체포했다. 하지만 그 금지령은 다음 해에 해제되었다. RSS가 활동을 중단한 적은 한 번도 없었다.

BJP는 이 혼란에서 힌두 민족주의의 온건한 정치적 얼굴로 나타났다. 1980년에 창당한 BJP는 이전의 비리티야 자나 상Baratiya Jana Sangh의 후계자였다. BJP는 1980년대에 꾸준히 인기를 끌며 인도 서부와 북부의 도시 중산층 힌두교도들의 좌절에 대한 희생양으로 인도 이슬람교도들을 이용하는 데 성공했다. 1990년, 불우한 계층인 하층계급의 역사적인 차별을 시정하기 위한 쿼터 기반의 차별 철폐 조치에 대한 만달 위원회의 권고는 상류 계급 힌두교도들로 하여금 그들의 카스트 특권을 방어하기 위한 힌두교 권리에 눈을 돌리게 했다.

인도 독립 후 수십 년 동안 인도국민회의당의 분열과 함께 지역적이며 카스트에 기반을 둔 다수의 새로운 정당들이 점진적으로 모습을 드러내고 있는 것은 인도에서 점점 더 복잡해지는 정치 환경이 파편화되는 결과를 낳았다. 인도국민회의당을 포함하여 어느 한 정당이 연립 파트너 정당의 지원 없이 인도를 통치할 가능성은 1989년 이후에는 전무했다. 그후 25년 동안 연립정부가 인도를 통치했다. 두 개의 주요 연립정부가 출현했는데, 인도국민회의당이 이끈 통합 진보 연대는 세속적이고 진보적인(적어도 이론적으로는) 사회주의 정부였던 반면, BJP가 이끄는 민족 민주 동맹National Democratic Alliance: NDA은 사회문제에 대해 신자유주의적 경제정책과 기술적인 해결책을 선호하는 힌두 민족주의 정부였다. NDA는 1991년부터 1996년까지 나라심하 라오를 총리로 하여 집권했다.* 인도국민회의당이 이끄는 통합진보연대는 2004년부터 2014년까지 만모한 싱을 총리로 하여 집권했다.

금세기 초에 많은 관측자들은 연립정치가 인도의 민주주의를 오랫동안 계속해서 지배할 것이라고 믿었다. 그러나 2014년 나렌드라 모디를 총리 후보로 내세운 BJP는 단독으로 정부를 구성할 수 있는 충분한 의석을 확보하며 집권했다. 60년 동안 권력의 사이드라인에 있거나, 혹은 연립 파트너들에 의해 제약을 받거나 했던 힌두교 우파가 마침내 인도의 운명을 좌지우지하게 될 것이다.

---

* 원문에는 집권기간이 1999-2004년으로 되어 있으나 저자의 착오임. _옮긴이

제 2 부

21세기는
인도의
세기가
될 것인가

4. 사회

인도 인구는 얼마나 되는가?

2017년 인도는 13억 3000만 명으로 중국 인구 12억 9000만 명을 약간 넘는, 세계에서 가장 인구가 많은 나라가 되었다. 인도의 인구는 2050년에 17억 명으로 증가하여 일단 안정세를 보이거나, 20억 명이 될 때까지 계속 증가할 수도 있다.

인도의 모든 다른 부문들도 거의 그러하듯이, 인구증가 추세는 지역에 따라 크게 다르며, 인도 북부 세 지역에서 가장 빠른 증가세를 보이고 있는 점을 알아두는 것이 중요하다. 인도의 2011년 인구조사에 따르면 2001년부터 2011년 사이에 인도 비하르주, 메갈라야주, 아루나찰프라데시주의 인구는 25% 이상 증가한 반면, 같은 기간 고아는 8% 약간 넘게 증가했고 케랄라는 5% 좀 못 미치게 증가했다.

인도 역시 남성과 여성의 수적 불균형으로 애를 태우고 있는데, 이는 남아 선호가 강한 가부장적 가족 구조의 결과물이다. 태아의 성별에 따른 선택적 낙태는 불법이지만, 남아 출산을 원하는 가족들에 의해 널리 이용되고 있다. 또한, 수유를 덜 하거나, 의료 서비스를 받지 않거나, 심지어 영아 살해 풍습과 같은 것 역시 여아의 사망률을 높여, 남아의 성비 증가에 기여한다. 그 결과 현재 25세 미만의 인도 젊은이들의 남녀 비율이 1.13명 대 1이다.

인도의 거의 모든 다른 통계와 마찬가지로, 이 비율은 일부 지역에서는 더 높고 다른 지역에서는 더 낮다. 인도의 인구는 젊다. 13억 인구의 절반 이상이 25세 미만이다. 계속 성년 세대로 성장하는 수많은 젊은이들이 교육받고 직업을 찾기 위해 고군분투하고 있는 현실을 감안할 때, 젊은이들의 열망을 충족시키는 일이 국가에 큰 도전이 될 것이다. 다른 한편으로, 이처럼 "젊은이가 인구의 절대다수를 차지한다는 것"은 다른 고령화 국가들에 비해 잠재적인 경쟁 우위를 확보하여, 인도가 세계 최대의 인력 공급국 및 최대 소비시장이 될 수 있을 것이다.

인도인들은 독립했을 당시보다 21세기에 들어와 훨씬 더 오래 살고 있으며 더 잘 교육받고 있다. 인도인의 기대 수명은 1947년 32세에서 2014년 69세로 길어졌다. 문해율은 1951년 첫 인구조사가 실시된 때의 16%에서 2011년 인구 조사에서는 74%로 증가한 것으로 나타났다. 초등학교 입학률이 늘긴 했지만 교육 성과는 여전히 저조하며, 앞으로 보게 되겠지만 기본적으로 읽고 쓸 줄 모르고 수리 능력도 결여한 채 취업시장에 뛰어드는 인도인들이 너무 많다.

인도는 빈곤과 건강 문제를 해결하는 데 별로 솜씨를 발휘하지 못해왔다. 수십 년간의 빈곤퇴치 노력에도 불구하고 인도인의 약 30%는 하루에 3달러 미만으로 살고 있으며, 20% 이상은 하루에 2달러 미만으로 생활한다. 이 나라의 어린이 사망률은 1000명당 50명에 이르는데, 70년 동안 거의 개선될 기미를 보이지 않고 있다. 영양실조 비율은 1990년에서 2016년 사이에 거의 24%에서 약 15%로 떨어졌지만, 그 수치는 여전히 높아, 1990년 2억 1000만 명에서 2016년에도 1억 6460만 명이나 되었다.

주요 종교는 무엇인가?

21세기 인도의 종교 지형에 대한 어느 정도 감각 없이는 인도의 역동성을 이해할 수 없다. 제1부에서 보았듯이 인구의 거의 80%에 가까이가 힌두교도들이다. 이슬람교도가 14%를 약간 넘고, 기독교도는 2.3%, 시크교도는 1.7%다. 나머지 약 2%는 자이나교도, 불교도, 정령신앙자, 무신론자, 또는 유대교도이다.

인도에는 현재 몇 개의 언어가 사용되고 있는가?

인도 헌법이 인정하는 언어는 22개이다. 알파벳순으로 아삼, 벵골, 보도, 도그리, 구자라티, 힌디, 칸나다, 카슈미리, 콘카니, 마이틸리, 말라얄람, 마니푸리, 마라티, 네팔리, 오디아, 펀자비, 산스크리트, 산탈리, 신디, 타밀, 텔루구, 우르두이다. 인도 헌법은 또한 힌디어를 공식 국어로 지정하고 영어를 추가 공용어로 인정한다. 인도 헌법은 인도 각 주가 그들 주의 공용어를 지정할 수 있도록 허용하고 있다. 인도에는 공식으로 인정된 언어 외에도 2013년 조사에 따르면 780개의 언어가 사용되고 있는 것으로 확인되었으며, 일부 언어는 사용자가 1만 명 미만이다. 인도 바깥의 사람들은 대부분 있는지도 모르는 언어인 보지푸리는 2001년 인구조사에 따르면 3300만 명이 넘는 사람들이 사용하고 있다.

언어는 인도에서 논쟁의 여지가 있는 사안이다. 대부분의 인도 주들은 인이학적 구분선을 따라 구획되었다. 독립국 인도라는 건축물을 세운 사람들이 우려하던 것 중 하나는 인도를 통치한 영국의 언어인 영어와는 완전히 다른 언어를 국가의 공식 언어로 선택해야 한다는 점이었다. 그들은 가장 많은 수의 인도인들이 사용하는 언어인 힌디어를 국가 공식 언어로 선택했으나, 인도의 특히 남부 타밀나두주에 사는 비힌디어 사용자들은 북부 인도에 뿌리를 둔 언어를 공식 언어로 지정한 것에 분개했다. 모든 인도인들이 학교에서 힌디어를 배우고는 있지만, 실제로 힌디어가 사용되지 않는 지역의 많은 사람들은 지역 언어를 말하지 않는 외부 인도인들과 의사소통하기 위한 수단으로 영어를 사용한다. 영어는 또한 고액의 보수를 받는 직업, 유학, 관광업, 심지어 인도의 콜센터에 일자리를 얻어 미국과 다른 영어권 국가의 고객들에게 고객서비스를 제공하는 수단이 될 수도 있다. 인도의 부모들은 아이들의 영어 학습에 높은 가치를 부여한다. 그런가 하면, 나렌드라 모디 총리의 힌두 민족주의 정부는 공무수행 언어를 영어에서 힌디어로 바꾸는 일을 적극적으로 모색하고 있다. 인도의 주요 언어들은 그들 자신의 문학, 언론, 방송매체, 영화 산업을 자랑하며, 국가의 풍부한 문화적 다양성에 기여하고 있다.

인도의 대가족제도란?

종교, 언어 및 지역 문화의 차이에도 불구하고 여러 세대가 한 지붕 아래서 사는 소위 대가족이 인도의 전형적인 가족구조이다. 인도의 대가족은 부계이다. 아들들은 그들의 아내와 자녀들과 함께 부모님 댁에서 같이 살고, 딸들은 결혼을 하면 부모의 곁을 떠나 남편의 가족에 합류한다. 도시에는 남편과 아내와 자녀들로 구성된 핵가족이 점점 더 보편화되고 있긴 하지만, 아직도 인도에서는 대가족이 지배적이다. 인도인들은 그 장점을 지적한다. 여러 아들이 일해서 버는 수입을 모을 수 있고 경비는 분담되는 한편, 집밖에서 일하는 여성들은 시부모 또는 자녀의 숙모, 삼촌 또는 사촌에게 보육을 부탁할 수 있다는 것이다. 아이들은 사촌들과 형제자매 같은 관계를 맺고 자란다. 이런 관계를 묘사하는 용어로 인도에서는 '사촌형제', '사촌자매'라는 말이 흔히 사용된다.

그러나 대가족은 시어머니의 지휘 아래 집안일을 하는 부엌데기로 강등될 수 있는 젊은 아내들에게는 숨이 막히는 환경일 수도 있다. 대가족

제도는 또한 남편의 가족이 남의 집 젊은 여성을 데리고 와 친정 부모의 부담을 덜어주기 때문에 그에 대한 보상을 받아야 한다고 생각하여, 친정 부모가 딸을 시집보낼 때 신랑 가족에게 현금, 보석, 그리고 내구 소비재 같은 지참금을 주는 관행을 장려한다. 불행히도, 소비재에 대한 욕구가 증가함에 따라, 지참금도 증가했고, 그 액수나 종류도 증가했다. 지참금 의 정확한 액수와 수량과 구성은 사회적 지위, 지역 관행, 가족의 재력에 따라 크게 다르지만, 친정 부모는 딸을 시집보내기 위해 신랑 가족이 요 구하는 지참금을 마지못해 내놓고 관례대로 막대한 빚을 떠안는다. 지참 금제도는 물론이고 대가족제도 자체가 인도의 사회 정체 상태를 강화시 킨다.

여성의 사회적 지위는 어떠한가?

인도 헌법은 여성에 대한 평등을 보장하고, 성별에 근거한 차별을 금지한 다. 영향력 있는 여성 정치인들은 물론이고 사업가와 오피니언 리더들도 많다. 인도의 성장하는 경제는 여성들이 직업을 추구할 수 있는 새로운 기회를 만들어냈다. 여성의 문해율이 높아지고 있으며, 이전보다 훨씬 많 은 소녀들과 젊은 여성들이 교육을 받고 있다.

그러나 전반적으로 인도 여성들은 여전히 광범위하게 차별을 받고 있 으며, 그들의 낮은 지위는 산모와 유아의 높은 사망률, 여성의 문해력과 교육 수준 감소, 성적 학대 및 기타 범죄의 발생률 제고에 기여한다. 2011년 톰슨 로이터 재단의 후원 아래 370명의 원조 및 개발 전문가들을 대상으로 실시한 여론조사에서, 사우디아라비아를 포함하여 여성의 지위 가 비교적 낮은 20개국 가운데서 인도가 여성들이 살기에 가장 나쁜 나 라라는 평가를 받았다.

지참금 관행은 인도의 여성들에게 행해지는 부당한 행위의 근원 중에서도 가장 으뜸이 되는데, 그런 부당한 행위에는 여아를 낙태시키는 것에서부터 지참금의 양에 불만을 품은 시댁 식구들이 시집 온 여성을 살해하는 '지참금 살인'에 이르기까지 다양하다. 인도 범죄기록국에 따르면 2009~2013년에 인도에서 여성을 대상으로 한 범죄가 꾸준히 증가했다. 해마다 8000명 이상의 여성들이 지참금 때문에 살해되었는데, 이는 한 시간에 거의 한 사람 꼴로 살해된 셈이다.

1970년에서 2010년 사이에 인도는 출산 전 성별 선택에 따른 낙태, 여아 살해, 그리고 여아에겐 적게 먹이거나 의료 혜택을 적게 하는 등 딸들에 대한 기타 치명적인 성 차별로 인해 '잃어버린 소녀들'이 총 4300만 명에 이른다고 기록되어 있다. 1991년 출생한 남자아이 1000명당 여자아이 945명, 2011년 출생한 남자아이 1000명당 여자아이 918명 등 인도의 성비율이 악화되자 인도 정부는 2015년 1월 부모들이 여자아이를 소중히 하자는 범국가적인 캠페인을 시작했다.

강간은 인도만의 문제는 아니지만, 2012년 뉴델리의 버스 안에서 잔혹한 폭력배들로부터 강간을 당한 28세의 여대생이 부상으로 끝내 사망한 후 이 사건은 인도의 국민의식에 분노의 폭발을 일으켰다. 부모가 딸의 교육비를 대기 위해 갖은 고생을 마다하지 않았던 이 여대생은 젊고 열망적인 인도를 상징했다. 그녀와 그녀의 남자친구는 한 무리의 젊은 남자들에 의해 개인 버스로 이끌려가 공격을 받았다. 가난하고, 교육받지 못하고, 여성들과 쉽게 어울릴 수 없었던 이 공격자들은 또한 인도를 마구 휘젓고 있는 현대화의 일부이기도 했다. 즉 마구잡이식 현대화로 인해 젊고 교육받지 못한 남성들이 일자리를 찾아 급성장하고 있는 도시로 마구 몰려들고 있는 것이다.

이 범죄 소식을 듣고 시민들이 항의의 뜻으로 거리에 나섰다. 이에 대해 인도 정부는 은퇴한 대법원 판사인 베르마J. S. Verma를 수장으로 한 특별위원회를 만들어 여성 대상 범죄에 대한 법적 제재를 강화하는 방안을 모색했다. 이 베르마 위원회는 인도의 여성들을 더 잘 보호하기 위한 많은 조치들을 권고하는 광범위한 보고서를 발표했으며, 정부는 이 보고서의 권고 사항을 많이 채택하여 시행했다. 그러나 불행히도 인도에서 이러한 악랄한 강간 행위는 거의 매일 신문과 텔레비전에서 보도되고 있다. 2012년 사건을 취재한 방송에 등장한 범인 중 한 명뿐만 아니라 범인들이 고용한 변호사와 일부 정치인들이 보인 태도에는, 밤에 여성들이 바깥에 나다니는 것이 은근히 강간을 '불러일으키는' 짓이라는 충격적인 개념이 포함되어 있었다. 이런 태도는 인도 여성에 대한 폭력을 줄이는 데 가장 큰 장애물이다. 인도에서 부부 사이의 강간은 범죄가 아니다.

여성 차별은 인도 경제에도 타격을 주고 있다. 경제협력개발기구 OECD는 인도의 경제성장을 저해하는 중요한 요인으로 인도 여성들의 저조한 경제 기여도를 꼽았다. 인도 여성의 3분의 1도 안 되는 수가 유급 노동인구에 속해 있고, 많은 여성들이 저임금 일자리에 갇혀 있다. 여성들의 노동력 참여는 소득이 증가함에 따라 실제로 감소한다. 여성이 집 밖에서 일하지 않는 것을 종종 그들의 가정이 풍요롭다는 표시로 여긴다.

인도에서 성소수자의 권리는 어떠한가?

역설로 가득 찬 인도는 2014년 대법원이 성전환한 사람들을 제3의 합법적인 성으로 인정했지만, 2018년 1월 현재 영국 식민지 시대로까지 거슬러 올라가는 인도 형법 제377조(1861년 제정)에 따라 "자연 질서에 반하는 육욕적인 성교"를 하는 것은 범죄이다.

2014년 대법원 판결 덕분에 인도인들은 이제 공문서상에서 성별에 대해 'M(남성)' 또는 'F(여성)' 외에 'T(제3의 성)'를 선택할 수 있게 되었으며, 여권에 성별 'T'를 표시할 수도 있다. 이 결정을 내릴 때 인도 대법원은 히즈라Hijras, 아라바니Aravanis, 조그타Jogtas, 코티Kothis, 시브샤크티 Shiv-Shakthis 등 수세기 동안의 인도 트랜스젠더 개인과 집단들의 존재를 인정했다. 인도 도시들에서는 남아로 태어나서, 보통 소년일 때 자발적인 거세를 받고 색상이 다채로운 사리를 입은 트랜스젠더들의 전통적인 집단인 히즈라를 흔히 볼 수 있다. 2015년 인도 최초의 트랜스젠더 대학 총장이 업무를 보기 시작했고, 2016년에는 트랜스젠더 모델 대행사가 처음 등장했다.

2013년 인도 대법원은 형법 377조에 대한 2009년 델리 고등법원의 판결을 무효화했다. 이 법은 거의 시행되지 않았지만 경찰이 인도인 게이들을 괴롭히고 협박하는 데 흔히 사용되었다. 대법원은 2016년 2월 377조를 둘러싼 사안에 대한 '헌법적 중요성'을 인정한 뒤 2013년 결정을 번복해 달라는 헌법 소원을 들어주기로 합의했다. 2017년 대법원은 인도인의 사생활 보호권을 옹호하는 획기적인 판결을 내렸는데, 이 판결은 구체적으로 성적 지향의 개인적 특성을 지적했고, 2018년 1월 현재 대법원은 377조의 합헌성을 다시 심의했다.

한편 온라인상에 게이 및 레즈비언 데이트 사이트가 있고, 비크람 세트Vikram Seth, 그리고 2015년 소설 『그가 알지 못하게 하라Don't Let Him Know』에서 동성애에 대한 문화적 엄격함으로 인한 고통을 신랄하게 파헤친 샌디프 로이Sandip Roy 같은 저명한 작가들은 그들이 동성애자라는 사실을 비밀로 하지 않는다. 딥 메타Deep Mehta의 1996년 영화 〈파이어 Fire〉는 사랑에 빠진 두 여성에 대한 이야기를 담고 있으며, 레즈비언 작가 미나트 하지라트왈라Minat Hajratwala와 출판업자 쇼브나 쿠마르 Shobhna Kumar는 2012년 하퍼콜린스 인디아HarperCollins India와 함께 『아웃! 새롭고 기이한 인도의 이야기Out! Stories from the New Queer India』를 출판했다.

아직 게이, 레즈비언, 양성애자, 트랜스젠더들은 동성 결혼이 불법인 사회에서는 살기가 어렵고, 미혼 성인으로서의 삶 역시 대부분의 인도인들에겐 상상의 경계를 넘어선다. 그리고 377조가 법률로 남아 있는 한, 형사 기소의 위협은 인도의 번성하는 도시에서조차 이성애자가 아닌 인도인들의 삶에 영향을 미칠 것이다.

도시 생활은 어떠한가?

2016년 현재 4억 2900만 명의 인도인들이 도시에 살고 있다. 세계은행은 이 숫자가 2050년까지 두 배가 될 것으로 예상한다. 인구 2500만 명의 뉴델리는 인도 최대의 도시로 세계에서 도쿄 다음으로 인구가 많다. 유엔은 뉴델리의 인구가 2030년경에 3600만 명으로 증가할 것으로 보고 있다. 인도의 금융, 기업, 엔터테인먼트의 중심지인 뭄바이의 인구는 2016년 2100만 명에서 2030년에는 2800만 명으로 증가할 것으로 예상된다. 콜카타 메트로폴리탄 지역의 인구는 1400만 명 이상이며, 벵갈루루와 첸나이는 각각 800만 명 이상이다. 이 도시들과 인도의 다른 도시들의 인구 또한 향후 수십 년 동안 증가할 것이다.

문화의 중심지이자 바깥 세계와의 연결 허브인 인도의 도시들은 2020년까지 인도 GDP의 75%를 창출할 것으로 예상한다. 이 도시들은 또한 세계 대부분의 도시들이 그러하듯 부자와 가난한 사람들 사이가 극명하게 나뉘져 있다. 도시의 부유한 거주자들은 세계 최고 수준의 쇼핑몰에서 그 어떤 국제적인 사치품이나 대중 판매 시장용 브랜드도 구매할 수 있고, 어지러울 정도로 다양한 국내외 음식들을 제공하는 레스토랑에서 식사를 할 수 있으며, 전속 운전기사가 운전하는 에어컨이 구비된 자동차를 타고 에어컨이 있는 자기 저택을 들락날락한다. 인도의 도시 빈민들은, 막힌 도로, 빈민가 주택, 식수를 구하려고 서 있는 사람들의 긴 줄, 야외 배변排便 또는 악취 나는 공중 화장실 등 쓰레기통이나 하수구와 아주 유사한 곳에서 살고 있다. 도시의 가난한 인도인들은 팽창하는 도시 주변으로부터 일자리가 있는 도심으로 매일 출퇴근하느라 만원 기차와 버스 안에서 긴 시간을 보낸다.

미래 성장을 위한 도시 기반시설 및 건물의 개선은 인도가 21세기에 직면하는 주요 도전 과제 중 하나이다. 도시에서는 물 부족이 흔해서 부자들은 하루 종일 수도를 사용할 수 있도록 옥상에 물 탱크를 두고 물을 비축해 둔다. 도시의 전력 수요 역시 급증해, 전압 저하와 정전이 너무 빈번하기 때문에 여유가 있는 가정은 모두 예비 발전기를 준비해 둔다. 대형 특급호텔, 아파트단지, 비즈니스 오피스 빌딩에는 정전이 될 때 전기발전을 할 수 있게 대형 발전기와 지하 디젤 탱크가 있고, 일정하게 물을 공급할 수 있는 물 탱크가 있다.

인도의 주요 도시들은 대중 교통망을 개선하기 시작했다. 델리 메트로 Delhi Metro는 이 나라에서 가장 규모가 큰 지하철과 교외 열차 네트워크다. 콜카타, 첸나이, 하이데라바드, 코치, 아메다바드 등 다른 도시들은 델리의 선례를 따라 도시 철도망을 운용하기 시작했거나 계획하고 있다. 뭄바이는 붐비기로 소문난 도시 철도망에 더 빠른 열차를 투입하고 역들을 개조하고 막힌 이웃 지역들과 고가도로로 연결하는 등 개선할 계획이다. 마하라슈트라 해양위원회는 또한 뭄바이 주변의 야심 찬 수로 교통망에 대한 계획을 발표했다.

버스는 여전히 도시의 가장 보편적인 대중교통수단이며, 오염이 적은 전기차로 바꾸려는 노력을 하고 있다. 도시 빈민들 중 많은 사람들은 걷거나 자전거를 타고 다니지만, 보행자나 자전거 타는 사람들을 위한 공공기반 시설은 사실상 없다. 그 대신 대부분의 도시들은 인도의 도로에서 급증하는 자동차 숫자를 따라잡을 수 있는 충분한 비율은 아니지만, 자동차 교통을 위한 새로운 기반시설 구축에 집중해 왔다. 인도의 주요 도시에서는 어떤 방문객도 교통 체증을 피할 수 없다.

배기가스, 산업공해, 먼지, 그리고 가난한 사람들이 요리를 하거나 겨울에 난방을 위해 불을 지피거나 들판에서 농작물 쓰레기를 태우는 데서 나오는 연기가 인도 도시의 공기가 세계에서 가장 오염된 데 한몫했다. 2016년 세계보건기구는 인구 1400만 명 이상이 사는 세계 대도시 중 델리를 가장 오염된 도시로 꼽았으며, 또한 세계 최악의 대기오염 도시 20개 중 13개 도시를 인도에서 찾아냈다. 뭄바이와 콜카타도 괄리오르, 알라하바드, 라이푸르와 마찬가지로 이 명단에 포함되어 있다.

인도의 도시에서는 주거도 또 다른 주요 문제이다. 뉴델리와 뭄바이의 주택 임대료와 매매 가격이 뉴욕이나 런던과 맞먹는다. 전체 가족이 하나의 작은 방에서 사는 경우가 허다하다. 2013년 통계로 인도인들의 17%가 도시 빈민가에 살고 있었다.

'스마트시티' 계획이란 무엇인가?

인도의 도시 발전은 보도步道, 학교, 우체국, 의료시설, 소방서와 같은 기본 편의시설에 대한 계획이 오랫동안 뒷전으로 미뤄진 탓에 혼란스러웠다. 모디 총리는 중국의 사례에서 힌트를 얻어 그것들을 바꾸려고 한다. 2014년 집권 직후, 그의 정부는 인도의 급속한 도시 성장에 앞서가기 위한 계획인 스마트시티 사업에 착수했다. 정부의 스마트시티 사업 웹사이트에 따르면, "핵심적인 기반시설을 건설하고 시민들에게 직절한 삶의 질을 제공하는 도시들, 지속 가능한 깨끗한 환경 그리고 '스마트'한 해결책의 응용을 촉진하는 것이 목표"라고 했다. 인도의 스마트시티는 정보 기술을 활용하여 전자 관리 체제를 구축하고 교통의 효율성과 기본 서비스의 제공을 향상시킬 것이다.

인도의 스마트시티들은 또한 현재의 인도 도시들에서 부족한 것들, 즉, 물, 전력, 교육 및 의료에 대한 적절한 기반시설을 약속한다. 인도 정부는 100개의 새로운 도시를 건설하고 500개의 기존 도시를 개조할 계획이다. 컨설팅 회사인 딜로이트는 인도의 새로운 스마트시티에만 1500억 달러가 필요할 것으로 추정한다. 이 중 80%는 민간 부문에서 나와야 한다. 연방국가로서, 그리고 민주주의 국가로서 인도는 중국보다 훨씬 더 많은 장애물에 직면해 있다. 중국은 현재 193개의 스마트시티를 운용하고 있으며 계속 새로 만들어지고 있다. 인도의 경우엔 개인 소유의 땅을 수용하거나 현재 수백만 명의 도시 빈민들이 살고 있는 슬럼가를 정리하는 일이 쉬운 일이 아니다. 중국 정부는 어느 지역 어느 부문 없이 명령으로 신속하게 처리할 수 있는 반면, 인도는 그 과정을 지연시키는 수많은 지역, 주 및 국가적인 장애물에 직면할 것이 틀림없다. 인도의 야심 찬 스마트시티 프로젝트가 얼마나 성대한 것이며, 얼마나 포괄적이고 공정한지 밝혀지면, 그것이 21세기 인도 도시 생활의 질에 대한 많은 것을 결정하게 될 것이다.

시골 생활은 어떠한가?

2016년 현재 인도인의 약 70%가량이 농촌에 거주하고, 전체 근로자의 절반 이상이 농업에 종사하고 있다. 많은 마을들이 국가의 전력망과 단절되어 있다. 2015년에는 3억 명의 인도인들이 전기 혜택을 받지 못했는데, 대부분이 농촌 빈곤층이었다. 학교까지 먼 거리를 걸어 다녀야 하는 아이들이 흔히 있고, 화장실 같은 기본시설이 부족한 학교가 많다. 접근성과 시설이라는 이 두 가지 요인이 많은 소녀들로 하여금 학교에 다니지 않고 집에 머물게 만든다. 시골학교 교사들은 이따금씩만 학생들 앞에 나타나며, 봉급은 챙기면서 값싼 젊은이들을 고용해 자기 대신 가르치게 하기도 한다.

인도 마을에서의 생활은 사람들이 할 수 있는 것과 할 수 없는 것을 지시하는 사회적 전통에 의해, 지역 판차야트panchayats, 즉 마을 위원회에 의해 시행되는 카스트 및 성별 규칙에 따라 제한되는 경우가 많다. 도시에서와 마찬가지로 불평등은 지주와 소작인 사이에 뚜렷한 격차가 있는 인도의 시골을 극명하게 갈라놓는다. 종종 이러한 분열은 카스트 경계선을 따라 형성되며, 낮은 카스트는 토지가 없는 가난한 사람들이 대부분이다. 인도의 시골 마을 여성들은 예컨대 빗물을 모으기 위해 작은 댐을 건설하고 유지하는 지역사회의 수자원 개발 노력을 펼치거나, 소액 대출 프로젝트를 관리하기 위해 휴대폰을 사용하는 등 활동의 폭을 넓혀왔지만, 대부분의 가난한 집 여성들은 교육을 받지 못했고, 젊은 나이에 결혼했으며, 모성 건강이 좋지 않고, 부모, 남편, 시댁의 지시에 따라 움직인다.

북인도의 많은 마을에서는 법적 인정을 받지 않은, 주변 여러 마을 장로들의 협의회인 칸 판차야트Kap Panchayats가 있어 여성들이 어떤 옷을 어떻게 입어야 하고, 젊은이들이 누구를 어떻게 사랑하며 어떻게 결혼해야 하는지에 관한 엄격한 행동 규범을 강요한다. 이를 거역하면 추방, 강간, 구타, 심지어 죽음까지 포함하는 혹독한 대가를 치를 수 있다. 칸 판차야트는 카스트 규칙을 무시하는 부부에 대한 명예살인을 '감히 잘못된 길로 가는 자에 대한 적절한 처벌'이라며 옹호하기도 한다. 이런 불법 행위들이 너무 만연하여 2011년 인도 대법원은 칸 판차야트를 불법 단체로 규정하고 그들이 명령한 명예살인을 '수치스럽고 야만적'이라고 선언했다. 그러나 칸 판차야트는 계속 존재하며 때때로 끔찍한 판정을 내린다. 일부 마을 협의회는 금지된 연애에 사용될 수도 있다며 젊은 여성들이 휴대폰을 소유하는 것을 금지했다. 또 다른 협의회는 여성을 처벌하기 위해서, 심지어 가족을 처벌하기 위해 죄없는 여성을 집단 강간하라고 명령했다.

소규모 농장을 갖고 있는 농부들은 높은 투입 비용(씨앗, 비료, 살충제 대금)과 낮은 시장 가격, 예측할 수 없는 강우량, 높은 수준의 부채로 심한 스트레스를 받고 있다. 많은 농부들이 이 나라에서 붐을 이루고 있는 건설업 현장의 계약직 노동자로 도시에서 일하도록 내몰리고 있다. 도시마다 화려한 전통 의상을 입은 시골 인도인들이 시멘트를 담은 바구니를 머리에 이고 곧 무너질 것 같은 대나무 비계를 오르는 것을 볼 수 있다. 다른 일부 사람들은 그들 자신은 물론 심지어 그들의 어린아이들까지도 전적으로 저임금과 도급 계약 노동에 의존하는 거의 규제되지 않은 산업인 벽돌공장에서 일한다.

취득 가격(농가들이 농작물에 대해 받는 가격)의 하락과 투입 가격(비료, 씨앗, 살충제)의 상승은 수백만 명의 소규모 농부들을 빚더미에 앉게 했다. 정부가 농부들에게 대출을 해주지만, 이것들은 대부분 더 큰 규모의 농지를 가진 농부들에게로 간다. 대부분의 소규모 농지를 가진 농부들은 지방 대부업자들, 즉 이웃의 큰 지주들로부터 갈취에 가까운 금리로 돈을 빌릴 수밖에 없다. 농부들이 농사에 실패하거나, 가족이 병에 걸리거나, 딸의 결혼 지참금이 필요할 때, 너무 많은 사람들이 자살을 한다.

인도의 저명한 언론인인 P. 사이나트P. Sainath는 수년간 인도의 농업 위기를 추적하여 글을 썼는데, 1995년에서 2013년 사이에 인도에서 발생한 30만 건의 농민 자살 사건을 기록했다. 자살은 지금도 계속되고 있다. 비교적 부유한 주인 마하라슈트라주에서는 2014년에 2568명의 농부가 자살했고, 2015년에는 3030명이 자살했는데, 이는 18% 증가한 수치이다. 이 시기에 이 주의 전체 자살자 수는 2014년의 5650명에서 2015년에는 8000명 이상으로 증가했는데 이 중 농민 자살자가 약 40%를 차지했다.

2016년 11월 수천 명의 농부들이 생활보장을 요구하며 뉴델리로 행진했다. 농부들은 정부가 최소한의 소득을 보장해 주고, 농작물에 대한 최저 지원금을 인상하고, 종자, 비료, 해충관리 비용에 보조금을 지급해 달라고 요구했다. 이러한 요구는 인도가 시장을 개방하고 인위적인 가격지원 및 보조금을 중단해야 한다는 국제적인 압력과 정면으로 배치된다. 인도의 농부들은 또한 후속 정부들이 산업화와 도시화로 이해되는 개발에 계속 집중하는 것에 반대하고 있는데, 이것은 사실상 수백만 명의 농부들을 그들의 땅에서 도시로 이주시키는 것을 의미하며, 이는 최선의 상황 아래서도 고통스러운 과정이다.

농업은 인도의 소문난 경제성장에 아주 적은 기여를 한다. 2015-16회계연도에 인도 경제는 대체로 7.6%의 성장률을 보였지만, 농업 부문은 겨우 1.2%밖에 성장하지 못했다. 전년도엔 농업의 성장률이 사실상 0.2% 감소했는데, 대부분은 농작물의 성장을 약화시킨 가뭄에 기인했다. 농업 성장을 촉진하는 것이 전반적으로 인도의 경제성장을 증진시키는 데 큰 도움이 될 것이라는 사실은 서양의 공업형 농업 모델에 따라 인도 농업을 변혁시키기 위해 민간 부문 투자를 추구하는 지도자들이 잘 알고 있다.

인도의 기업 부문이 본격적으로 농업에 진출해, 농작물 재배에서 식품가공, 그리고 식료품점에서 고객에게 포장된 식품을 판매하는 데 이르기까지, 체인의 모든 단계를 소유하고 통제하는 농업생산을 위한, 농장에서 소비자 밥상까지farm to fork의 수직통합 모델을 채택했다. 이러한 매우 효과적인 비즈니스 농업의 경우, 미가공 기초 식료품에 '가치'를 더함으로써 수익을 높인다. 여러 조각의 작은 땅들을 큰 전답으로 합해 산업 생산에 투입할 수 있도록 농부들에게 소유 토지를 팔거나 임대 하도록 장려하고 있다. 그런 다음 농부들은 그들이 소유하던 땅에서 노동자로 고용된다.

긍정적인 측면으로 보아 인도는 또한 지속 가능한 농업에 대한 많은 유망한 실험들의 본거지이기도 하다. 모든 마을은 값비싼 화학 비료와 살충제를 최소화하거나 제거하고, 수확할 때 다음에 사용할 씨앗을 저장하고, 천연 약품으로 해충을 방제하고 천연 퇴비를 사용하여 비용이 많이 드는 비료와 농약의 사용을 최소화하거나 제거함으로써, 식량 안전을 기하고 부채 없는 농촌이 되는 것이다. 인도 정부가 지원하는 미세 관개는 많은 농부들이 물 부족에 대처할 수 있도록 돕고 있으며 그 사용이 확대됨에 따라 더 많은 농부들을 도울 수 있는 잠재력을 가지고 있다.

소형 태양광 발전, 풍력 발전, 바이오매스 연료, 메탄가스 연료 프로젝트는 불과 몇 년 전까지만 해도 전력 및 청정연소 연료가 부족했던 지역에 권장되었다. 주로 시골 가정에서 소똥이나 목재를 태우는 원시적인 난방 및 취사기구로 인한 실내공기 오염은 5세 미만 인도 어린이들의 호흡기 질환과 사망의 주범이다. 2016년 모디 총리는 아직도 전기가 들어오지 않는 인도의 모든 마을에서 2년 안에 전기를 사용할 수 있게 하겠다고 약속했다. 전기는 농촌에서 양수기의 동력뿐만 아니라 아이들이 어두워진 후에 공부할 수 있는 조명, 그리고 컴퓨터, 텔레비전, 충전식 모바일 장치를 통해 마을 바깥 세계와 연결할 수 있는 힘을 의미하기도 한다.

인도는 향후 수십 년 동안 극적으로 변할 것이다. 그 변화가 모든 사람의 번영을 동반할 것인지 여부는 두고 봐야 한다. 인도 시골지역이 기후변화에 어떻게 대처할 것인지, 그리고 카스트와 성차별에 의한 깊이 뿌리박힌 불평등이 줄어들 것인지는 두고 볼 문제이다.

교육 상황은 어떠한가?

2009년 인도 정부는 '어린이 무상의무 교육권법'이라는 획기적인 법안을 통과시켰다. 교육권법RTE으로 알려진 이 법안은 6세에서 14세 사이의 모든 인도 어린이의 기본 교육권을 헌법으로 보장한다. 이 법 제정 이후로 인도는 초등학교 등록을 늘리는 데 큰 진전을 이루었다. 2014년 현재 인도의 거의 2억 명에 달하는 초등학교 연령 아동의 96% 이상이 학교에 등록되어 있다. 인도의 대규모 청년 인구를 교육하는 것이 수천만 명의 사람들에게 더 밝은 미래를 가져다주는 열쇠라는 것을 누구나 알고 있다.

불행하게도, 열악한 교육기반 시설, 불규칙한 학생 출석, 유능한 교사 부족, 빈약한 학습 결과, 그리고 사교육과 공교육 사이의 격차가 커지는 등 심각한 문제들이 남아 있다. 인도의 교육 개선에 전념하는 비영리 단체인 프라담Pratham은 2014년 인도 농촌 교육에 관한 연례 보고서에서 표준 V(5학년)의 절반 이상이 표준 II(2학년) 정도의 독서 수준에 머물러 있다고 보고했다. 중등학교 진학 공부를 하거나 심지어는 괜찮은 직장을 구하는 데 필요한 기본적인 읽기와 산수 기능을 습득하지 못하고 초등교육 기간을 보내는 아이들이 너무 많다.

교육에 대한 접근성은 향상되고 있으나 아동이 받는 교육의 질 개선은 제자리걸음을 하고 있는 초등교육의 이러한 대조적인 현상은 중등교육에서도 계속된다. 2009년 인도 정부는 중등학교(9학년과 10학년)에 90% 등록과 고등학교(11학년과 12학년)에 75% 등록을 목표로 라슈트리야 마디야믹 시키샤 아비얀Rashtriya Madhyamik Shiksha Abhiyan, 즉 '중등교육을 위해 국가가 해야 할 일'이라는 프로그램을 시작했다. 이 프로그램이 시작된 이후 추가로 1000만 명의 학생들이 20만 개 이상의 중등학교에 입학했다. 여학생 수는 남학생 수와 거의 비슷하다. 이는 인도에서 진정한 발전을 보여준 것이다. 그러나 인도에는 중등교육을 받지 않는 소년, 소녀가 아직도 너무 많다. 2013년의 경우 중등학교 취학 자격이 있는 소년의 66%와 소녀의 62%만이 학교에 입학했다. 중등학교의 경우 교육기반시설이 좋지 않고, 교사가 너무 적거나 훈련이 잘 되어 있지 않은 교사가 대부분인 학교들이 많다. 한편, 특권층들은 상당한 비용을 들여 세계적 수준의 사립학교에 자녀들을 보낸다.

21세기의 노동력에 필요한 기술과 젊은이들의 부족한 준비 상태 사이의 안타까운 단절 문제를 해결하기 위해 인도 정부는 IX급(9학년)에서 시작하는 직업 훈련을 확대하고 있다. 직업 훈련은 정보기술, 자동차 제조, 미용 및 웰빙과 같은 다양한 산업 분야에서 제공된다. 인도 산업계는 숙련 근로자의 부족을 항상 토로하고 있다. 2009년에 설립한 국가기술개발공사NSDC는 2013년 인도의 71개 민간 기술 연구소와 협력하여 2022년까지 1억 5000만 명의 젊은이들을 훈련시킨다는 목표를 세웠다. 하지만 2013년 현재 중국에는 50만 개의 직업학교가 있었던 반면 인도에는 겨우 1만 1000개의 직업학교가 있었을 뿐이었다.

2016년 3월, 모디 총리는 중등학교 강의계획서에 800개의 직업 교육 과정을 포함시키겠다고 약속했다. 그러나 앞서 지적했듯이 인도의 공립학교들은 직업 기술을 실습할 수 있는 기본 장비와 자격을 갖춘 교사가 부족하다. 분명히, 장비와 교사훈련을 위한 더 많은 자금이 필요하다. 2016년 인도는 직업 훈련, 특히 자동차 제조에 필요한 기술을 향상시키기 위해 독일과 300만 달러가 넘는 계약을 체결했다.

거의 2600만 명의 학생들이 4만 5000개 이상의 고등교육기관에 등록되어 있는 인도는 미국과 중국에 이어 세계에서 세 번째 규모의 고등교육 시스템을 자랑한다. 인도 고등교육기관들의 60% 이상이 사립이다. 이는 유럽과 심지어 사립교육기관들이 번창하는 미국에서조차 공립고등교육기관이 더 우세한 점을 고려할 때 개발도상국으로서는 놀라운 비율이다. 그러나 중등학교 수준에서와 마찬가지로 세계적으로 유명한 인도 공과대학Indian Institutes of Technology과 같은 소수의 대학과 다수의 중저급 대학

사이의 질의 격차는 크다.

하층 카스트 및 기타 불우한 학생들을 위해 일정한 수의 입학 특혜제도를 만들려는, 역사적으로 논란이 많은 노력에도 불구하고, 대체로 인도의 일류대학 및 교육기관에 대한 접근은 상층 카스트 출신 학생들의 특권으로 남아 있다. 이 불평등은 상층 카스트 출신 인도인들이 고위직의 가장 큰 몫을 차지하는 취업 시장으로 이어진다. 대학교육을 위해 해외로 나가는 학생들도 있다. 2014년에 약 30만 명이 해외 대학으로 유학을 떠났으며, 이 중 3분의 1이 약간 넘는 학생들이 미국으로 갔다. 이는 해외에서 공부하는 중국 대학생 65만 명 다음으로 많은 숫자이다.

의료 상황은 어떠한가?

인도에는 상당한 의료비를 지불해야 하는 민간의료센터와 민간병원들이 많으며, 이들은 인도의 부유한 시민과 외국인 환자들에게 훌륭한 의료 서비스를 제공한다. 인도는 서구국가 환자들에게 매력적인 의료관광지가 되었는데, 그들은 국내 의료비보다 적은 비용으로 인도로 날아가 수술을 받고, 요양하고, 타지마할을 구경할 수 있다.

인도는 공중보건제도가 제대로 확립되어 있지 않은 나라다. 세계은행에 따르면 2013년 정부 의료비지출이 전체 지출의 1.3%에 그쳤다. 대부분의 인도인들은 초보적인 의료서비스조차 받지 못한다. 공중보건시설은 인력이 부족하고, 장비도 부족하다. 결핵 퇴치나 천연두 예방접종을 위한 공공 캠페인에 성공했음에도 불구하고 예방 치료는 인도의 가난한 사람들에게 거의 선택 사항이 아니다. 가족구성원이 응급치료를 필요로 할 때 많은 사람들이 빚더미에 올라앉게 된다. 시골에 사는 인도인들은 가장 가까운 진료소나 병원을 방문하려면 수 킬로미터를 가야 한다.

인도의 도시에서는 공립 병원이 민간 병원보다 훨씬 합리적인 비용으로 서비스를 제공하지만 위생 상태가 좋지 않고 병동은 종종 철제 침대가 있는 맨땅에 불과하며, 일부 환자들은 바닥에 돗자리를 깔고 누워야 한다. 저렴한 공중보건체계가 없는 상황에서 의료보험에 들지 못한 가난한 사람들은 말기 환자라 하더라도 진통제를 포함한 치료를 받을 수가 없다. 이 암울한 그림에서 주목할 만한 예외는 점점 증가하고 있는 병원체인인 나라야나 헬스Narayana Health다. 이 체인은 심장수술을 포함한 저렴하고 질 높은 의료 서비스를 차등제로 제공하는 것을 목표로 한다.

모디 정부는 의료에 대한 공공지출을 늘리기보다는 더 많은 인도인들이 민간 의료에 접근할 수 있도록 건강보험 적용 범위를 늘리는 데 초점을 맞추고 있다. 인도의 2016-17년 연간 예산에는 가족 당 최대 1라크(10만) 인도 루피(약 160만 원)의 의료비를 부담하는 새로운 국민건강보험 플랜에 대한 기금이 포함되어 있다.

빈곤, 오염, 깨끗한 물과 위생시설에 대한 접근성 부족 또한 너무 많은 인도인들의 건강 악화에 기여한다. 많은 여성들이 빈혈과 영양실조로 체중 미달의 아기를 낳는다. 사하라 이남의 아프리카보다 인도에 영양 실조에 걸린 아이들이 더 많다. 말라리아, 뎅기열, 뇌염과 같이 모기가 옮기는 전염병은 인도의 풍토병이다. 인도는 또한 과일과 채소, 토양, 그리고 물에 높은 수준의 살충제 잔류물이 나와 고통 받고 있는데, 특히 암 발병 수치가 놀랄 정도로 높은 펀자브주와 같은 농업생산량이 높은 지역에서 그러하다. 도시의 대기 오염은 시민들의 건강을 위협한다. 외식할 여유가 있는 사람들 사이에서 점점 호평을 받고 있는, 많은 국제 체인을 포함한 패스트푸드 매장의 폭발적인 증가는 최근 인도의 상승하는 도시 중산층의 비만과 심장병 증가에 기여해 왔다

모디 총리는 2014년 집권 후 인도의 전통 의약 시스템을 개선하고 발전시키는 데 전념하는 AYUSH* 부서를 신설했다. 1000년 이상 거슬러

올라가는 인도의 베다 문학에서 나온 아유르베다(아유르는 '생명', 베다는 '지식'이라는 뜻이다)는 건강한 사람이 소화계와 면역계와 같은 정신, 감각, 마음, 신체 기능이 조화를 이루고 있다는 생각에 바탕을 두고 있으며, 아유르베다 치료는 그 조화를 회복하려고 하는 것이다.

아유르베다는 몸에 따뜻한 기름을 바르고 마사지를 하여 긴장을 풀어 주는 스파spa로, 본래의 것보다 절차를 대폭 간소화한 형태로 최근 미국에서 유행중이다. 미국 캘리포니아주 베벌리힐스에 있는 포시즌스 호텔의 수리아 스파Surya Spa에서 받는 90분간의 아유르베다 치료는 할리우드 스타들이 예약하는 시간 사이사이의 한가한 시간을 잘 이용하면 395달러를 되돌려 받을 수 있다.

인도에서 모기가 옮기는 질병이 증가하고 있는가?

몇몇 질병은 확실히 그러하다. 모기에 의한 질병인 말라리아, 뎅기열, 치쿤구니야열병chikungunya(뎅기열 비슷한 질병), 일본뇌염, 그리고 림프사상충증lymphatic filariasis(일반적으로 이 질병은 환자의 다리를 붓게 하기 때문에 코끼리증으로 알려져 있다)는 모두 인도에서 발병하는 병이다. 2010년에서 2013년 사이에 말라리아는 발병 건수가 절반으로 줄면서 좋은 성과를 거두었지만, 세계보건기구는 2016년 인도인 7명 중 1명이 여전히 이 병에 걸릴 위험이 있다고 경고했다. 영국 의학저널인 ≪란셋Lancet≫에 발표된 2010년 보고서에 따르면 매년 약 20만 명의 인도인들이 말라리아로

---

* AYUSH: 아유르베다(Ayurveda: 인도의 고대 의학·장수법), 요가(Yoga)와 자연요법(Naturopathy), 우나니(Unani: 인도·파키스탄에서 유행한 전통 의학 시스템), 싯다(Siddha: 고도의 육체적, 정신적 발전을 이룬 사람을 가리킨다), 동종요법(Homeopathy: 질병과 비슷한 증상을 일으키는 물질을 극소량 사용하여 병을 치료하는 방법)의 약어 _옮긴이.

사망하고 있다. 정확한 숫자는 알기 어렵다. 농촌의 많은 빈곤층은 사망 원인을 정확하게 보고할 수 있는 수단이 없다.

아직 치료법이나 예방 백신이 없는 바이러스성 질환인 뎅기열과 치쿤 구니야는 인도에서 풍토병이 되어 근년에 특히 수도 뉴델리를 심각한 지 경에 몰아넣었다. 2015년 뉴델리의 병원 병동들은 이 두 질병에 완전 압 도되어 어찌할 바를 몰라 했다. 범인은 이집트숲모기Aedes aegypti 인데, 고여 있는 물웅덩이가 이 모기의 이상적인 번식지가 되기 때문에, 광범위 한 건축 공사, 해마다 되풀이되는 몬순, 그리고 개방된 하수구들이 이 모 기를 창궐하게 만들었다.

인도의 도시들이 개방된 하수구에 고여 있는 물을 제거하려는 공동의 노력을 하지 않는 한, 모기 감염 질환은 계속 심각한 문제로 남을 것이다. 농촌 지역의 기본 의료서비스에 대한 접근성을 향상시키면 말라리아로 인한 사망자 수가 감소할 것이다. 인도를 방문하는 사람들은 모기에 물 리지 않기 위해 긴 소매 셔츠와 긴 바지를 입고 방충제를 사용하는 등의 예방조치를 취하는 것이 좋다.

과학 발전 상황은 어떠한가? 인도인들은 고대 인도인들이 비행기를 띄웠다고 정말로 믿고 있는가?

인도는 세계 최고의 과학자와 수학자들 중 일부를 배출하고 있으며, 세계 적으로 유명한 여러 연구기관들의 본거지이며, 화성에 도달한 성공적인 우주 프로그램을 갖고 있다. 그러나 확실한 과학적 성과와 미래에 대한 기술적 야망에도 불구하고, 베다 시대(기원전 1500년~500년경)의 인도인들 의 과학적 업적에 대한 확신이 대단하다. 이러한 확신은 고대 인도의 영 광을 복원시키는 힌두트바 프로젝트, 즉 힌두교 민족주의자들이 들먹이 길 좋아하는 바라트Bharat의 핵심 역할을 한다.

2015년 말 모디 총리는 고대 인도의 과학적 업적에 대한 자신의 견해를 표명했다. 뭄바이 병원의 헌정식에서 모디는 『마하바라타』 시대에 '유전학'이 있었다고 주장했다. 그는 코끼리 머리를 한 힌두교의 지혜와 학문의 신 가네샤Lord Ganesha의 존재는 고대에 성형외과 의사가 존재했다는 증거라고 주장했다. 그는 "그 당시에는 인간의 몸에 코끼리의 머리를 얹고 성형수술을 시작한 성형외과의가 있었을 겁니다"라고 말했다. 이어서 그는 "우주 과학에 대해 이야기한다면, 우리 조상들은 어느 시점에 우주 과학에서 큰 강점을 보여주었습니다. 아리아바타Aryabhata 같은 사람들이 수세기 전에 말한 것이 오늘날 과학에 의해 인정되고 있습니다"라고 말했다.

　　모디 총리는 더 나아가 인도 아이들에게 고대 인도인들이 줄기세포 기술을 익혔다는 것과 라마 신이 첫 비행기를 날렸다는 것을 가르치는 구자라트 학교에서 사용하는 교과서의 서문을 썼다. 이런 주장과 고대 인도인들이 핵무기 기술과 자동차를 가지고 있었다는 주장은, 구자라트주에서 사용되는 교과서의 저자인 디나 나트 바트라Dina Nath Batra와 같은 힌두 민족주의 이데올로그들의 노력과 하리아나주 정부의 교육 고문으로 인해 인도의 학교에서 역사적 사실이라고 가르치고 있는 것이다. 바트라는 2015년 11월 ≪인도타임스≫와의 인터뷰에서 자신의 목표는 "전국 국민 교육의 사프란화saffronization"라고 말했다. 바트라가 말하는, 힌두교도들이 신성시하는 노란 오렌지색을 지칭하는 '사프란화'는 힌두교 우파의 이데올로기로 교육을 물들이는 것을 의미한다. 인도의 과학자들은 어이없어 한다. 2015년 1월 베다 과학에 관해 뭄바이에서 열린 회의 이후, D. 라구난단D. Raghunandan 전국 국민과학네트워크 회장은 "우리는 젊고 열망적인 세대에게 유전자에 대해 잘못된 생각을 전하고 있다"고 한탄했다.

이러한 이데올로기적 환상에 대한 집착은 고대와 현대를 불문하고 인도의 매우 실제적인 과학적 업적들을 불신하게 한다. 그러한 집착은 또한 인도가 국제적으로 경쟁력을 갖출 수 있게 하고 인도인들이 국가의 문제를 해결하고 자국의 문제를 준비하는 데 필요한 지식을 제공하기 위해 기초적이고 응용적인 과학의 교육과 연구에 필수적인 투자를 방해한다. 벵갈루루시에 있는 인도과학연구소와 자와할랄 네루 센터와 같은 최고 연구기관들은 일류인 반면, 기타 전국에 산재해 있는 많은 과학 관련 교육 및 연구기관들은 정부가 조달해 주는 기금에 굶주려 있고, 자격을 갖춘 교수들과 적절한 실험실 장비 같은 기초가 부실한 형편이다. 그 결과 다른 개발도상국들을 이끌어야 할 인도가 그들보다 뒤처지고 있는 것이다.

정보기술이 인도를 어떻게 변화시키고 있는가?

2015년에 인터넷에 접속한 인도인들은 전체 인구의 3분의 1이 조금 넘었을 뿐이다. 하지만 이는 4억 명이 넘는 사람들이며, 미국인 전체보다 더 많은 인도인들이 온라인에 접속하고 있음을 의미한다. 인도 소프트웨어 개발자 협회인 나스콤NASSCOM은 2020년까지 인도의 인터넷 사용자가 7억 3000만 명에 이를 것으로 예측한다. 중요한 것은, 나스콤이 인도의 새로운 인터넷 사용자의 75%가 시골지역 출신일 것이며, 새로운 인터넷 사용자의 75%가 현지 언어로 된 데이터에 접근할 것이라고 보고 있는 점이다. 대부분의 인터넷 접속은 컴퓨터보다 훨씬 저렴한 스마트폰을 통해 이루어진다.

그리고 더 저렴하게 사용할 수 있는 스마트폰 덕분에 인터넷은 인도인들이 어떻게 서비스를 받고, 의사소통을 하고, 정보를 얻으며, 정당들이 유권자로서의 그들을 어떻게 대접하며, 그들이 사회 변화를 옹호하는 방법 등 모든 것을 바꾸고 있다. 의사들은 인터넷을 이용하여 더 많은 수의 환자에게 원격 의료서비스를 제공한다. 학생들은 인터넷을 이용하여 학교수업을 듣고, 농부들은 상품 가격을 확인하고 몬순을 추적하기 위해 인터넷을 활용한다. 전자 관리체제가 점차 정부의 종이서류 양식, 회람용 안내문과 보관 기록들을 대체해 간다. 인도인들은 이제 온라인으로 기차와 비행기 예약을 할 수 있다.

　모디 총리는 정보기술이 가장 골치 아픈 문제 중 일부를 해결하고, 일자리를 창출하며, 정부보조금을 받을 수 있는 모바일 은행계좌와 같이 가난한 사람들을 겨냥한 중요한 서비스를 개발할 수 있기를 희망한다. 그러나 공해, 무너지고 부적절한 사회기반시설, 증가하는 불평등, 그리고 공동체의 알력과 카스트 분쟁을 포함한 인도의 모든 문제가 인터넷에 의해 해결될 수 있는 것은 아니다. 인터넷으로 인해 뉴스와 서비스에 더 많이 접근할 수 있게 됨으로써 야기되는 기대에 부응하지 못하면, 인터넷에서 보는 것과 일상생활 현실 사이의 격차가 커짐에 따라 시민들의 좌절감이 커질 수 있다.

소셜 미디어 상황은 어떠한가?

인도에서는 2015년 4월에 소셜 미디어 붐이 일고 있었으며, 사용자가 1억 4300만 명에 이르렀다. 이 중 시골지역 사용자가 2500만 명을 차지했다. 소셜 미디어 사용자의 3분의 1 이상은 대학생이었다. 61%의 인도인들이 모바일 장치로 소셜 미디어에 접속하고 있었는데, 이는 높은 빈곤 수준을 감안할 때 놀라운 비율이다. 인도인들은 2016년에 미국인들이 매일 1~2시간씩 소셜 미디어에 접속하는 것과 평균적으로 같은 시간만큼 전 세계적으로 인기 있는 플랫폼인 페이스북, 트위터, 왓츠앱, 인스타그램에 접속했다. 그리고 전 세계적으로 일어나고 있는 것처럼, 소셜 미디어는 인도인들이 정체성을 형성하는 방법, 의사소통 방법, 정치적으로 움직이는 방법, 그리고 재난에 대응하는 방법을 바꾸고 있다. 소셜 미디어는 상품과 서비스의 마케팅 담당자들뿐만 아니라 정부와 정치인들이 인도 시민들에게 다가가기 위한, 그리고 시민들이 서로 연결할 수 있는 가장 중요한 방법 중 하나가 되었다.

휴대전화가 인도를 어떻게 변화시켰는가?

최근 몇 년간 휴대전화만큼 인도인들의 삶을 변화시킨 기기는 없다. 2015년에 인도의 휴대전화 가입자가 10억 명을 넘었다. 저렴한 보급형 전화기와 요금제 덕분에 가정부에서 전문직 젊은이에 이르기까지 모든 사람들이 그것을 구매하여 사용할 수 있게 된 것이다. 휴대전화는 유선전화를 설치할 수 없는 수억 명의 인도인들을 전화에 연결시켰다. 휴대전화는 농부, 어부, 운전기사, 세탁부 등 광범위한 분야에 걸친 비공식 근로자들에게 호재로 작용하여, 그들이 고객 및 공급업체와 실시간으로 교류할 수 있게 해주었다.

2015년 현재 인도인의 매우 작은 부분인 약 1억 6000만 명이 부유한 국가에서나 흔히 볼 수 있는 값비싼 스마트폰을 사용하고 있다. 신형 아이폰을 구입할 수 있는 인도인은 거의 없고, 인도 시장에서 인기 있는 값싼 스마트폰들이 많이 있는데도 그처럼 비싼 것을 사용하는 사람의 수가 이 정도이다. 값싼 스마트폰은 멋진 부가기능이 더 적고 메시디에 용량이 적을 수 있지만 그래도 인터넷에 접속할 수 있다. 2020년까지 인도에는 스마트폰 사용자가 7억 명 이상이 될 것으로 예상된다. 스마트폰은 노트북 컴퓨터보다 저렴함, 휴대성, 올인원 통신, 엔터테인먼트, 정보 기능을 갖추고 있다.

아드하르란 무엇인가?

인도는 다른 영역에서도 정보기술을 널리 활용하고 있다. '근거' 또는 '기반'을 뜻하는 힌디어인 '아드하르Aadhaar'는 인도의 독특한 생체적 국민 신원 인식 계획이다. 2009년 만모한 싱 총리가 이끄는 통합진보연대 정부 산하의 인도 고유신원인식국UIDAI이 출범시킨 아드하르는 모든 인도 국민들에게 미국의 사회보장번호와 같은 영구적이고 고유한 12자리 식별번호를 제공한다. 인도의 거대 전자기업인 인포시스Infosys의 전 CEO인 난단 닐레카니Nandan Nilekani가 이 노력을 주도했다. 아드하르를 만들게 된 숨은 의도는 자격이 있는 사람들만이 정부 보조금과 서비스를 공평하게 받을 수 있도록 함으로써 부패를 제거하고, 다른 형태의 정체성을 만들 수 없고 고정된 주소를 갖지 못하는 수백만의 인도 빈민층에게 공식적인 정체성을 제공하는 것이었다.

그러나 아드하르는 정부의 대규모 감시와 데이터 수집의 길을 열었을 뿐만 아니라 해킹이나 정부의 우발적인 자료 유출로 국민들의 프라이버시를 침해하고 있다는 비판을 받아왔다. 이러한 우려는 그 근거가 확실하다. 벵갈루루에 본부를 둔 '인터넷과 사회를 위한 센터Centre for Internet and Society'는 2017년 5월에 단 4개의 정부 웹사이트에서 1억 3000만 명의 아드하르 보유자에 대한 개인정보가 유출되었다고 비난했다. 2015년 8월 인도 대법원은 "국민들이 아드하르 카드를 제작 소지하는 것이 어떤 혜택을 받는 조건이 되어서는 안된다"며 등록은 엄격히 자발적이어야 한다고 판결했다. 그러나 모디 정부는 법원의 설정을 대부분 무시해 왔고, 기본적인 금융 및 정부 서비스에 대한 접근에서 아드하르 등록이 점점 더 의무화되고 있다. 2016년 11월 모디 총리는 아드하르가 정부 서비스에 접속하기 위한 새로운 모바일 애플리케이션인 우망Umang으로 통합될 것이라고 발표했다. 정부는 2017년 7월 소득세 신고자가 세금을 신고하기 위해 아드하르 번호와 세금 식별번호를 연결하도록 의무화했다.

한편 인도 공항들은 아드하르 카드를 들고 있는 인도 승객들에 대한 생체인식 검사를 실시하기 시작했다. 하이데라바드 공항은 2015년부터 이런 검사를 시작했고, 이어 벵갈루루 공항이 뒤따랐다. 인도 여행자들이 인도의 모든 공항에서 전자 탑승권과 함께 아드하르 심사를 받는 것이 이젠 당연시되고 있다. 2016년 말까지 10억 명 이상의 인도 국민들이 아드하르에 등록했다.

앞서 동성애자권리 차원에서 살펴본, 프라이버시가 기본권이라는 2017년 인도 대법원의 판결은 아드하르가 인도인의 프라이버시권을 침해한다는 비판자들의 주장을 더욱 강화시킬 수 있다. 이 문제는 후속 법률 청문회에서 논의될 것이 분명하다

카레란?

인도인들은 점점 더 그들의 아드하르 등록번호에 의해 식별되고 있지만, 바깥 세계에서 카레보다 인도를 더 잘 표현해 주는 것은 없다. 고산대에서 아열대에 이르는 다양한 기후와 지형, 그리고 다양한 종교, 언어 및 민족 그룹을 통해 인도는 다양한 요리를 자랑한다. 하이데라바드의 푸짐한 비랴니biryanis와 타밀나두의 파삭파삭한 도사dosas에서부터 서벵골의 생선 요리 및 구자라트의 채식 요리에 이르기까지 인도는 세계에서 가장 훌륭한 요리 문화국 중 하나이다.

그럼, 카레는 무엇인가? 영어 단어 커리curry는 타밀어 카리cari에서 유래되었는데, 이것은 향신료의 혼합으로 맛을 낸 소스를 의미한다. 다른 인도 요리들은 다른 혼합물을 쓰는데, 향신료는 맛을 내기 위해 뜨거운 기름에 담그기 전에 갓 볶은 양념들과 함께 빻아야 한다. '향신료 혼합물'의 힌디어는 마살라masala다. 심황은 카레에 노란색을 주며 고추, 마늘,

생강, 양파는 인도 음식에 활력을 준다. 다른 대표적인 향신료로는 검은 겨자씨, 커민과 코리앤더 씨앗, 계피, 정향, 후추 등이 있다.

남인도의 주식은 쌀이지만 북인도의 주식은 밀이다. 이스트를 넣지 않은 빵인 차파티와 로티, 또는 전통적인 탄두르(숯불을 밑바닥에 놓는 원통형의 인도 흙 화덕 - 역주)에서 구운 폭신한 난naan(인도와 중앙아시아 지방의 납작한 빵)들은 한 입 크기 조각으로 찢어 종종 작은 그릇들에 담겨 나오거나 간단히 탈리라고 불리는 커다란 둥근 금속 쟁반에 작은 무더기로 늘어놓는 요리들을 떠 먹는다. 많은 인도인들은 종교적 신념(그들은 자이나교도 또는 채식주의자인 힌두교도이기 때문에)으로, 또는 육류, 가금류, 생선을 먹을 여유가 없을 정도로 가난하기 때문에 채식주의자가 되었다. 인도 요리의 주요 식물성 단백질은 말린 콩, 병아리 콩 및 다양한 렌즈 콩에서 나온다. 이것들은 인도 어디서나 볼 수 있을 정도로 많은 사람들이 매일 먹는 식사의 보편적인 특징인 툭툭한 수프인 달dals의 기본재료가 된다. 플레인 요구르트 또한 인도인들의 식사에 빼놓을 수 없는 음식이다.

인도의 많은 과자들은 우유를 재료로 하는데, 설탕을 넣고 끓여서 진한 커스터드로 만들거나, 더 많이 졸여서 작은 케이크를 만든다. 쌀이나 국수, 우유로 만든 푸딩, 견과류 사탕과 강판에 간 달콤한 당근으로 만든 할와halwas, 쿨피라고 하는 냉동 우유 커스터드로 만든 아이스크림이 인기 있다. 사프란이 들어간 설탕 시럽에 적신 금빛 소용돌이 모양의 튀김 잘레비 빵, 장미향 시럽에 적신 도넛 구멍만 한 스펀지 같이 튀긴 우유 볼인 굴랍 자문gulab jamuns등이 있다. 사프란은 아몬드, 피스타치오, 캐슈너트와 함께 많은 인도 과자에 들어가는 귀한 재료다. 특별한 경우, 사탕은 종이처럼 얇은 식용 은으로 장식되기도 한다.

인도의 요리기 변화하고 있다. 1991년 국제수지 위기 이후 외국 브랜드에 대한 국가경제의 개방과 제1부 제3장에서 논한 바와 같이 그에 따른 소비 문화의 발달로 세계적인 패스트푸드 브랜드가 유입되어 인도에 포장 스낵과 체인 레스토랑 붐을 일으켰다. 여유가 있는 사람들은 지금껏 집에서 가공해 준비하던 음식을 점점 기성 가공식품 구입으로 전환하고 있다. 인도 어디서나 볼 수 있는 레이즈Lays 과자나 매기Maggi 국수와 같은 대량생산 브랜드는 소규모 가내공업 형태로 현지에서 만드는 짭짤한 스낵과 과자를 빠르게 대체하고 있다.

이러한 인도인들의 식생활의 변화를 계기로 특권층과 중산층 사이에서 비만이 늘고 있다. 한편, 대다수 인도인들은 여전히 영양실조 상태로 남아 있다. 그들은 건강하고 균형 잡힌 식단으로 일상적인 칼로리 섭취를 할 수 있는 충분한 식량, 신선한 야채, 과일, 말린 콩, 렌즈콩, 우유 또는 계란을 구입할 여력이 없기 때문이다. 성장 부진으로 이어지는 만성 영양실조는 인도 어린이의 거의 39%에 영향을 미친다. 인도보다 어린이 성장부진 사례가 더 높다고 보고된 곳은 예멘, 파키스탄, 콩고민주공화국뿐이다.

인도의 전통 의상은?

인도에서, 특히 도시 젊은이들 사이에서는 서양식 의상이 흔하지만, 인도 전통 의상이 여전히 인기 있고 눈에 잘 띈다. 대부분의 남성 정치인들은 긴 튜닉과 몸에 딱 붙는 조끼와 헐렁한 끈 달린 바지를 포함한 전통 의상을 입는다. 시싱 성지인들은 사리를 착용하는 경향이 있는데, 사리는 약 5미터의 천으로 몸 주위를 감아 긴 원피스를 형성하며 한쪽 끝을 왼쪽 어깨 위로 걸친다. 실제로 사리를 걸치는 데는 여러 가지 방법이 있다. 대부분의 도시 젊은 여성들은 매일 서양식 옷을 입거나 청바지에 인도식 튜닉을 착용하고, 특별한 경우에만 인도 전통 의상을 선택하는 경향이 있지만, 나이 많은 여성들은 매일 전통적인 인도 의상을 입는 편이다. 사리는 인도의 광범위한 시골 지역에서 여성 복식의 기본 양식으로 남아 있다.

펀자브와 특히 북쪽의 여러 다른 지역에서는 많은 여성들이 느슨하거나 꽉 끼는, 종아리 끈이 달린 바지 위에 긴 튜닉인 살와르 카미즈salwar kameez나 추리다르 카미즈churidar kameez를 입고 종종 가슴에 걸치거나 머리를 느슨하게 덮는 데 사용하는 두파타dupatta라고 불리는 긴 스카프를 착용한다.

인도에서 직조하여 날염한 실크와 면직물은 수세기 동안 세계의 부러움을 샀는데, 당초 18세기와 19세기에 영국 동인도회사를 인도로 이끈 것도 바로 이 실크와 면직물이었다. 인도의 전통적인 날염 및 직조 기술은 지역마다 다르다. 오리사 지역의 손으로 짠 사리는 구자라트 지역에서 생산한 것과는 전혀 다르다. 자수, 구슬세공, 거울세공, 그리고 다른 노동 집약적인 섬유 예술은 인도에서 여전히 중요한 산업으로, 수출용 직물을 장식하는 것뿐 아니라 인도의 현대 의류를 장식하는 데도 사용된다.

전통적인 인도 의복을 입는 것은 독립운동 시대부터 민족적 자긍심을 표현하는 방법이었다. 자유방임적인 서구적 가치로 여기는 것에 대한 힌두교 보수주의자들 사이에서의 반발은 인도의 젊은 여성들이 무엇을 입는가에 대한 문제를 정치화시켰고, 심지어 일부 대학 캠퍼스에서 젊은 여성들이 치마나 반바지는 고사하고 청바지를 입는 것까지 금지하게 만들었다.

바라트 나티암이란 무엇인가?

인도의 전통 의상은 인도의 고대 고전무용과 새로운 현대무용 의상에 모두 결합되어 있다. 화려한 주름 실크와 황금빛 보석, 발목에는 딸랑딸랑 울리는 종들을 매단 의상을 입고 추는 인도의 가장 잘 알려진 춤 형식이 바라트 나티암bharat natyam이다. 이 춤 형식은 수세기 전 타밀나두에서 유래했는데, 사원의 여성 무용수들이 공연했다. 오늘날 이 춤이 인기가 있음에도 불구하고, 오직 인도의 힌두서사시 이야기에서 나온 일화를 다시 들려주는 헌신적인 춤 형태에 그냥 머물러 있다. 바라트 나티암은 고도로 성문화한 예술이다. 각각의 몸짓과 눈짓에는 의미가 있다. 다른 주요 인도 춤 형태로는 오디시odissi, 쿠치푸디kuchipudi, 카타칼리kathakali가 있다. 원래 축제에서 지역사회 구성원들이 공연하는 인기 춤 형식은 가르바garba(구자라트서 유래)와 방그라bhangra(펀자브서 유래)이다. 이 두 가지 인기 있는 춤, 특히 방그라 춤은 인도 디아스포라에 의해 미국과 영국에서 유행해 왔고, 정교한 무대 제작과 경연 대회로 변모했다.

뉴욕을 기반으로 활동하는 말리카 사라바이Mallika Sarabhai, 아니타 라트남Anita Ratnam, 라지카 푸리Rajika Puri, 그리고 런던을 기반으로 활동하는 방글라데시 태생의 아크람 칸Akram Khan과 같은 현대 무용가와 안무가들은 인도의 전통 무용형식에 혁신적인 주제와 무대를 선보이며 현대 무용의 새로운 지평을 열었다.

발리우드란 무엇인가?

잘 짜인 춤추는 장면이 없는 발리우드 영화를 상상하는 것은 불가능하다. 인도의 영화 산업은 하리쉬찬드라 바타브데카르Harishchandra Bhatavdekar가 1899년 봄베이에서 그의 첫 영화를 제작했을 때 탄생했다. 인도의 상업 영화 산업의 힌디어 이름인 발리우드는 할리우드와 이 도시의 옛 이름인 봄베이를 합쳐 만든 조어인데, 지금은 이 산업이 기반을 두고 있는 도시를 뭄바이로 부른다. 발리우드는 곡선미가 넘치는 여자 주인공들과 거대한 남자 스타들이, 불가능한 사랑이야기, 아낌없이 연출된 춤추는 장면의 이미지로 사람들을 홀린다. 고전적인 발리우드 영화는 사회적 문제와 씨름할 수도 있지만, 일반적으로 현실 도피와 환상에 초점을 맞추며, 극

소수의 인도인들만 감당할 수 있는 사치스러운 생활방식 속에서 현실에서는 거의 실현되지 않는 꿈을 제공한다. 음악은 발리우드 영화의 필수 구성요소로서, 개봉된 영화의 성공은 종종 그 극중 곡들의 성공과, 그것들이 라디오에서 널리 재생되어 팬들의 휴대폰 벨소리로 다운로드 받을 수 있는지의 여부에 의해 측정될 수 있다. 유명한 발리우드 영화제작자로는 구루 두트Guru Dutt, 라지 카푸르, 야슈 초프라Yash Chopra 등이 있다. 스타들의 애정 생활에 대한 요란하고 끊임없는 소문을 넘어, 발리우드 영화 산업은 큰 비즈니스다. 발리우드는 매년 1000여 편의 영화를 제작하는데, 중동에서 동남아시아를 거쳐 전 세계에 퍼져 있는 인도 디아스포라에까지 배급이 확대되는, 세계에서 가장 번성한 영화 산업이다. 발리우드 영화는 인도의 이웃인 파키스탄은 말할 것도 없고 러시아, 일본, 페루에서도 인기가 있다. 2020년까지 이 산업은 연간 37억 달러의 수익을 낼 것으로 예상된다. 세계적인 메가 스타인 샤루크 칸Shah Rukh Khan과 같은 남성 스타들은 영화 한 편당 할리우드 스타들에 비교될 만한 출연료를 받는다. 여성 스타들의 출연료는 훨씬 적다. 그럼에도 발리우드 스타들의 매력은 대부분의 사람들에게는 힘든 곳인 뭄바이시에 매료되는 신비함의 큰 근원이다.

그러나 인도 다른 지역에서의 영화 제작 편수가 발리우드보다 훨씬 더 많다. 예컨대, 톨리우드Tollywood에서는 타밀어로 영화를 만들고 있다. 그리고 인도에는 독창적인 영화감독이나 예술 영화의 강한 전통이 있다. 사티아지트 라이는 인도의 비상업영화 제작자들 중 가장 잘 알려져 있지만, 독창적인 영화감독 전통에 드는 다른 영화인들로는 마니 카울Mani Kaul, 시암 베네갈Shyam Benegal, 리트윅 가탁Ritwik Ghatak, 아파르나 센 Aparna Sen 등이 있다. 뉴욕에 기반을 둔 미라 네어Mira Nair와 토론토에 기반을 둔 디파 메타Deepa Mehta는 인도 디아스포라의 경험에 도전하거나, 인도와는 전혀 관계가 없는 영화를 만들었다.

발리우드는 2016년 9월 파키스탄에 본부를 둔 무장 단체가 카슈미르에서 인도 병사들을 공격한 후 인도와 파키스탄 간의 문화 전쟁의 표적이 되었다. 카란 조하르Karan Johar 감독이 영화 〈오 가슴이 괴로워〉에 파키스탄 영화배우 파와드 칸Fawad Khan을 출연시켰다는 비판을 받고, 힌두교 민족주의 단체가 영화 상영관에 폭력을 행사하겠다고 위협하자 조하르는 다시는 파키스탄 배우를 고용하지 않겠다고 다짐하는 사과 영상을 만들었다.

텔레비전이 인도를 어떻게 변화시키고 있는가?

텔레비전은 세계 어느 곳에서나 그렇듯이 인도의 사회적, 정치적 역학관계에 큰 영향을 미친다. 1990년대에 위성 텔레비전이 인도에 도입됨으로써, 1959년 정부에 의해 TV가 인도아대륙에 출현한 이후 매체를 통제해왔던 시대로 되돌아가는 것이 불가능하게 되었다. 위성 텔레비전은 인도인들의 각 가정에 지금까지 본적이 없는 세계를 가져왔다. 1991년 경제 자유화 이후 다수의 국제 브랜드가 등장하면서 인도 및 외국 기업들이 인도 소비자들의 지갑을 놓고 경쟁을 벌이면서 광고에 박차가 가해졌다. 그 후 TV 광고는 인도를 소비 사회로 전환하는 데 핵심적인 역할을 했다.

2015년에는 인도의 TV 채널 수가 832개를 헤아렸고 200개 이상의 새로운 채널이 중앙정부 정보통신부로부터 허가를 기다리고 있었다. 이러한 수치는 인도인들이 국가가 인정하는 22개의 서로 다른 지역 언어를 사용하고 78%가 그들 종족 고유의 언어로 방송 매체를 보고 싶어 한다는 점을 고려할 때 상상하기 어려운 일이 아니다.

인도 텔레비전은 연속극, 극적인 사건 시리즈, 게임 쇼, 리얼리티 쇼, 그리고 24/7 뉴스 채널을 포함한 다양한 프로그램을 제공한다. 인도판 인기 국제 쇼인 〈누가 백만장자가 되고 싶은가?〉, 〈마스터셰프 인디아〉, 〈인도 아이돌〉, 〈빅 보스〉(인도판 빅 브라더) 등이 모두 인기 있다. 인도의 텔레비전 뉴스 네트워크는 시청자들을 위해 치열한 경쟁을 벌이며, 종종 선정주의로 변모한다.

나렌드라 모디 총리 내각이 들어선 후, 인도의 텔레비전은 지나친 국가주의로 흘러, 뉴스 전문 방송사들이 경쟁적으로 인도의 정부와 군을 열렬히 지지하는 방송을 하고 있다. 비평가들은 방송사들에 대한 집중된 기업 소유권, 정치인들에 의한 소유권, 그리고 방송망을 금지하겠다고 위협함으로써 텔레비전 뉴스를 검열하려는 인도 정부의 증가하는 유혹이 결합해 인도 텔레비전에서 편견 없는 뉴스 보도를 찾기가 더 어려워지고 있다고 주장한다.

가장 잘 알려진 인도 작가들은 누구누구인가?

인도 바깥에서 가장 잘 알려진 인도 작가들은 영어로 글을 쓰는 작가들이다. (인도 언어로 글을 쓰는 작가들이 많지만, 이들은 그 글을 읽을 수 있는 사람들에게만 잘 알려져 있다.) 1981년에 출판된 살만 루슈디의 『한밤의 아이들 Midnight's Children』은 인도 소설을 세계 무대로 밀어 올렸다. 마술적 사실주의라는 놀랄 만큼 독창적인 형태로 쓴, 독립국 인도에 관한 이 가상의 우화는 맨부커상을 수상했다. 1989년, 이란의 아야톨라 호메이니가 루슈디의 저서 『악마의 시 Satanic Verses』가 예언자 무함마드를 모욕했다는 이유로 파키스탄에서 시위의 불꽃을 일으킨 후 이슬람교도들에게 그를 살해하라고 요구하는 파트와 fatwa(이슬람법에 따른 결정이나 명령)를 발표했을 때, 루슈디의 명성은 최고조에 달했다. 많은 작품을 낸 루슈디의 문학 경력은 그 논란으로 인해 손상되지 않았고, 그는 계속해서 더 많은 책을 출간했다.

국제적인 인정과 명성을 얻은 다른 인도 작가들(그들 중 다수가 인도 바깥에서 살거나 인도, 영국, 미국 또는 캐나다를 오가며 살고 있다) 가운데 아미타브 고시가 있는데, 그의 3부작 중 첫 번째 책인 『양귀비의 바다The Sea of Poppies』는 2015년 맨부커상 후보로 선정되었다. 아룬다티 로이Arundhati Roy의 소설 『작은 것들의 신The God of Small Things』은 1997년 맨부커상을 수상했다. 줌파 라히리Jhumpa Lahiri의 단편집 『말라디스의 통역사Interpreter of Maladies』는 2000년 퓰리처상을 수상했다. 그리고 아라빈드 아디가Aravind Adiga의 소설 『흰 호랑이White Tiger』는 2008년에 맨부커상을 수상했다. 이들은 인도에서 영어로 작품을 써서 성공한 인도 작가들의 긴 – 그리고 점점 늘어나고 있는 – 명단 중 일부일 뿐이다.

인도의 작가들과 독자들은 인도의 서점과 문학 축제 붐으로 혜택을 보아왔다. 가장 잘 알려진 축제는 자이푸르 문학 축제인데, 현재 이 축제의 후원자 중 하나인 지 엔터테인먼트Zee Entertainment의 이름을 따 지 자이푸르 문학축제Zee Jaipur Literary Festival로 알려져 있다. 2006년에 창설되어 작가 나미타 고칼레Namita Gokhale와 역사가 윌리엄 달림플William Dalrymple이 감독을 맡은 이 축제는 자이푸르라는 인도 도시에서 열성적인 인도 및 국제 관객들이 전 세계 작가들을 불러 모아 개최된다. 고아, 콜카타, 뭄바이 등도 번창하는 문학 축제를 자랑한다.

인도의 현대 미술은 어떠한가?

인도의 현대 미술은 1947년 화가 프랜시스 뉴턴 소우자Francis Newton Souza와 피다 마크불 후세인Fida Maqbool Hussain이 '진보적인 화가 그룹'을 창립한 것에서 그 시작을 추적할 수 있다. 이들은 인도적인 주제와 색채로 생생한 작품에 국제적인 현대 미술 형식과 추상을 도입한 최초의 인도 화가들이었다. 1956년, 조티 바트Jyoti Bhatt, N. S. 벤드레N. S. Bendre,

K. G. 수브라마니안K. G, Subramanyan 등 일단의 회가들이 바도다라의 미술대학을 근거지로 하여 바로다 그룹Baroda Group을 창설했는데, 이 그룹에는 화가 굴람 무함마드 셰이크Gulam Mohammed Sheikh, 부펜 카카르 Bhupen Khakhar, 하쿠 샤Haku Shah도 속해 있었다. 1970년대에는 화가 가네쉬 파인Ganesh Pyne, 티에브 메타Tyeb Mehta, 지베 파텔Gieve Patel이 등장했다. 1992년 델리의 한 화가 그룹은 다양한 미술 작품과 행사를 만들고 관장하는 다기능 그룹인 라크스 아트 콜렉티브Raqs Art Collective를 설립했다. 20세기가 끝나갈 무렵, 인도 화가들은 국제적인 관심을 끌기 시작했는데, 아툴 도디야Atul Dodiya, 수보드 굽타Subodh Gupta, 바르티 케르Bharti Kher와 같은 화가들이 국제 화랑과 미술 경매에서 높은 가격을 자랑했다.

사진 부문은 다야니타 싱Dayanita Singh, 파블로 바르톨로뮤Pablo Bartholomew, 람 라만Ram Rahman, 가우리 길Gauri Gill, 푸슈파말라 N. Pushpamala N. 등 인도 예술가들이 각광 받는 또 다른 표현 수단이다. 많은 예술가들이 그림, 조각, 사진, 설치 및 비디오 사이의 경계를 흐리게 하는 멀티미디어 작품도 제작하고 있다. 인도 바깥에서는 뉴욕의 나트바르 바브사르Natvar Bhavsar와 런던의 애니쉬 카푸르Anish Kapoor 같은 인도 출신의 현대 화가들이 인도에 깊게 뿌리박힌 선명한 색상과 순수한 색소를 작품에 주입했다. 인도의 여성 화가들도 그들 자신만의 작품을 만들어냈다. 여기에 이미 언급한 이들 외에도 리나 차테르지Rina Chatterjee, 쉴파 굽타Shilpa Gupta, 날리니 말라니Nalini Malani 및 헤마 우파디아이 Hema Upadhyay(2015년에 비극적으로 살해당했다)는 국제적으로 인정받는 이들이다.

인도의 주요 도시들은 번창하는 현대 미술계의 고향이다. 그러나 인도의 현대 미술은 또한 검열과 심지어 힌두민족주의 단체들에 의한 악랄한 공격의 피뢰침이 되어왔다. 힌두민족주의 단체들은 그들의 믿음에 대한 모욕으로 간주되는 어떤 작품에도 경보를 발한다. '인도의 피카소'로 알려진 피다 마크불 후세인Fida Maqbool Husain은 1996년 그림에서 힌두 여신 사라스바티를 나체로 묘사했다는 이유로 그런 단체들로부터 죽음의 위협을 받은 후 2006년 인도에서 수치스럽게 쫓겨났다. 인도를 떠나 두바이로 망명한 그는 2011년 런던 브롬프턴 병원에서 생을 마쳤다.

인도에서 크리켓은 얼마나 중요한 경기인가?

인도의 일반인들에게는 크리켓 게임이 예술과 문화보다도 훨씬 더 중요하다. 인도에서 크리켓은 온 국민들이 강박적으로 집착하는 운동경기이다. 종교, 정치, 언어 등 인도인들을 다른 나라 사람들과 구분할 수 있는 것이 무엇이든 간에 크리켓은 인도인 모두가 공유하는 열정이다. 전설에 따르면 크리켓이 인도에 전해진 것은 1721년, 한 무리의 외국인 선원들이 인도 땅에서 첫 경기를 하고부터였다. 유럽 출신 선수들만 가입할 수 있는 캘커타 크리켓 클럽이 1792년에 설립되었다. 인도인들은 19세기에 뭄바이에서 게임을 시작했다. 1877년 경 파르시교도들로 이루어진 한 크리켓 팀은 유럽 팀을 이길 만큼 훌륭한 기량을 갖고 있었다. 1932년에는 국가대표팀이 생겼고, 1952년, 첸나이에서 열린 경기에서 인도 팀이 잉글랜드 팀을 이겼다. 인도 전역에서 아이들이 맨땅 어느 곳에서나 즉석 장비를 가지고 크리켓을 하는 것을 볼 수 있다.

인도의 크리켓은 2008년 영국 프리미어리그와 미국 농구협회를 모델로 한 프랜차이즈 시스템인 인도 프리미어리그의 창설로 급격한 변화를 겪었다. '테스트Test 크리켓 경기'(국제경기)를 포함한 전통적인 크리켓 경기는 3일에서 5일까지 걸릴 수 있는데, 인도 프리미어리그는 텔레비전 중계에 적합하게 일반적으로 약 3시간 동안 경기가 지속되는 '투웬티

20$^{\text{Twenty20}}$ 크리켓 경기'를 치른다. 프리미어리그 경기 시청률이 치솟아 2014년엔 시청자가 1억 9100만 명에 이르렀다.

전 세계의 프로 크리켓 선수들이 인도의 8개 프리미어리그 팀에서 뛴다. 그들은 다른 주요 스포츠의 세계적인 프로 선수들처럼 구애를 받고 있다. 2016년, 로열챌린저 벵갈루루 팀은 크리켓 선수인 셰인 왓슨$^{\text{Shane Watson}}$을 위해 140만 달러를 지불했는데, 유럽의 축구 선수나 미국의 프로 야구 선수들에게 지불된 엄청난 액수에 비하면 적은 편이지만, 인도로서는 크리켓에 거금을 지불한 것이다. 그리고 인도 프리미어리그 크리켓은 2015년 인도의 GDP에 1억 8200만 달러를 기여하는 큰 사업이다.

전설적인 크리켓 선수로는 1971년부터 1987년까지 프로선수로 뛰었던 수닐 가바스카르$^{\text{Sunil Gavaskar}}$와 테스트 크리켓에서 5000점 이상, 400위킷 이상의 기록을 가진 만능 선수 카필 데브$^{\text{Kapil Dev}}$가 있다. 라훌 드라비드$^{\text{Rahul Dravid}}$는 그 해의 5대 위스덴^{Wisden} 크리켓 선수 중 한 명이었다. 마지막으로 2013년 원 데이 인터네셔널에서 사친 텐둘카르$^{\text{Sachin Tendulkar}}$는 24년간의 크리켓 경력을 끝내며 은퇴했다. 그의 이름은 전 세계 크리켓 팬들에게 알려져 있다.

5. 경제

인도의 경제 규모는 어느 정도이며, 얼마나 빠르게 성장하고 있는가?

구매력평가지수 기준으로 보면 인도의 2조 3000억 달러 경제 규모는 2016년 기준 미국과 중국에 이어 세계 3위였다. 구매력 평가는 기본 재화와 서비스의 상대적 비용 측면에서 경제를 비교하는 것을 의미한다. 예를 들어 1파운드(약 450그램)의 쌀은 인도에서 미국보다 비용이 적게 든다. 2016년 인도 경제는 연평균 7.6%의 성장률을 기록하며 세계에서 가장 빠르게 성장하는 경제였다. 이런 추세라면 인도 경제는 2025년까지 두 배로 성장하고 2040년에는 현재의 5배 수준으로 성장할 것이다. 그러나 인도의 경제성장률은 2017년 5.7%로 둔화됐다. 2016년 11월 인도 경제는 500루피 지폐와 1000루피 지폐의 유통 가치를 떨어뜨리고 새로운 지폐와 교환을 강요하는 통화성정지demonetization 조치로 인해 큰 타격을 입었다. 그리고 인도는 여전히 중국에 뒤쳐져 있다. 인도의 경제성장은 2005년부터 2015년까지 10년 동안 세계 경제활동 증가분의 10%를 이끌었지만, 중국은 최대 30%를 차지했다.

아무튼 높은 경제성장은 아직도 대체로 가난한 인도 주민들의 생활수준이나 구매력의 진척을 보여주는 기만적인 지표다. 경제성장은 또한 각 분야별로 불평등하게 진척된다. 인도 경제의 55%를 차지하는 서비스 부문은 2015-16년 8.9% 성장했고, 산업 부문(가공 및 건설 포함)은 7.4% 성장했다. 인도 정부의 제조업 육성 정책(이 문제에 대해선 앞으로 별개의 건으로 더 검토할 예정이다)에 힘입어 인도 경제의 16%를 차지하는 제조업만 2015-16년 9.3%의 성장률을 기록했다. 그러나 2016-17년에는 7.4%로, 2017-18년에는 5.2%로 낮아져 추세가 우려된다. 한편, 인도 노동 인구의 절반을 고용하고 인도인 약 60%의 생계가 걸려 있는 농업은 2016-17년에는 4.1%의 비율로 성장하여 인도의 GDP에 17%의 기여를 했다.

중산층 규모는?

2015년 퓨 리서치가 실시한 세계 중산층에 대한 조사(이에 의하면 인도국민들은 구매력평가지수를 반영해 조정된 금액으로 하루에 10~20달러를 버는 것으로 밝혀졌다)에 따르면 인도의 중산층 규모는 2001년부터 2011년 사이에 전체 인구의 1%에서 3%로 증가했다. 이는 증가율이 300%나 되지만, 인도의 중산층은 아직도 이 나라 전체 인구의 아주 낮은 비율을 차지할 뿐이다. 같은 10년 동안에 중국의 중산층은 전체 인구의 3%에서 18%로 증가해 놀라운 성과를 보였다. 하지만 2011년 브루킹스 연구소는 2030년까지 인도의 중산층이 인도 인구의 20%에 이를 것이며, 2039년에는 10억 명으로 증가할 수 있다고 밝혔다.

그러나 경제학자 조이딥 바타차랴Joydeep Bhattacharya와 시암 운니크리슈난Shyam Unnikrishnan이 2016년 소득수준을 자세히 살펴본 결과, 인도는 1991년 경제자유화가 시작된 이후 수백만 명의 사람들을 빈곤에서 벗어나게 하는 데 성공했지만, 현재로선 인구의 20%만이 연간 소득이 1만 달러 이상인 반면, 중국에서는 인구의 절반이 1만 달러 이상을 벌어들이는 것으로 나타났다. 최근 몇 년 동안 극심한 빈곤에서 탈출한 대부분의 인도인들은 현재 연간 5000달러에서 1만 달러 사이의 수익을 올리는 것으로 나타나 실직이나 큰 질병과 같은 예상치 못한 충격에 여전히 취약하다. 인도 청년층 사이에서 일자리 증가, 도시화, 인터넷 보급과 함께 점점 더 많은 디지털 경제가 등장하면서 앞으로 수십 년 동안 중산층의 성장이 가속화할 전망이다. 그러나 얼마나 많은 인도인들이 견고한 중산층의 일원이 될 것이며, 얼마나 많은 인도인들이 빈곤과 하층 중산층 사이의 어딘가를 맴돌지는 분명치 않다.

소비를 주도하는 사람들이 중산층이기 때문에 그 비율은 중요하다. 중산층이 10억 명이 되면 인도를 세계 경제의 최대 소비재 및 서비스 시장이 되게 할 것이다.

빈곤 상황은 어떠한가?

1947년 이후 집권한 인도의 역대 정부는 수많은 가난한 사람들의 생활 개선을 약속했다. 1971년 인디라 간디의 선거 슬로건은 빈곤 극복Garibi hatao이었다. 2004년과 2014년 만모한 싱이 이끄는 통합진보연대 정부의 만트라(기도.명상 때 외는 주문)는 '포괄적 성장'이었다. 2014년에 선출된 모디 총리는 모두 함께 발전, 모두를 위한 발전saabka saath, saabka vikas을 약속했다.

인도는 진전을 이루었다. 2001년과 2011년 사이에, 하루에 2달러 미만을 버는 사람들로 정의되는 인도의 빈곤층이 전체 인구의 35%에서 20%로 감소했다. 그러나 약 3억 명의 인도인들이 여전히 극빈 생활을 하고 있으며, 이는 세계에서 가장 많은 극빈자 숫자이다. 게다가 극심한 빈곤 속에서 사는 인도인들의 비율 감소는 인도 중산층의 상승률에 못 미치고 있다. 그 대신 하층 중산층 계급, 즉 하루에 2달러에서 10달러 사이의 수입을 올리는 사람들의 수가 증가했다.

이는 2001년에서 2011년 사이에 빈곤에서 벗어난 많은 사람들이 간신히 상승했음을 의미한다. 하루에 10달러를 버는 사람, 즉 매달 300달러를 버는 사람은 가난하다고 여겨지는 사람보다 5배나 많은 돈을 번다고 생각해 보라. 그러나 그 사람이 뭄바이나 뉴델리의 괜찮은 아파트를 빌리고, 자동차, 에어컨, 노트북 컴퓨터를 사거나, 인도의 명문 사립학교의 학비나 주요 의료비를 지불하기는 어렵다. 2014년 인도 정부는 국가 빈곤선을 하루에 1.90달러에서 2.50달러로 올리는 방안을 검토했는데 그 정도의 수입 수준에서도 식품 비용만 한 사람 예산의 절반가량을 차지하게 된다. 결국 인도의 공식 빈곤선은 하루 1.90달러로 남게 되었는데, 이는 빈곤층에 포함되지 않은 수백만 명의 인도인들이 사실상 매우 가난하다는 의미다.

인도에서 가장 효과적인 빈곤 퇴치 프로그램 중 하나는 2005년에 제정된 마하트마 간디 국가 농촌 고용 보장법인데, 이 법은 가난한 시골 가정의 한 구성원에게 100일의 고용을 보장한다. 이 사회안전망은 수백만 명의 시골 가정들이 수확기가 될 때까지의 양식이 부족한 힘든 시기를 이겨내는 데 도움을 주었다. 하지만 2015년 모디 정부는 이 프로그램을 이전의 좌파 성향이 강했던 행정부의 산물인 '실패의 살아 있는 기념비'라고 불렀다. 모디 정부는 향상된 사회기반시설과 교육에 의해 자극 받은 경제성장이 정부 지원보다 빈곤 완화에 더 효과적일 것이라고 주장했다. 다음해, 2015-16년 농촌지역의 농업 위기로 인해 수백만의 가난한 인도 가정들이 심각한 곤경에 처하게 된 것에 압박을 받은 모디 정부는 이 프로그램을 '나라의 자랑'이라고 부르며 180도 방향을 전환했다. 농촌 고용 보장 프로그램이 시골지역 인도인들에게 필수적인 안전망을 제공하고, 그리고 이 인도인들이 투표를 한다는 것이 엄연한 현실이다.

21세기 인도의 가장 중요한 과제는, 적절한 최저 임금으로 대량 고용을 창출하고, 청년들에게 이러한 새로운 일자리에 적합한 교육과 기술을 제공하고, 경제적 성장으로부터 혜택을 받지 못하는 사람들에게 강력한 사회 안전망을 제공함으로써 대규모 빈곤층을 위한 경제적 기회를 창출하는 것이다. 이 과제에 실패하면 대량 실업과 불완전고용, 그리고 더 나은 삶을 살 수 있는 기술과 기회도 부여받지 못하고 성년이 되는 젊은이들의 증가가 사회적 마찰과 정치적 격변으로 이어질 것이다.

충분한 일자리를 만들고 있는가?

간단한 대답은 '아니오'다. 인도의 높은 경제성장은 충분한 새 일자리로 전환되지 않고 있는데, 인구의 41%인 약 5억 3000만 명이 20세 미만이고 많은 사람들이 가난하게 살고 있는 나라에서 이는 중요한 문제다. 모디 총리가 당선된 이후 경제성장이 사실상 호조세를 보였음에도 불구하고 새로 창출되는 일자리의 비율은 실질적으로 줄어들었다. 인도 노동국에 따르면 2015년에는 13만 5000개의 일자리가 새로 생겨났다고 하는데, 이는 2014년의 49만 개, 2009년 125만 개 일자리와 비교된다. 지난 2015년 4분기에 인도는 실제로 일자리가 줄어들었다. 비영리 단체인 프라하르Prahar가 인도 노동국 통계를 분석한 결과를 보면 인도는 2010년에서 2015년 사이에 하루 평균 550개의 일자리가 줄어들었다.

이는 매년 100만 명 이상의 신규 인력을 충원하는 나라에서 매우 우려스러운 일이다. 인도 경제는 2025년까지 두 배로 성장할 궤도에 올라 있지만, 그러나 그때까지 단지 3000만 개의 비공식 부문과 저임금이 대다수인 신규 일자리만 창출할 것으로 예상된다. 이 정도로는 확실히 충분치 않다.

무려 92%의 인도인들이 봉급, 과세, 신분 면에서 법적으로 보장되지 않는 비공식적인 일을 하고 있다. 인도인의 절반은 농업에 종사하고 있는데, 이 비율은 불과 몇 년 전의 60%에서 감소했지만, 농업에서 벗어난 사람들의 대부분은 계약직 노동자로 일하기 위해 인도에서 호황을 누리고 있는 건설 현장에 뛰어들었다. 이 근로자들은 '중소기업'에서 일하는 인도인들의 40%에 속한다. 건설 노동자들 외에도 이 범주에는, 거리모퉁이에서 석탄 난로로 다리미를 가열하여 동네 사람들을 상대로 다림질 장사를 하는 사람에서부터 음식 수레 노점상에 이르기까지, 가정부에서 작은 벽돌 공장이나 자동차 수리 사업자에 이르기까지, 그리고 식당 종업원이나 주인에서부터 담배 잎을 마는 작업(담배잎사귀를 단단하게 말아 실로 묶어 인기 있는 시거를 만드는 작업)을 하고 있는 가족들에 이르기까지 모두가 포함된다.

국제노동기구ILO 인도 사무소의 2016년 보고서에 따르면 제조업은 2010년 인도 근로자의 12%를 고용했다. 미국 노동통계국은 2010년 인도 제조업 근로자의 40%가 식품, 음료, 담배, 가죽, 섬유, 의류 등의 비교적 저임금 부문에 고용됐으며 제조업에서 인도 근로자에게 지급되는 시간당 평균 임금은 1.46달러라고 보고했다. 인도 정부는 2016년 10월 농업 노동자의 최저임금을 종전 160루피(하루 약 2.40달러)보다 크게 인상한 하루 360루피로 책정했다. 그러나 이런 증가에도 불구하고 인도에서 직업을 갖는다고 해서 가난에서 벗어날 수 있다는 보장이 없다.

고임금 제조업 분야에서 일하는 사람들은 더 나은 대우를 받는다. 첸나이 인근의 르노-닛산 자동차 공장에서 파업 중인 노동자들은 평균 월급이 3만 3000루피(약 54만 원)였는데 57%인 1만 9100루피, 즉 286달러가 늘어난 780달러(약 96만 원)로 인상되었다. 인도에 진출한 현대, 마루티, 포드도 2016년 노동자들에게 높은 임금 인상을 단행했다.

앞으로 인도에서 제조업이 얼마나 많은 일자리를 창출할지는 불분명하다. 낙관적인 전망들은 호황인 자동차 산업에서만 6500만 개의 새로운 일자리를 창출할 수 있을 것으로 추산한다. 그러나 현대식 공장들은 자동화와 로봇화에 점점 더 의존하고 있으며, 결과적으로 더 적은 인력으로 더 큰 효율을 얻게 된다. 이러한 현상은 사실 인도가 필요로 하는 것과는 정반대 현상이다. 2016년 인도 정부는 신규 사업 창출과 고용 확대를 위해 15억 달러 규모의 창업 펀드를 출범시켰다. 선진국에서조차 청년 실업은 문제이다. 인구의 절반이 25세 미만인 인도에서는 특히 벅찬 도전을 제기한다. 불행하게도 인도는 젊은이들을 위해 충분한 일자리를 창출하지 못하고 있으며, 창출되는 일자리에 필요한 기술을 그들에게 가르치고 있지 않다.

2016년 2월, 농업에 뿌리를 둔 공동체인 자트Jat 카스트 구성원들은 역사적으로 차별에 시달리는 사람들을 위해 마련한 정부의 일자리 할당량을 받을 자격이 있는 '낙후한' 카스트라는 인정을 받기 위해 살인과 강간을 저지르고, 뉴델리시의 물 공급로 일부를 차단하는 등 하리야나주에서 폭력적인 난동을 부렸다. 이것은 전통적으로 유복한 농업 공동체인 파티다르Patidars가 2015년 구자라트주에서 대중 시위를 벌인 데 뒤이은 시위였다. 이런 사건들은 일자리 부족으로 차츰 분노가 폭발하기 시작했음을 보여준다. 인도 경제가 대량 고용을 창출할 수 없다면 앞으로 더 많은 사회적, 정치적 마찰이 일어날 것이다.

인도 경제는 또한 일자리를 가진 사람들에게 개선된 임금과 근로 조건을 제공해야 한다. 2016년 9월 사상 최대 규모의 노사분규로 1억 4000만 명의 공공 부문 근로자가 파업에 돌입했다. 인도 근로자의 4% 미만이 노동조합에 가입하고 있지만, 13억 명의 인구를 가진 나라에서 노동자의 4%는 결코 적은 숫자가 아니다. 노동자들은 제때에 봉급을 받지 못한다고 항의했다. 노조의 요구 중에는 하루 최저 임금 692루피(약 1만 1000원)

보장, 보편적 사회보장제도 실시, 철도/방위산업/보험산업 등 공공 부문 산업에 대한 외국인 투자 금지 등이 포함되어 있었다. 파업 노동자들은 외국인 투자를 유치하는 것이 근로자 보호 약화와 관련있을 것이라고 우려했다. 실제로 많은 투자자와 경제자유화 옹호자들은 인도의 유연하지 못한 노동법을 외국인 투자에 대한 장애물(100명 이상의 직원을 고용하는 사업체에서는 근로자를 해고하기가 쉽지 않다)로 지적한다. 그러나 인도 근로자의 92%는 전혀 노동조합의 혜택이나 고용 보호를 받지 못하고 있으며, 단지 4%만이 노조에 가입했다는 사실을 감안할 때, 이러한 우려는 과장된 것 같다.

인도의 주요 산업은 무엇인가?

관광, 보험, 금융을 포함한 서비스 산업과 정보기술 산업이 2015년 인도 경제에서 가장 큰 몫을 차지했다. 인도 국민의 70%가량이 농촌에 사는데도 농업은 인도의 GDP에 17%밖에 기여하지 못한다. 제조업은 18%를 기여한다.

인도의 주요 산업은 제약, 자동차와 자동차 부품 제조, 생명공학, 정유, 섬유와 의류, 가죽제품, 정보·통신, 미디어, 엔터테인먼트 등이다. 2016년 인도의 연구·개발 회사들은 연구·개발 서비스 부문에서 세계시장의 20% 이상을 차지했다. 인도의 제약시장은 2016년 세계 3위였으며, 일반 의약품의 가장 중요한 공급처 중 하나였다. 2020년까지 이 산업은 450억 달러의 가치를 갖게 될 것이다. 인도의 또 다른 강력한 성장 부문인 생명공학은 2025년에 1000억 달러의 가치를 지닐 것으로 예상된다.

인도의 자동차 산업은 2017년에 740억 달러의 매출을 올렸고 인도 자동차 제조업 협회는 2026년까지 매출액이 3000억 달러에 이를 것으로 예상했다. 2016년 인도 국내 자동차 시장의 80% 이상을 이룬 오토바이와 스쿠터가 차지했다. 인도는 국내 승용차 생산에 필요한 부품의 97%를 생산한다.

현재 1000억 달러 규모로 평가되고 있는 헬스케어는 2020년까지 2800억 달러로 성장할 것으로 예상된다. 대부분의 인도인들이 건강 관리에 얼마나 취약한지를 감안하면 그 성장 잠재력은 엄청나다. 인도는 앞으로 5년 이내에만 최대 70만 개의 병상이 추가로 필요할 것이다. 한심할 정도로 부족한 공공의료 서비스, 비교적 저렴한 의료서비스에 대한 국제적인 수요, 그리고 현재 민간 분야를 선호하는 정부정책이 인도의 민간의료 부문에 붐을 일으켜왔다. 인도로의 외국인 의료관광은 2015년 30억 달러 규모였다.

인도 경제에서 정보기술의 중요성은?

정보기술 서비스가 인도의 세계 경제로의 진출을 도왔다. 1990년대 후반 타타 컨설팅Tata Consulting, 위프로Wipro, 인포시스Infosys 등 인도 기업들은 새로운 통신기술을 활용해 주로 서구의 국제 고객들에게 비용 효율적인 백오피스 처리 서비스를 제공했다. 영어를 사용하는 젊은 노동자들은 콜 센터에서 일자리를 찾았고, 그곳에서 그들은 야간 근무를 하며 낮 시간이 되는 미국 고객들의 전화를 처리했다. 인도는 주요 아웃소싱 대상지에서 주요 연구 중심지로 그리고 새로운 기술과 응용 프로그램의 인큐베이터로의 전환이 잘 진행되고 있다. 인도의 정보기술 부문은 2020년경엔 약 3,300억 달러의 가치를 창출할 것으로 보인다.

인도는 미국 아웃소싱 시장의 67%를 차지하는 첨단기술 아웃소싱의 세계 선두주자다. 인도의 첨단기술 산업은 벵갈루루, 하이데라바드, 첸나이 및 푸네에 집중되어 있으며, 2017년 첨단기술 산업 종사자는 390만 명에 이르렀다. 2018년까지 인도의 첨단기술 부문이 성장할 것으로 예상되는 가운데, 인도의 인터넷 경제는 150조 달러 이상으로 평가될 것이고, 중국 다음으로 아시아태평양 지역에서 두 번째로 큰 정보기술 시장이 형성될 것이다. 그러나 2017년 인도의 정상급 인터넷 기술회사들은 거의 6만 명의 근로자를 해고할 것으로 예상되었다. 이것은 새로운 첨단 기술 직업에 희망을 걸고 있는 수천 명의 교육받은 젊은 인도인들에겐 실망스러운 소식이었다.

인도는 현재 스마트폰의 최대 시장이며 모바일 애플리케이션의 페이스북 사용자 수가 미국 다음으로 많다. 인도에서 스마트폰 사용이 증가함에 따라 인도인들, 특히 컴퓨터를 통해 인터넷에 접속할 수 없는 사람들 역시 휴대전화로 소셜 미디어에 접속할 수 있는 능력이 높아지고 있다. 2017년엔 모바일 애플리케이션을 통해 페이스북에 접속하는 사람들이 미국은 1억 3800만 명, 인도는 1억 4500만 명이 될 것으로 예상했다. 그러나 2016년에 인도의 텔레콤 규제 당국은 무료 플랫폼이 인도인들이 접근할 수 있는 애플리케이션을 부당하게 제한할 수 있다는 우려로 시골 인도인들에게 인터넷 접속을 제공하는 페이스북의 무료 기본 프로그램을 거부했다.

인도를 디지털 강국으로 만들기 위해 디지털 인도 프로그램을 출범시킨 정부는 2015년에 정보기술 분야에 70억 달러 가까운 예산을 들여 정부 서비스를 디지털화하는 방안을 추진했다. 그 지출 중 일부는 2020년까지 100개의 '스마트 도시'를 출범시키는 데 할당되어 있는데, 이 도시들은 우리가 앞서 본 것처럼 정보기술을 사용하여 도시를 효율적으로 기능하게 한다.

'인도에서 만들기' 프로그램이란 어떤 것인가?

모디 총리는 지난 2015년 인도의 제조업 분야에 대한 외국인 투자를 장려하기 위해 '인도에서 만들기Make in India' 프로그램을 도입했다. 제조업은 경제성장을 촉진하고 대량 고용을 창출하는 데 필수적인 것으로 보인다. 인도 정부는 제조업을 2015년 국내총생산의 16%에서 2025년까지 25%로 확대해 9000만 개의 일자리를 늘려주기를 희망하고 있다. 제조업의 자동화 증가가 이미 제조업의 숙련공 고용에 압박을 가하고 있는 상황에서 이러한 목표들은 야심 찬 것이다. 어쨌든 일자리 증가의 대부분은 가죽제품, 섬유, 의류 등 저임금 저숙련 산업에서 나올 것으로 보인다.

인도의 거대 기업은 무엇무엇인가?

2016년 매출액 기준으로 인도의 거대 기업들을 내림차순으로 열거하면 다음과 같다.

기업명	매출액 (억, US달러)
인도 석유 공사(Indian Oil Corporation)	610
릴라이언스 인더스트리스(Reliance Industries)	440
타타자동차 및 인도국립은행(Tata Motors and State Bank of India)	420
바라트 페트롤륨(Bharat Petroleum)	360
힌두스탄 페트롤륨(Hindustan Petroleum)	320
오일 앤 네츄럴가스 코포레이션(Oil and Natural Gas Corporation)	210
타타 스틸(Tata Steel)	200
힌달코 인더스트리스(Hindalco Industries)	170
타타 컨슬턴시 서비스(Tata Consultancy Services)	160

이 외 다른 거대 기업으로 바르티 에어텔Bharti Airtel, 라르센 & 투브로 Larsen & Toubro, ICICI은행ICICI Bank, 에사르 석유Essar Oil, NTPC National

Thermal Power Corporation, 석탄 인도Coal India, 베단타Vedanta, 마힌드라 & 마힌드라Mahindra & Mahindra, 아다니 기업Adani Enterprises, GAILGas Authority of India Limited 등이 있다.

고용수치는 위의 표와는 다른 내용을 보여준다. 고용을 가장 많이 한 기업은 타타 컨슬턴시 서비스사로 종업원 수가 37만 명 이상이며, 인도 국립은행이 거의 30만 명으로 그 다음이다. 이 둘을 제외한 다른 어느 10 대 기업도 종업원 수가 6자리에 이르지 못한다. 릴라이언스 인더스트리 스는 종업원 수가 2만 5000명 미만이고, 힌두스탄석유는 1만 2000명 미 만이다.

주요 수출품은?

2016년 현재 인도의 주요 수출품은 석유제품, 귀금속, 자동차, 자동차부 품, 중장비, 생화학, 의약품, 시리얼, 철강, 섬유, 전자제품 등이었다. 그 러나 세계은행이 현대적 서비스산업이라고 부르는 것, 즉 디지털로 저장 될 수 있고 대면 상호작용을 필요로 하지 않는 서비스의 수출이 전체 수 출의 3분의 1을 넘어섰다. 2015년 인도의 수출총액은 2600억 달러를 조 금 넘었다. 수출 대상지는 유럽이 17% 이상이었고, 미국이 15%, 중국이 3.5%를 조금 넘었다. 한편 중동과 동아시아가 인도 수출의 양대 대상국 으로 부상하는 등 개발도상국에 대한 인도의 수출 비중이 갈수록 커지고 있다. 이 같은 추세는 이들 신흥 시장이 성숙한 시장보다 더 높은 수요를 보임에 따라 앞으로도 지속될 것으로 예상된다. 인도의 서비스 대 제조 업 상품의 혼합 수출이 어떻게 변화할지는 국가의 제조업 확대 정책이 얼 마나 성공할지, 즉 우리가 앞서 본 바와 같이 나렌드라 모디 총리의 '인도 에서 만들기'에 대한 노력의 결과에 달려 있으며, 그리고 세계화와 아웃 소싱에 대한 점점 증가하고 있는 반발의 중격(노닐드 트럼프 미국대통령이

'미국을 다시 위대하게 만든다(Make America Great Again)'는 정책에서 드러나고 있듯이 이 인도에 미치는 영향에 달려 있다.

주요 수입품은?

지금까지 인도의 가장 큰 수입품은 원유로, 2015년에는 1160억 달러치가 넘었다. 금은 340억 달러 이상으로 그 다음이었고, 보석, 석유제품, 석탄, 통신기기, 철강, 유기화학, 식물성 기름, 플라스틱 원료 등이 뒤를 이었다. 2015년 인도 수입 총액은 3790억 달러를 조금 넘었으며, 인도에 대한 최대 수출국은 중국이었다. 인도는 계속 수출액보다 수입액이 많아 2015년에는 1180억 달러 이상의 무역 적자를 냈다.

인도는 에너지의 석유 의존 현상에서 벗어나는 데 성공해야만 수입 석유에 대한 의존도가 줄어들 것이다. 2017년 전력부장관인 피유쉬 고얄Piyush Goyal은 2030년까지 인도에서 운행하는 모든 자동차를 전기자동차로 대체한다는 목표를 세웠다. 그렇게 되면 인도의 온실가스 배출뿐만 아니라 외국 석유에 대한 의존도를 줄이는 데 큰 도움이 될 것이다. 인도는 2016년 6월부터 2017년 3월까지 500만 톤 이상의 밀을 수입했으며 2017-18년 회계연도에 200만~300만 톤을 더 수입할 것으로 예상했다. 2015-16년의 가뭄으로 인한 곡물 수확 부진으로 밀을 수입할 필요가 있었다. 향후의 식량 수입 상황은 지구온난화의 영향이 커질 것으로 예상되는 기간의 날씨 변동에 따라 많이 달라질 것이며, 인도가 기후변화에 더 탄력적이고 생산적으로 대처하기 위한 농업 부문 개혁에 얼마나 성공할 수 있을지에 좌우될 것이다.

인도의 농업은 어떠한가?

인도는 세계 최대의 우유 생산국이며, 향신료 생산국(그리고 소비국)이고,

제2의 설탕 생산국이다. 농산물 수출은 인도 수출 총액의 10%를 차지한다. 2014년과 2015년 2년 연속 식량 수요가 증가하고 가뭄이 겹치면서 인도는 2016-17 회계 연도에 500만 톤의 밀을 수입해야 했다. 이는 10년 동안의 밀 수입량 중 가장 많은 양이다.

인도의 농민들은 고통을 겪고 있다. 2017년 6월 수도인 뉴델리에서 수천 명의 농민들이 양파를 비롯한 채소값 하락에 대한 보상을 요구하며 시위를 벌였다. 농부들은 불규칙한 몬순, 가뭄, 홍수, 과도한 관개에 의한 토양 염화, 화학비료와 살충제 과다 투여로 인한, 그리고 특허 받은 교잡종 씨앗이나 유전자 변형 씨앗 등으로 인한 투입 비용의 상승 등 복합적인 요인에 의해 큰 타격을 받았다. 인도인의 거의 60%가 농업에 생계를 의존하고 있는데, 대다수가 고군분투하고 있는 실정이다. 1995년에서 2013년 사이에 앞서 보았듯이 약 30만 명의 농민들이 자살했다. 종종 고리대금업자들에게 빚을 진 많은 사람들이 빚을 갚을 길이 없어 절망에 빠진다.

인도 정부는 2016-17년 농민들의 고통을 감안하여 관개 효율화, 농작물 손실에 대한 보상, 농민들에 대한 제도적 신용 증대를 위해 공적 자금으로 사용할 수 있는 예산을 책정했다. 시골길 닦기와 시골 마을 전력화도 활기를 띠었다. 50만 에이커(약 2000제곱킬로미터)의 일반 농장을 3년에 걸쳐 유기농 농장으로 전환하는 자금을 할당하기도 했다. 2016년 정부는 쌀, 콩과식물, 유채, 면화 농가에 대한 최저 보장가격을 인상했다.

식량 생산을 더 늘리고 생산된 식량의 손실을 막기 위해 정부는 더 많은 냉장 시설을 만들고, 많은 농부들이 농작물을 판매하는 도소매 시장의 개혁을 추진하고 있다. 정부는 또한 농장 노동자들의 최저 임금을 하루 360루피, 즉 약 5.40달러(약 6000원)로 인상했다. 그러나 5에이커 미만의 소규모 경작지를 가진 많은 인도 농부들은 훨씬 적은 수입을 얻는다.

인도는 전통적인 해충방제 및 토지 비옥화 기술을 활용하고, 단일 작물 재배를 피하고, 더 많은 나무를 심고, 점적관수點滴灌水를 활용하고 소규모 집수集水 구역들을 건설하고, 지역 조건과 토양에 더 잘 적응된 전통적인 곡물과 콩과작물을 재배하고, 값비싼 특허 종자와 화학비료 및 살충제 구입 비용의 절약 방안을 모색하는 등 지속 가능한 농업 관행을 수용하기 위한 많은 새로운 계획들을 실행하고 있다.

유엔은 인류 생존을 향한 유일한 방법으로 농업생태학(자연에서 가져오는 만큼 되돌려 주고 장기적으로 지원받을 수 있는 생태계의 일부로서의 농업)을 권장한다. 농업생태학은 인도의 농부들이 부채에서 벗어나고 그들의 가족에게 건강한 식단을 충분히 공급할 수 있는 것 이상의 것을 생산하는 데 도움이 되는 것으로 증명되었다. 그러나 농업에 대한 이러한 접근방식으로 인해 가치가 추가되는 일은 거의 없다. 농업 부문의 경제성장과 농민 소득 증대가 반드시 맞물리는 것은 아니다. 기업식 영농이 종자와 비료의 가격을 결정하고 대형 소매점들이 농부들의 생산품 도매 가격을 낮춘다면 말이다. 인도가 농업과 농민들의 복지를 어떻게 관리하느냐에 따라 성장하는 인구를 어느 정도까지 먹일 수 있을지가 결정될 것이며, 또한 환경적, 사회적, 정치적 결과에 심각한 영향을 미칠 것이다.

인도의 통화 정책은 어떠한가?

식품 인플레이션은 인도의 통화 정책에 큰 영향을 미친다. 식품 가격이 상승하면 가족을 먹여 살릴 만큼의 돈을 벌기 위해 고군분투하는 수백만 명의 인도인들에게 어려움을 주는 것 외에도, 전반적으로 인플레이션을 일으켜 물가를 끌어올리고 임금에 대한 압력을 상승시키며 경제성장을 저해할 수 있다. 인도준비은행은 인도의 통화 정책을 책임지고 있다. 이 은행의 목표는 가격 안정(인플레이션 통제), 환율 안정(인도 루피화 가치 안정), 그리고 경제성장이다.

1947년 이래 환율을 엄격히 통제해 온 인도준비은행은 1991년 국제수지 위기 이후 단행한 개혁의 일환으로 이중환율제의 자유화 환율 메커니즘LERMS을 도입했다. 즉 인도 수출업자들이 벌어들이는 외환은 은행에 양도하고, 은행은 외환금액의 40%를 고정금리로, 나머지 60%를 시장금리로 환산하여 루피화로 지불하는 식이다. 1993년 인도는 단일시장환율로 전환했다. 2016년에 인도 루피화는 경상계정에서 자유롭게 전환할 수 있게 되었고, 비거주자들은 인도에서 벌어들인 수익을 송금할 수 있지만, 인도 거주자들은 주로 자본 도피에 대한 방어책으로서 통화 교환에 대한 통제를 받았다. 1999년에서 2015년 사이에 인도 외환시장의 하루 평균 거래량이 27억 달러에서 300억 달러로 증가했다. 2016년 나렌드라 모디 총리 정부는 물가상승률 목표치와 기준금리를 결정하는 금융통화위원회를 만들기 위해 1934년의 인도준비은행법 개정을 추진할 계획이라고 밝혔다. 정부는 또한 자산재건회사가 회수불능 대출에 투자한 은행들에 대한 지원을 돕기 위해 법률을 개정하기를 원한다고 말했다.

법률을 개정해야 할 충분한 이유가 있다. 2017년 7월 인도의 은행들은 1540억 달러라는 어마어마한 불량 채권을 보유하고 있었는데, 대부분은 민간 기업에 대출한 것들이었다. 이 문제를 해결하기 위해 인도 하원은 2016년 5월 인도에서 최대 15년이 걸릴 수 있는 파산 해결 과정을 가속화하기 위해 새로운 파산법을 통과시켰다. 같은 해 인도 대법원은 인도준비은행에 기업 채무 불이행사 명단을 작성하도록 명령했다. 2017년 6월 인도준비은행은 인도의 은행들이 보유한 총불량 채권의 4분의 1을 차지하는 채무 불이행사 상위 14사에 법원을 통해 파산 명령을 내렸다. 그것은 좋은 출발이었지만 인도는 여전히 악명 높은 대출 문제를 해결하기 위해 가야 할 길이 멀다. 은행들이 너무 많은 악성 부채를 안고 있으면 대출이 안 돼 경제성장을 돕는 돈의 흐름을 끊는다.

부패도 성장을 저해하는가?

은행의 불량 채권만이 인도 경제를 질식시키는 유일한 것이 아니다. 부패 또한 심각한 문제다. 인도에는 부패가 만연해 있고, 사회 피라미드의 밑바닥부터 꼭대기까지 사람들의 삶의 모든 측면을 건드리고 있다. 인도의 부패는 적어도 영국 동인도회사 시절까지 거슬러 올라가는데, 이 회사의 직원들은 인도에 배치된 것을 약탈을 위한 면허증으로 이해했다. 부패는 영국이 '허가-쿼터-라이선스 통치'로 인도를 다스리던 긴 시간동안 현대 인도 사회의 기본 구조에 촘촘히 베어들었는데, 그 기간에는 기업들이 어떤 일을 하기 위해서는 영국 식민당국으로부터 허가와 면허를 받아야 했다. 이 같은 중요한 허가는 종종 테이블 아래로 정부의 담당 관리에게 일정 값을 지불하고 입수할 수 있었다.

인도인들이 관직을 얻기 위해 그토록 기를 쓰는 이유 중 하나는 뇌물을 받아 개인재산을 축적할 수 있는 평생의 기회라고 생각하기 때문이다. 인도에서 관직은 어떤 일이든 할 수 있고, 더 빨리 할 수 있기 때문에 그 자리를 얻기 위해 그렇게 기를 쓸 만한 가치가 있다는 것이다. 인도의 경찰과 사법부는 매우 부패했으며, 뇌물을 금지하는, 법전에 기록된 법률은 거의 시행되지 않는다. 부패는 또한 인도인들이 선출직 대표들에 대한 믿음을 약화시킨다. 그들도 뇌물을 받는 것으로 추정되기 때문이다.

그러한 가정은 주기적으로 정부를 뒤흔드는 부패 스캔들에 의해 강화된다. 인도의 경제성장이 가속화하면서 뇌물수수의 기회도 커지고 있다. 2010년 만모한 싱 총리 정부 아래서 인도가 주최하는 영연방 경기대회 준비 과정에서 자금의 유출이 있었다. 부패는 원래 추정치의 18배로 급증한 경기진행 예산에서 최대 18억 달러를 착취한 것으로 알려졌다. 그러나 이 영연방 경기대회 부패 스캔들은 같은 해에 바로 뒤이어 발생한 전기통신 사기로 인해 퇴색해 버렸는데, 이 통신 사기는 통신 주파수를 시장가격보다 훨씬 낮은 가격으로 판매하여 약 390억 달러를 뇌물로 챙긴 것으로 추산되었다. 2012년에는 싱 총리에게까지 불똥이 튄 석탄 채굴 면허의 판매와 관련된 340억 달러의 부패 사기극인 '콜게이트Coalgate'가 그 뒤를 이었다.

정부라는 가장 높은 수준에서 이와 같은 도무지 이해할 수 없는 절도 행각이 벌어졌다는 것에 대한 혐오감이, 유권자들에게 깨끗한 통치자가 되겠다고 약속한 모디가 선거에서 승리하게 된 결정적인 요인이었다. 그러나 모디 정부가 내각 차원의 부패에서는 벗어났다고 해도, 그 제도가 너무나 부패하여, 샐러리맨인 학교 교사들이 자기들의 봉급 중 극히 일부로 젊은 마을 사람을 고용하여 자기 임무를 대신하게 하는 일이 없도록 설득하는 데는, 그리고 주 정부 관리들에게 새로운 광산사업은 그들의 주머니를 뇌물로 채워주기 위해 존재하는 것이 아니라는 점을 납득시키는 데는 시간이 걸릴 것이고, 상당한 노력이 필요할 것이다. 도시개발 또는 사업개발을 위한 농지의 전환과 호황을 누리는 건설 사업은 부패한 사람들에겐 풍요로운 벌이터가 되는 또 다른 부문이다.

부패뿐 아니라 인도에서는 범죄 집단과 조직범죄 네트워크가 처벌을 받지 않고 운영되고 있으며, 시멘트산업에 필요한 모래 채취를 위해 해변의 백사장을 긁어내고 철광석을 해외로 밀반출하는 것에서부터, 소녀와 여성들이 창녀로 인신매매되는 동안 경찰과 일반 공무원들이 눈감아 주는 대가로 돈을 받는 데 이르기까지 온갖 종류의 불법이 횡행하고 있다.

부패 척결을 위한 전략 중 하나는 앞에서 논의한 생체 고유 식별번호인 아드하르의 사용이다. 앞에서 살펴본 것처럼, 아드하르의 사용은 다른 측면에서 문제가 있지만, 정부 보조금과 빈곤 퇴치 프로그램을 필요로 하고 받을 자격이 있는 사람들이 실제로 그들의 정당한 자격을 얻도록 하는 데 도움이 되고, 델리에서 자금이 지출되는 순간부터 마을 단위에서 자금이 분배될 때까지 중간에서 빠져나가는 일부 유출을 막을 수 있을 것으로 기대된다. 정보통신기술은 현재 일반적으로 온라인으로 가능한 기차표 판매와 같이 여러 분야의 부패를 없애는 데 도움이 되어왔다. 그리고 상품가격을 알 수 있는 농부들은 중간 상인들에게 자기들의 농작물에 대한 공정한 가격을 주장할 만큼 잘 무장되어 있다.

불법 금융 흐름 감시단체인 '글로벌 금융 무결성Global Financial Integrity' 은 경제자유화가 시작된 1991년 이후 인도에서 540억 달러의 자금이 불법으로 해외에 유출된 것으로 추정한다. 해외 은행에 예치돼 있는 인도 주민들의 해외 자산은 100억~1500억 달러로 추산된다. 비현실적인 선거 자금 조달 규정이 문제의 일부이다. 2010년에서 2015년 사이에 모든 선거에 들어간 비용이 50억 달러로 추산되었다. 선거 자금 조달 규정의 개혁은 인도 부패 문제의 일부를 다루기 시작할 것이지만, 그러나 모든 정치인들이 그들의 선거 자금 마련을 위해 불법적인 돈을 받아들이기 때문에, 이것을 해결하려는 의지는 거의 없다.

'통화성정지(demonetization)'란 무엇인가?

2016년 11월, 모디 정부는 갑자기 500루피와 1000루피 지폐(약 8달러와 15달러 가치)를 회수하는 등 이른바 검은 돈을 억제하려는 극적인 움직임을 보였다. 2000루피짜리 지폐가 새로 도입되었다. 그 아이디어는 불법적인 현금 축장자들의 수익을 없애고, 현금으로 거래하는 불법 테러 단체들을 무력화시키고, 가난한 사람들이 은행계좌를 개설하도록 장려하고, 세무당국에 쉽게 노출되지 않는 소득에 대한 과세를 촉진하고, 현금 없는 사회로 나아가기 위한 것이었다.

이 '통화성정지' 조치는 인도 경제에 유통되던, 당초 목표로 한 지폐의 99%를 없앴다. 그러나 소위 검은 돈을 없애는 데는 거의 도움이 되지 않았고, 엉뚱하게도, 돈을 벌어 현찰로 소비하는 가난한 사람들과 중산층 하층민들(인도에서 거래의 87%를 담당하는 계층)에게 타격을 주었다. 많은 시골 사람들은 은행에서 멀리 떨어져 살고 있어 은행계좌를 가지고 있지 않다. 소액 지폐가 고갈된 은행들 앞에서 사람들의 긴 줄이 꿈틀꿈틀 움직이는 혼돈의 장면이 연출되기도 했다. 새로 나온 2000루피 지폐는 기존의 현금자동입출금기에 맞지 않았는데, 이를 수용하기 위해 기계를 개조해야 했다. 이 충격적인 발표 후 첫 주말이 되자 인도 언론은 이 변화로 인한 심장마비와 자살로 33명이 사망했다고 보도했다. 많은 가난한 사람들은 그들이 한 평생 저축한 돈이 모두 사라지는 것을 목격했다.

1년 뒤 인도의 경제성장률이 전년도의 7% 이상에서 3년 만에 최저치인 6% 미만으로 떨어졌기 때문에 통화성정지 조치의 부정적인 영향임이 분명했다. 당시 싱가포르의 리콴유 공공정책대학원 방문연구원인 제임스 크랩트리James Crabtree는 2017년 6월 16일 외교전문지인 ≪포린 어페어스≫에 쓴 "모디의 돈 광란Modi's Money Madness"이라는 제목의 기사에서 이 인도의 2016년 통화성정지 조치는 "최근 경제사에서 가장 파괴적인 실험 중 하나"라고 썼다.

왜 세금 내는 인도인들이 그렇게 적은가?

2016년 5월 인도는 예산의 투명성을 높이기 위해 정부가 처음으로 세금 자료를 공개했다. 라크(10만 단위)와 크로르(1000만 단위, 100라크)의 인도식 숫자 체계로 제공된 이 자료에 따르면, 2012년 소득세를 낸 인도인이 전체 인구의 1%에 불과했다. 13억 명의 인구 중 2870만 명이 세금 신고를 했는데, 이 중 1620만 명은 세금을 내지 않았고, 2012년 소득세를 납부한 1110만 명이 1.5라크 루피 이하, 즉 약 2800달러(약 350만 원) 이하를 납부한 것이다. 5000명의 매우 부유한 인도인들은 1~5크로르 루피 사이, 즉 18만 9000달러에서 94만 3000달러(약 2억 3000만~11억 6000만 원) 사이의 세금을 납부했다. 공공 과세자료에 따르면, 2001년의 총 3176억 루피(약 5조 8000억 원)에서 2012년엔 2조 8000억 루피(약 51조 8000억 원)로 약 9배 늘어나 세금 징수 실적이 크게 개선된 것으로 나타났다.

인도 정부는 2016년 6월부터 9월까지 70여만 명의 탈세 혐의자에게 세금 납부를 요구하는 공문을 보냈다. 탈세자들은 처벌을 받지만 탈세 혐의로 기소되지는 않을 것이다. 6만 4275명의 개인들에게 추징하여 거둬들인 세금 총액이 100억 달러에 이르렀다. 횡재였다.

2016년 8월 인도 정부는 상원에서 획일적인 국민 물품용역소비세GST, 즉 부가가치세VAT에 대한 헌법개정안을 통과시켰다. 2017년 인도 의회는 2017년 7월 1일부터 시행되는, 새로운 세금의 길을 터주는 법안을 통과시켰다.

상품과 서비스에 대한 세금은 이전에는 인도 각 주 정부가 관할했는데, 서로 다른 비율로 인해 각 주 사이의 상거래가 둔화되고, 탈세를 용이하게 하고, 외국인 투자를 위축시키는 등, 엄청난 혼란이 일어났다. GST는 모디가 당선되기 전에 한 경제 개혁 약속을 이행하는 중요한 업적으로 환영 받았다. 그러나 GST의 출시는 다른 상품과 서비스에 대한 다양한 수준의 세금을 추적하여 납부할 수 있는 준비가 제내로 되어 있지 않은 중소기업들에게 지나치게 복잡한 부담을 주어서 경제성장을 해친다는 비판을 받았다.

인도에 어떤 사회 기반 시설이 필요한가?

물과 전력, 도로, 항공운송, 인터넷 접속을 포함하여 허물어지고 부적절한 사회 기반 시설은 인도의 발전과 경제성장에 또 다른 큰 장애물이다. 오늘날의 시각으로는 믿기 어려울지 모르지만, 1980년대만 해도 인도는 중국보다 더 나은 사회 기반 시설을 가지고 있었다. 이후 중국은 사회 기반 시설과 경제성장에서 모두 인도를 크게 앞섰고, 상당한 중산층을 형성했으며, 인도보다 수익성이 8배나 높은 제조업 기반을 구축했다. 인도는 다음 수십 년 동안 중국을 따라잡을 수 있을까? 우열의 차가 매우 크고, 해야 할 일이 많다.

세계은행은 인도가 2020년까지 사회 기반 시설에 1조 7000억 달러를 투자해야 할 것으로 추산하고 있다. 도로, 항만, 공항, 대중교통, 광케이블 라인, 전력생산, 청정 석탄 화력발전소, 전력망 확충, 상하수도, 주택, 학교, 병원 등 모든 것이 필요하다. 그 비용의 대부분은 민간 부문에서 조달해야 한다. 2016년도 예산안에는 마을의 전기와, 새 도로 건설과 항구 건설을 위한 기금을 배정했다. 나렌드라 모디 총리의 스마트 시티 프로그램은 인도 도시들의 사회 기반 시설 개선을 이끌어내야 한다.

그러나 필요한 민간 투자를 유치하는 인도의 능력은 갑자기 변할 수 있는 규정, 정부의 지원을 받는 일부 단체들의 계약 이행 거부, 그리고 높은 수준의 기업 부채로 인해 방해받고 있다. 1990년대 후반과 2000년대 초반의 높은 경제성장은 인도의 주요 도시 외곽의 고급 거주구역에 대한 부동산 투기와 거대 도시 건설에 박차를 가했다. 그러나 이들 거주 구역들은 내중교통과 도로 연결, 상업구역, 그리고 쇼핑몰과 같은 생태계에 의존한다. 만약 이 상호 연결된 웹의 핵심 한 부분만이라도 실패한다면, 전체 개발 프로젝트가 중단될 수 있고, 투자자들은 은행 대출금을 갚을 수 없게 된다.

세계은행은 사회 기반 시설에 대한 민간 투자를 촉진하기 위해 인도의 "규제 불확실성을 줄이고 기존 프로젝트에 배정된 공적 자금이 잘 사용되도록 보장하라"고 권고하고 있는데, 이는 인도의 부패 문제에 대한 분명한 암시다.

향후 인도의 에너지 필요량은 얼마일까?

인도는 현재 세계에서 네 번째로 큰 전기 소비국이지만, 1인당 소비 기준으로는 선진국보다 크게 뒤떨어져 있다. 인도는 1인당 소비량이 875킬로와트인데 비해 독일은 6600, 미국은 1만 1900킬로와트다. 인도엔 세계 인구의 18%가 살고 있지만 세계 에너지의 5%만 소비한다. 2015년 현재 2억 4000만 명의 인도인이 전기를 전혀 이용하지 못하고 있었다. 인도는 앞으로 수십 년 동안 세계 전력 수요 증가에 가장 큰 기여를 할 것이다. 2040년까지 인도 경제는 오늘날보다 5배 더 커질 것이고, 에너지 소비는 두 배 이상 증가할 것이다. 인도가 증가하는 에너지 수요의 일부를 충족시키는 방법은 지구온난화와 세계 에너지 시장에 엄청난 영향을 미칠 것이다. 그러나 인도는 또한 더 깨끗하고 비용이 덜 드는 새로운 에너지 기술로 이어질 수 있는 에너지 혁신의 세계적인 지도국이 될 잠재력을 가지고 있다.

화석연료는 인도 에너지 소비량의 4분의 3을 차지하며, 석탄 화력이 전력의 70%를 공급한다. 인도는 에너지 사용의 효율성이 더 높아져 2013년에는 한 단위 GDP를 생산하는 데 1990년보다 12%나 적은 에너지를 소비했다. 그러나 인도의 에너지 생산에는 여전히 비효율적인 석탄 화력 발전소와 열악한 분배와 전송 능력을 포함한 총체적인 비효율이 존재한다. 현재 인도는 290기가와트의 발전 용량을 보유하고 있는데, 2030년까지 850기가와트로 늘릴 계획이다. 그 가운데 40%인 390기가와트가 주로 태양열과 바람과 같은 재생 가능한 에너지원에서 나올 것으로 희망하고 있다.

2015년 인도는 미국과 중국에 이어 세계 3위의 석유 수입국이었다. 자동차 대수가 늘어나고, 도로 사정이 좋아지고, 산업 규모가 커지면서 인도의 원유 수요는 향후 사반세기 동안 매년 4%씩 증가해 2040년까지 중국의 수요를 능가할 것이다. 인도에는 확인된 석유 매장량이 거의 없기 때문에 거의 모든 유류가 수입될 것이다.

원유는 대부분 수입하고 있지만 인도는 미국, 중국, 러시아에 이어 세계 4위의 석유 정제국으로, 디젤 연료를 유럽으로, 그리고 중동과 아시아 태평양 지역으로 연료를 운송하는 등 정제된 석유 제품의 주요 수출국이다. 인도의 석유 정제 산업도 원유 수요를 증가시킬 것이다.

각 주의 격차는 무엇 때문인가?

인도 각 주는 토지 취득, 노동 및 환경법과 주세에 관한 자체적인 규정을 가지고 있다. 인도 주들은 또한 역사적으로 그들 나름의 인구통계를 반영하여 교육과 건강에 대한 투자 결정을 스스로 내려왔다.

2015년 인도 정부가 발표한 보고서에 따르면 가장 사업 규제를 적게 하는 주는 구자라트, 안드라프라데시, 마드라프라데시, 라자스탄, 마하라슈트라, 카르나타카, 우타르프라데시, 서벵갈, 타밀나두, 비하르 등이었다. 그러나 사업하기 좋은 주라고 해서 읽고 쓰는 능력, 건강, 소비력과 같은 벤치마크를 포함한 인간개발과 반드시 관련이 있는 것은 아니다. 높은 성과를 내는 주 안에서도 도시와 시골지역의 생활수준 사이에는 상당한 격차가 있다.

2011년 인도 응용인력연구소(현 국립 노동 경제 연구 및 개발 협회)는 인도의 주들이 인간개발 측면에서 수행한 결과를 담은 보고서를 발표했다. 수십 년 전 문해 능력을 우선시했던 케랄라주는 오랫동안 인도의 문해율 순위에서 1위를 차지했고 델리(인도의 수도는 하나의 주로 간주), 히마찰프라데시, 고아가 그 뒤를 이었다. 인간 개발 순위가 가장 낮은 주는 비하르, 안드라 프라데시, 차티스가르, 마디야 프라데시, 오리사, 아삼이었다.

어째서 인도에는 가족 경영기업이 많은가?

가족 소유 사업이 인도 GDP의 3분의 2를 담당하며, 인도 산업 생산의 90%, 조직적인 민간 부문 고용의 79%를 차지한다. 가족 소유 사업은 전통적으로 아들들이 아버지의 뒤를 잇는데, 이는 인도의 공동 가족 구조의 자연스러운 연장이다.

오늘날 인도 최대의 기업집단 중 일부는 가족 경영 사업으로 시작되었고, 많은 기업들은 계속해서 그들의 창업 가정 구성원들에 의해 면밀하게 통제되거나 적극적으로 감독되고 있다. 인도의 최고 가족 기반 기업으로는 타타 그룹(1868년 창업), 릴라이언스 인더스트리스(암바니 가문), 벨라 그룹, 마힌드라 & 마힌드라, 바르티 에어텔, 위프로, 진달 그룹 등이 있다.

2016년 타타 그룹은 불분명한 상황에서 최대 주주의 아들인 사이러스 미스트리Cyrus Mistry 회장을 전격 해임했다. 라탄 타타Ratan Tata 전 회장이 일시적으로 업무에 다시 복귀했다. 이 사건은 인도의 옛 가족 기업들이 신뢰받는 이해관계자들의 내부 집단에 의해 경영진을 엄격하게 통제하려는 본능과 주주들에게 책임을 우선시하고 그 사람이 외부인이라도 그 일에 가장 적합한 사람을 찾는 기업 지배구조에 대한 보다 현대적인 접근 사이에 긴장이 고조되고 있음을 강조했다. 인도의 대기업에 대한 가족 통제가 경제 발전을 저해할지 아니면 대기업들이 고용 안정이나 진로에 대한 보증을 점점 더 제공하지 않는 세계에서 안정을 제공할지는 두고 볼 일이다.

인도의 빈부 격차는 어떠한가?

소수의 대부호들, 궁지에 몰린 중산층, 그리고 빈민층 사이의 격차가 커지고 있는 것은 세계적인 현상이다. 빈곤과의 싸움에서 이기고 있지만 인도는 21세기 초반의 자본주의 역학을 벗어나지 못하고 있다. 인도의 불균형은 1990년 45이던 지니계수(이탈리아 통계학자 코라도 지니의 이름을 딴 불평등 척도)가 2013년 51로 높아져 불평등이 경제 전반에 걸쳐 급속히 확산되고 있다.

2017년 《포브스》는 인도에서 101명의 억만장자를 집계하여 인도가 세계에서 4번째로 억만장자가 많은 곳이 되었다. 인도 전체 부의 절반 가까이가 상위 1%의 수중에 있고, 상위 10%가 인도 전 자산의 74%를 장악하고 있다. 한편, 인도의 가장 가난한 30%는 인도 전 자산의 단지 2.5%를 가지고 있다. 2015년 인도의 사회경제 및 카스트 인구조사에 따르면, 농촌에 위치한 73%의 가난한 3억 가구 중 소득세를 납부할 수 있을 만큼 버는 가구는 5%에 불과하고, 사륜차를 소유한 가구는 2.5%에 불과하며, 봉급 생활자가 있는 가구는 10%에 불과했다.

인도 경제에서 여성들의 경제 참여 현황은?

인도의 경제성장을 더욱 촉진할 수 있는 길은 유급 노동력에 여성을 더 많이 투입하는 일일 것이다. 그러나 경제성장과 여성의 교육 및 지식 수준 향상으로 더 많은 여성이 일하게 되지는 않았다. 실제로 인도의 여성 노동력 참여는 2004년 43%에 육박하던 것이 2011년에 31%로 감소했다. 하버드 대학의 '정책 입안 계획을 위한 증언Evidence for Policy Design Initiative'에서 일하는 로히니 팬드Rohini Pande와 체리티 트로이어 무어Charity Troyer Moore에 따르면, 여성의 '순결'에 감탄하고 전통적인 아내와 어머니의 역할을 찬양하는 성별 규범이 여성의 사회 참여를 막는 주범이라고 한다. 많은 인도 가정들은 여성들에게 일을 시키기 위해 가정 바깥으로 내보내지 않는 것을 사회적 신분 상승의 표시로 간주한다.

인도의 여성 고용 수준이 형편없긴 하지만, 은행 등 금융 부문과 항공 분야에서 일하는 여성의 수는 증가하고 있다. 인도의 상업용 항공기 조종사 중 거의 12%가 여성이며, 이는 전 세계 여성 조종사 비율 3%와 비교하면 굉장히 높은 편이다. 그러나 이것은 인도 여성 노동력의 아주 적은 비율을 나타낸다.

맥킨지McKinsey는 노동력에서 양성 평등을 달성하면 인도의 2025년 예상 GDP가 4조 8300억 달러로 16~60% 정도 증가할 수 있다고 추정한다. 물론 그런 일이 일어나려면 인도 전체가 성 평등을 위해 노력해야 할 것이다. 가부장적인 가정과 사회구조를 고수하고 있고, 전반적으로 여성의 지위가 낮은 상황에서는 쉬운 일이 아니다.

6. 정치

어떤 정치체제인가?

인도의 1949년 헌법은 인도를 '자주적인 민주공화국sovereign democratic republic'으로 정의했다. 1976년에 인디라 간디 총리가 국민의 일부 권리와 자유를 중단한 비상사태 아래서 헌법 42조를 개정하여 본래의 정의에 '사회주의적socialist'이라는 말과 '세속적secular'이라는 말을 추가하여 '자주적인 사회주의 세속 민주 공화국sovereign, socialist, secular, democratic republic'으로 만들었다.

오늘날 인도 공화국은 수도 직할지구인 델리를 포함하여 29개 주와 7개 연방직할지로 이루어진 연방 국가이다. 인도 공민권은 혈통에 의해 주어진다(적어도 부모 중 한 명은 인도 국민이어야 한다). 인도의 국가수반은 대통령이고 국가 최고 통치자는 총리다. 총리는 총리가 추천하고 대통령이 임명하는 연합각료회의라고 불리는 내각을 주재한다.

대통령과 총리는 상하 양원 의원으로 구성된 선거인단의 간접 선거로 선출된다. 인도의 국가평의회Council of States인 상원, 즉 라자야 사바 Rajya Sabha는 245석으로 구성된다. 하원인 인민의 집People's House, 즉 록 사바Lok Sabha는 545석으로 구성된다. 라자야 사바 의원은 6년 임기로 선출되고, 록 사바 의원은 5년 임기로 선출된다.

따라서 하원의원을 뽑는 총선은 5년마다 실시되며, 상원은 6년마다 실시된다. 하원에서 과반 의석을 얻거나, 과반수를 확보하기 위해 정당연립을 만드는 정당들이 총리를 선출한다. 총리가 대통령을 지명한다. 2014년 총선 때는 8억 1400만 명이 투표권을 행사했다. 인도의 엄청난, 그리고 계속 증가하는 인구 때문에, 인도에서 치러지는 모든 선거는 선거인 수에서 역대 최대 규모라는 기록을 매번 갈아치웠다. 주 의회선거는 5년마다 시행되지만 인도 선거위원회가 정하는 자세한 일정에 따라 치러진다.

판차야트(panchayat)란 무엇인가?

판차야티 라지Panchayati raj, 즉 판차야트 통치는 남아시아에서 가장 오래된 형태의 정치조직 중 하나이다. 이 용어는 '5'를 뜻하는 산스크리트어 판치panch와 "~에 의존하여"를 뜻하는 아야타ayatta에서 유래했으며 '5인 협의회'로 정의된다. 판차야트는 인도 헌법 제9부에서 정의되고 인정된 지방정부의 기본 단위이다. 1992년에 개정된 인도 헌법은 판차야트 의석 보유자에 대한 임기를 5년으로 정하고, 어떤 특정 판차야트 지역에서 판차야트 의석의 3분의 1 이상을 여성으로 해야 한다고 규정했다. 인도 헌법은 그람 판차야트gram panchayats, 즉 마을 협의회, 판차야트 사미티 panchayat samiti, 즉 마을 집단 수준의 판차야트, 그리고 구역 수준의 판차야트를 더 규정하고 있다.

인도의 주요 정당은?

인도에는 등록된 정당들이 수십 개 있다. 국가적인 주요 정당들에는 인도의 독립운동을 이끈 당을 계승하는 인도국민회의당Indian National Congress Party과 현 집권당이며 힌두 민족주의 정당인 바라티야 자나타 당이 있다. 인도공산당, 즉 CPI^M도 국가적인 정당이다. 암 아드미 당^Aam Aadmi Party은 지난 2012년 창당한 반부패 정강 정책을 가진 개혁 정당이다. 주요 지역 정당으로는 오리사주에 기반을 둔 비주 자나타 달^Biju Janata Dal, 비하르에 기반을 둔 세속적이고 사회주의적인 정당인 사마지와디 당^Samajwadi Party이 있고, 그리고 남인도에는 드라비다 무네트라 카자감^Dravida Munnetra Kazhagam: DMK, 전 인도 안나 드라비다 무네트라 카자감^All India Anna Dravida Munnetra Kazhagam: AIADMK, 텔루구 데삼 당^Telugu Desam Party, 그리고 텔레가나 라스트라 사미티^Telegana Rastra Samiti가 있다.

주요 카스트 기반 정당으로는 바후잔, 즉 하층 카스트와 원주민인 아디바시를 대변하는 정당인 바후잔 사마지 당과, 전통적으로 축산과 농업에 종사하는 이슬람교도와 야다브족^Yadavs을 주요 지지 기반으로 하고, 비하르에 본부를 둔 라슈트리야 자나타 달^Rashtriya Janata Dal 등이 있다. 시브세나 당^Shiv Sena Party은 마하라슈트라에 기반을 둔 지역주의 정당으로, 뭄바이시에 권력 기반을 갖고 있으며, 집권 BJP와 연합한 힌두 민족주의 정당이다.

인도의 사법제도는 어떻게 작동하는가?

인도 사법체계의 최상위에는 대법원이 있다. 대법원 산하에는 각 주에 고등법원이 있으며, 그 아래에는 형사법원과 연방지방법원이 있다. 일부 주에서는 지역법원^local court도 있다. 대법원에는 2016년 현재 대법원장을 포함해 25명의 판사들이 있다. 대법원에서는 2명, 3명 또는 5명으로 구성된 재판관들이 하급심에서 올라온 사건들을 심리한다. 대법원의 재판 절차는 영어로 진행한다.

중앙정부의 법무장관은 대통령이 임명한다. 인도의 법률은 복잡하며 헌법이 주요 원천이다. 형법은 인도 형법전에 명시되어 있다. 의회와 주 및 연방직할령의 입법부도 법을 제정한다. 지방자치단체와 판차야트들은 규칙과 규정, 부속 정관을 제정할 수 있다. 인도의 사법제도는 종교적 관습법을 인정한다.

인도의 사법제도 전체가 개혁이 절실히 필요하다. 인도에서는 정의의 수레바퀴가 너무 느리게 돌아가기 때문에 어떤 이들은 그것이 돌기는 하는지 의문을 품는다. 2013년 현재 인도 법원에는 몹시 어려운 과정을 거쳐야 하는 3100만 건 이상의 소송이 진행 중이었다. 오로지 변호사들이 그들의 수임료를 챙기려는 이유 외에 다른 어떤 이유도 없이 소송하는 불필요한 소송이다. 또 하나의 특징은 판사들의 부재다. 즉 수천 개의 사법 직책이 채워지지 않고 있는 것이다. 설사 채워지더라도 현직 판사의 가족 구성원 중 누군가가 그 자리를 차지하는 일이 너무나 흔하다. 많은 인도인들은 불평을 제기하지도 않는다. 자신들의 주장이 통하기까지 30년에서 40년이 걸릴 수도 있다는 것을 알고 있기 때문이다.

인도의 사법부도 부패로 몸살을 앓고 있다. 부패가 삶의 거의 모든 면을 오염시키는 나라에서 현저한 예외는 오랫동안 청렴의 보루였던 대법원이었다. 기득권이 득세할 수도 있는 하급심에서 공정한 심리를 받을 수 없다는 것이 널리 인정되자, 세간의 주목을 끄는 사건들은 대법원의 심리로 빠르게 넘어가고 있다. 안타깝게도 인도 대법원에 대한 신뢰는 의대 부정부패 사건 처리에 대한 의혹으로 인해 흔들렸는데, 학계를 대표하는 인사인 프라탑 바누 메타Pratap Bhanu Mehta는 대법원이 1975년부터 1977년까지의 "비상사태 이후 최악의 신뢰 위기에 직면해 있다"고 경고했다.

대법원에 대한 신뢰는 2018년 1월 4명의 상급재판관들이 특정 판사들에게 특정 사건을 우선적으로 배정한 것에 대한 의혹과 2014년 12월 BJP

당수인 아미트 샤Amit Shah가 연루되었다는 의혹이 있는 마하라슈트라 지역 판사 브리즈고팔 하르키샨 로야Brijgopal Harkishan Loya의 의문사에 대한 법원의 의심스러운 대응으로 더욱 악화되었다. 인도 국민 권리의 최고 수호자이자 공정한 정의의 최고 옹호자로서 대법원의 권위가 심각한 위기에 처해 있어 인도 법치의 미래에 대해 우려스러운 의문이 제기되고 있다.

2016년 인도 변호사협회는 가짜 법학학위를 갖고 개업하는 변호사들에 대한 단속을 발표했다. 변호사협회 회장인 마난 쿠마르 미슈라Manan Kumar Mishra는 인도의 변호사 중 30%가 불법 자격증을 갖고 법을 다루고 있다고 추산했다. 2016년 2월 뉴델리에서 바라티야 자나타 당과 밀접한 관계를 맺고 있는 변호사들은 경찰이 별말 없이 지켜보는 가운데 체포된 학생 지도자를 법정 안에서 3시간 동안 때렸다고 자랑했다. 이 나라의 고장 난 사법부는 자국 시민과 외국인 투자자들에게 법치주의의 안정과 보호를 제공한다고 자부하는 인도에 문제덩어리가 되고 있다.

이 나라의 최고 법률인 헌법과는 별도로, 인도 형법은 영국 식민지 시대의 인도 형법전에 명시되어 있다. 인도 형법의 초안은 1833년에 시작되었지만, 법률로 채택한 것은 1860년이었다. 이 형법은 수년에 걸쳐 수정되고 보강되었지만, 그 개념은 거의 2세기 동안 놀라울 정도로 거의 손상되지 않고 온전하다. 예를 들어 동성애자의 권리와 언론의 자유권에 관한, 현대 인도에서 가장 논쟁이 되고 있는 법률 분쟁 중 일부는 '자연 질서에 반하는 성관계', 중상모략 또는 난동 교사에 관한 인도 형법전의 식민지 시대 법률을 적용한 직접적인 결과물이다. 19세기에 영국 통치에 대한 반대나 저항을 잠재우고 소수의 영국 관리들이 이 나라의 다양한 행정을 이끌어가기 위해 만든 많은 법률이 계속 존재한다는 것은, 그것들이 계속해서 존재하도록 힘을 제공하기 때문이다.

인도 경찰은?

인도의 경찰은 1949년 헌법 312조에 의해 만들어진 국가기관이다. 경찰청은 내무부에 소속되어 있다. 경찰은 대부분의 고위 간부들을 주 경찰서에 배정한다. 치안 유지 활동은 인도 각 주 정부의 책임소관이며, 각 주는 그 자체의 규칙과 규정을 가지고 있다. 주 경찰의 최고 책임자는 경찰국장이다. 각 주는 각기 다른 경찰 구역으로 나뉘며, 각 구역에는 일정한 수의 경찰서가 있다. 절차에 따라 모든 범죄는 경찰서에 기록되어야 한다. 경찰서는 범죄예방, 수사, 법질서 업무를 처리한다.

1972년에 경찰에 입문한 키란 베디Kiran Bedi는 인도 최초의 여성 경찰관이었다. 현재 170만 명이 넘는 인도 경찰 중 여성 경찰관이 10만 명 남짓이다. 인도에는 또한 여성이 남성 경찰관에게 추행당하거나 성폭행 당할 염려 없이 범죄를 신고할 수 있는 특수 경찰서도 있다. 인도 경찰은 부패하기로 소문나 있으며, 지방 순경급의 모든 경찰들이 뇌물에 노출되어 있다. 경찰이 증거를 위조하고, 선별적으로 체포 용의자를 추적하고, 범죄 행위를 모르는 척하고, 구금자들을 고문하거나, 심지어 인도에서 '경찰과의 조우police encounters'로 알려진 초법적 살인Extrajudicial killing으로 사람을 살해하는 사례가 실망스러울 정도로 흔하다.

사법절차에 의하지 않은 경찰의 살인 문제는 2016년 10월 경찰이 불법단체인 인도 학생이슬람운동SIMI 요원인 8명의 과격분자들과 마디아프라데시주에서 '조우하는' 장면을 담은 동영상이 공개되면서 새로운 차원의 악명을 얻었다. 경찰은 이들이 탈옥을 한 대다 무장하고 있어 위험했다고 말했다. 그러나 그 동영상에 비친 그들은 무장하지도 않았고, 경찰에 살해되기 전 항복한 것으로 보였다. 그들은 이상하게도 똑같은 산뜻한 옷과 구두를 착용하고 있었다. 경찰 당국은 무장 단체 요원 한 사람을 체포하거나 살해하는 경찰관에게 거액의 돈인 5라크 루피약 7500달러

의 포상금을 지급한다. 이 사건은 인도와 국제 언론에서 주목을 받은 후
에야 그에 대한 조사 지시가 내려졌다.

같은 달 차티스가르주의 경찰들은 지역 원주민인 아디바시들의 인권
상황을 고발하거나 옹호한 학자, 언론인, 운동가들을 상징하는 짚으로 만
든 허수아비들을 줄지어 전시해 놓고 '반역자'들이라며 주먹으로 치고 발
로 걷어차며 불태웠다. 그들은 2011년 중앙수사국이 아디바시 마을 세
곳에서 발생한 방화 사건의 책임을 현지 경찰에 물은 것에 분노했다. 방
화 사건이 일어났을 때 그 지역 경찰서장인 시브 람 프라사드 칼루리Shiv
Ram Prasad Kalluri 총경은 "의심스러운 분위기를 조성하여 국내 보안을 관
리하는 경찰의 사기를 꺾으려 하는 것은 부당하고 반국가적인 행위"라고
불평하면서 언론인들을 비난했다. 경찰의 직권 남용에 대한 책임의 부재
와 이것을 지적하는 언론인과 사회운동가를 '반국가적'이라고 비난하는
것은 인도의 미래에 좋지 않은 징조다.

왜 인도에서 마오주의 혁명이 일어나는가?

2010년, 만모한 싱 총리는 인도 마오주의자들의 반란을 이 나라에 "가장
큰 내부적인 안보 위협"이라고 선언했다. 그들의 반란은 1960년대에 서
벵골에서 시작되었다. 1967년 낙살바리 마을에서 벌어진 폭력 충돌 이후
로 '낙살라이트Naxalites'로 알려진 인도의 마오주의 저항 세력들은 자크
헨드, 차티스가르, 오리사, 비하르, 안드라프라데시주를 포함하는 지역들
에 걸쳐 활동하고 있다. 이 지역들은 종종 인도의 '붉은 복도'로 불린다.

인도 석탄 매장량의 40%는 원주민인 아디바시가 거주하는 야크핸드
주와 차티스가르주의 울창한 삼림지역에 매장돼 있으며, 이들 원주민들
대다수는 삼림에서 나는 산물을 채취하여 살고 있다. 산스크리트어로 '태
초太初'를 뜻하는 아디adi와 '주민'을 뜻하는 바시vasi로 만들어진 아디바

시라는 이름의 주민들은 앞서 본 것을 포함해서 인도의 토착민으로 간주되는 민족들이다. 200여 개의 서로 다른 언어나 방언을 사용하는 100여개 이상의 뚜렷이 다른 민족으로 구성된 매우 다양한 집단인 아디바시는 오래 전부터 '원시 종족들'로 여겨져왔다. 인도 주류 사회에 의해 오명이 씌워지고 소외돼 온 그들의 지역사회는 최근 몇 년 동안 광산업으로 인해 처지가 많이 나아졌다. 인도 정부는 석탄, 보크사이트, 철 및 기타 광석의 채굴을 인도 발전에 필수적인 요소로 보고 있다. 그러나 광업은 이 지역의 가난한 사람들에게 번영을 가져다주기는커녕 환경 파괴와 대대로 이곳에서 살아온 이들을 다른 곳으로 강제로 이주시키는 결과를 낳았다.

마오주의자들은 수년간 인도의 보안군과 경찰을 상대로 매우 극적인 공격을 감행해 왔다. 인도 내무부는 2008년 이후 마오주의자들의 공격으로 3000명이 사망했다고 주장한다. 이들의 활동은 경찰서에 대한 습격, 관할 지역을 통과하는 사람들에게 통과세 부과, 광업회사들로부터의 보호비 강탈을 통해 지역 불만을 잠재우고 재정적인 문제를 해결한다.

인도 정부와 해당 지역 주 정부는 경찰과 보안군을 배치하는 것으로 대응했다. 보안군은 마오주의자들을 색출하려는 열정에서 현지인들을 상습적으로 심문하고 때리고 고문한다. 마오주의자들 또한 경찰과 주 보안군에 협조한 것으로 의심되는 지역 주민들을 응징한다.

인도의 보안 기관들은 또한 이 지역의 인권운동가들과 사회복지사들을 사찰 대상으로 삼고 있다. 가난한 사람들에게 도움의 손길을 뻗치는 사람은 누구나 마오주의 동조자로 기소되기 쉽다. 2007년 4월 마오주의자들에게 메시지를 전달한 혐의로 체포돼 기소된 비나야크 센Dr. Binayak Sen 박사의 경우도 그랬다. 그는 하급법원에서 선동죄로 유죄 판결을 받고 종신형을 선고받았다. 이를 뒷받침할 증거를 찾지 못한 인도 대법원은 2011년 센의 석방을 승인했다.

차티스가르주는 언론인들을 침묵시키고 노동자들과 사회주의자들을 겁주기 위해 엄격한 조치를 취했다. 바스타르 지구에서는 기자들이 체포, 고문, 협박의 대상이 되는 일이 반복되고 있으며, 많은 사람들이 이 지역을 탈출해야 했다. 2016년 11월 자와할랄 네루 대학의 아르카나 프라사드Archana Prasad 교수와 델리 대학의 사회학부 학과장이자 인도 마오주의 분쟁 전문가인 난디니 순다르Nandini Sundar 교수가 마오주의자에게 살해된 것으로 알려진 바스타의 한 마을 주민에 대한 소송에서 살인혐의로 기소된 10명 중에 포함되었을 때, 형세가 기괴하게 변했다. 그들은 폭동과 음모로 기소되었다.

순다르 교수는 살해 사건 당시 바스타르에 없었지만 경찰은 그녀와 몇몇 사람들이 마오주의자들을 대담하게 만드는 분위기를 조성했다고 비난했다. 한 현지 경찰관은 "바스타르는 자기 문제들을 처리하는 방법을 알고 있다. 우리는 어떤 종류의 간섭도 좋아하지 않는다"며 기괴한 혐의 이면의 진짜 동기를 밝혔다. 차티스가르주 예비 경찰인 칼루리는 더욱 싸늘하게 "활동가들은 인도 국민들을 선동하기 때문에 적이다"라고 말했다. 언론을 침묵시키고 사회운동가들과 사회적 갈등을 연구하는 사회학자들을 괴롭히는 것은 당국과 마오주의자들이 똑같이 저지르는 인권 유린에 지역 주민들을 그 어느 때보다도 더 취약하게 만들 뿐이다.

카스트를 둘러싼 정치 상황은?

영국은 식민지 인도를 용이하게 통치하기 위해 카스트를 법률화했으며, 독립 후 인도 공화국은 그 법률을 대부분 유지했다. 그 후, 그 법률은 특히 하층계급 구성원들에게 긍정적인 행동 프로그램을 통해 역사적인 카스트 차별을 바로 잡는 방향으로 확대되고 수정되었다. 최근 수십 년 동안 카스트에 기반을 둔 정당들이 등장하여 하층계급 정치인들을 국가 권력의 위치로 밀어 올려 인도의 정치적 역학을 변화시켰다.

인도에는 국가가 인정하고, 정치적·사회적 목적을 위해 회원들을 대신하여 행동하는 유사한 등급의 자티 또는 카스트들의 연합인 '자티 클러스터'가 있다. 인도의 복잡한 카스트 행정은 정부 일자리와 대학 입학에 할당량 배정을 통해 하층계급 인도인에 대한 차별을 없애기 위해 노력하고 있다. 앞서 만달 위원회에 대한 문제에서 보았듯이, 이러한 노력은 역사적으로 차별을 받은 적이 없는 상위 카스트 구성원들의 폭력적인 시위를 촉발시켰는데, 그들은 정부 일자리와 대학 입학 할당량을 확보하기 위해 자기들 역시 '기타 하위 카스트Other Backward Castes: OBC'(독립 후 토지 개혁과 녹색혁명으로 혜택을 입은 하위 카스트), '지정 카스트Scheduled Castes'(인도에서 불가촉천민이란 호칭 대신에 쓰는 공적인 호칭), '지정 부족민 Scheduled Tribes'(불가촉천민 부족을 바꾸어 부르는 호칭)처럼 한 범주로 분류되어야 한다고 주장한다.

차별 철폐 조치와 경제적으로 어려운 학생들을 위한 정부 장학금 덕분에 인도 대학에는 달리트 출신 학생들이 이전보다 많지만, 이 학생들은 계속해서 끔찍한 차별을 받고 있다. 2016년 1월, 하이데라바드대학의 박사과정 학생인 달리트 출신의 로히트 베물라는 대학 당국이 달리트 학생 운동가들의 학교 기숙사 및 식당 출입을 금지하자 자살했다. 베물라의 가족은 가난했는데 대학 당국은 학생운동을 한다는 이유로 그의 학교 생활비 지불을 유보했던 것이다. 힌두교 민족주의 무장 학생 단체인 '아킬 바라티야 비디야르티 달Akhil Bharatiya Vidyarthi Dal'의 회원들은 달리트 출신 학생들이 말썽꾸러기라고 불평했다. 전하는 바에 따르면 당시 모디 정부의 인적자원부 장관이었던 스므리티 이라니Smriti Irani는 그녀의 부서가 힌두 민족주의 학생들의 불만으로 경고를 받자 달리트 학생들의 처벌을 요구했다고 한다.

베물라는 유서에서 "나의 탄생은 치명적인 사고"라고 썼다. 그의 자살은 국내외 뉴스를 장식했다. 나렌드라 모디 총리는 "어머니가 아들을 잃었다"고 안타까움을 표시했지만, 베물라의 죽음에 한몫을 한 카스트 정치에 대해서는 언급하지 않았다.

AFSPA란 무엇인가?

카스트는 인도에서 특정집단에 대한 사회적 불의가 제도화한 유일한 무대가 아니다. AFSPA는 인도 '군軍 특권법', 즉 Armed Forces (Special Powers) Act의 약칭이다. 인도 정부는 1958년 북동부의 나가^{Naga} 반란에 대응하여 이 법을 만들었다. 군 특권법은 '치안이 불안한 지역'에 배치된 인도 국군과 보안군에게 기소 면책 특권과 함께 광범위한 권한을 부여한다. 이 법은 북동부의 7개 주와 1990년 이후 카슈미르 계곡에서 계속 시행되고 있다.

군 특권법은 인도 국군과 보안군이 민간인들을 테러하도록 부추긴다는 비난을 받고 있다. 정부와 군은 폭도들을 민간인과 구별하기가 쉽지 않은 상황에서 군대가 '실수'를 저지를 수도 있다는 점은 인정하지만, 민간인들을 학대한다는 것은 부인한다. 2017년 현재 인도 국방부는 38건의 구체적인 기소 요청에도 불구하고 1991년 이후 군 특권법에 따라 단 한 건의 기소도 받아들이지 않았다.

군 특권법이 잠무와 카슈미르주에 시행된 지 25년 만인 2015년, 국제 사면위원회 엠네스티는 인도 각 주에서 자행된 인권 침해와 인노 보인군의 부당성에 대한 상세한 보고서를 발표했다. 이 보고서에 따르면, 인도군에 대해 제기된 불만 중 96%가 "허위와 근거 없는 것"으로 치부되었고, 민간인들에 대한 많은 학대는 신고하지 않거나 경찰이 기록하지 않는다고 했다. 혐의가 제기된 학대는 납치, 고문, 살인, 강간 등을 포함한다.

2012년 인도를 공식 방문한 유엔 특별보고관인 크리스토프 하인스 Christof Heyns는 "군 특권법과 같은 법을 유지하겠다는 견해는 민주주의 와 인권원칙에 위배된다"라고 선언했다.

군 특권법은 1980년부터 소수민족 집단들이 오랫동안 분리주의 반란 을 일으킨 마니푸르주에서 시행되어 왔다. 2004년 마노라마 데비라는 여 성이 마니푸르에 있는 그녀의 집에서 보안군에게 체포된 후 강간, 고문 끝에 살해되었다. 그녀의 시신은 성기와 허벅지에 총상을 입은 상태로 발견되었다. 그녀의 죽음은 마니푸르 여성들이 벌거벗은 채 인도의 엘리 트 군대인 아삼 소총부대 병사들에게 와서 "우리들을 강간해 보라"고 외 치는 극적인 시위를 벌이게 했다. 아삼 소총부대는 '북동부의 보초병'이 라는 별명을 가지고 있으며, 1835년 아삼고원에서 통제 불능인 부족들과 싸우기 위해 영국군이 양성한 부대다.

2004년에 마니푸르족 시민운동가인 이롬 샤르밀라 타루Irom Sharmila Tharu는 군 특권법을 폐지하기 전에는 절대로 끝내지 않을 것이라고 다짐 하며 항의 단식을 시작했다. 그녀는 곧 당국에 체포되었고 자살을 시도 한 혐의로 기소되었다. 이후 그녀는 여러 차례 체포와 석방을 반복했으 며, 체포 땐 단식을 하여 뉴델리의 전 인도 의학연구소와 임팔의 자와할 랄 네루 의학연구소의 급식 튜브로 생명을 부지했다. 2013년 국제사면위 원회는 샤르밀라를 양심수로 지정했다. 2016년 임팔의 법원이 자살 시도 혐의에 내해 무죄를 선고한 후 샤르빌라는 단식을 끝내고 정치 입문 의사 를 밝혔다.

2016년 7월 인도 대법원은 군 특권법을 이용해 인도군에게 전면적인 면책 특권을 줘서는 안 되며, 군인들은 민간인에게 '적'이라는 단순한 주 장이나 의혹으로 총을 쏘아서는 안 된다고 판결했다. 군 특권법에 의해 저질러진 학대는 '법치뿐 아니라 민주주의'를 심각한 위험에 빠뜨렸다고 대법원은 경고했다. 군 특권법에 의해 저질러진 학대에 대한 조사가 가해자에 대한 형사 고발로 이어질지는 두고 봐야겠지만, 대법원의 이 같은 획기적인 판결은 이 나라의 정의와 인권에 대한 환영할 만한 발전이다

카슈미르 지역의 폭력사태는 언제 끝날까?

제1부에서는 카슈미르 지역 긴장 상황의 초기 근원을 살펴보았다. 그로부터 반세기 이상이 지난 지금도 이 지역에 평화를 가져다줄 정치적 해결책은 여전히 보이지 않는다. 2016년 3월, 바라티야 자나타 당은 인도의 잠무와 카슈미르주에서 인민민주당PDP과 많은 논쟁 끝에 연립정부를 세우고 PDP 소속 정치인인 메흐부바 무프티가 주지사로 임명되었다. 힌두교 민족주의자 정당과 카슈미르 정당 간의 이 연립정부는 인도 국민, 파키스탄 국민 및 카슈미르 주민을 아우르는 3자 간의 대화를 통해서만 카슈미르에 평화를 가져올 수 있다고 주장함으로써 카슈미르에서 마침내 정치적 해결이 이루어질 수 있다는 희망을 주었다.

그 후 2016년 7월 8일 인도 보안군은, 소셜미디어를 통해 카슈미르의 독립을 옹호하며 그곳 젊은이들 사이에서 인기를 얻고 추종 세력을 구축한, 스스로 전투원이라고 주장하는 카리스마 넘치는 22세의 부르한 와니Burhan Wani를 살해했다. 수천 명의 카슈미르 주민들이 와니의 장례식에 참석했으며, 카슈미르 계곡은 돌을 던지는 젊은이들과 무장한 인도 보안군 사이의 격렬한 대립으로 폭발했다. 몇 주 만에 수천 명이 부상당했는데, 대부분이 민간인들이었다. 경찰과 보안군은 분노한 군중을 통제하기 위해 공기총을 사용했고, 어린이와 10대 들을 포함한 수백 명의 사람들이 눈에 공기총 알갱이가 박혀 눈이 멀었다.

2016년 9월 중순까지 83명이 사망했다. 폭동을 진압하기 위해 인도 당국은 통행금지령을 내리고 휴대전화와 인터넷 서비스를 포함한 통신을

차단했으며 지역 신문사를 급습했다.

와니의 죽음으로 촉발된 정치적 혼란은 오래 지속되었다. 1990년대에 카슈미르에서 격렬하게 일어난 저항은 21세기 초반 10여 년 동안 비교적 잠잠해졌지만, 결코 완전히 사라진 것은 아니었다. 저항군들은 파키스탄에서 피난처를 제공받고 지원을 받아왔는데 그곳에서 건너오는 무장 요원들의 수가 줄어들었다. 그러나 카슈미르인들은 군 특권법으로 완전한 면책권을 갖고 인도 쪽 주에서 수십 년 동안 작전을 수행했던 인도 보안군의 잔혹한 처사에 시달렸다. 1990년대의 저항이 끝날 무렵까지 인도군과 무장 단체의 잔학 행위로 7만 명 이상이 사망했다. 대부분의 카슈미르인들은 어떤 방식으로든 폭력의 영향을 받아왔다. 인도 보안군은 약 70만 명의 점령군으로 성장했다.

한편 카슈미르의 젊은이들은 이슬람 무장 세력의 상승하는 세계적인 조류에 휩쓸려 인도군 점령하의 희망 없는 삶에 대한 용감한 대안으로 지하드와 순교의 영광을 받아들였다. 카슈미르의 작가 바샤라트 피어가 뉴욕타임스에 기고한 글에서 얘기하고 있듯이, 2016년 열두 살 정도의 소년들을 저항군에 몰아넣은 것은 상실과 분노의 유산이었다. 그해 가을 방화범들은 카슈미르에 있는 30개 이상의 학교를 파괴했고, 카슈미르 젊은이들은 내란의 도가니를 통하지 않고 어른으로 자라날 방법을 찾을 전망은 더욱 희미해졌다.

오직 정치적인 해결책만이 카슈미르에 평화를 가져올 수 있다. 파키스탄은 인도를 상대로 대리전을 치르는 무장 세력의 공격을 중단해야 하고, 인도 정부는 잠무와 카슈미르를 '특별 자치주'로 규정하는 인도 헌법 제370조에 의해 카슈미르인들에게 부여된 자치권을 그들에게 돌려주어야 한다. 인도는 국경 방어에 직접 관련이 없는 육군과 보안군을 철수시키고 카슈미르인들의 인권을 유린한 가해자들을 색출하여 그 책임을 물어야 한다. 그러나 힌두교 민족주의의 대두와 2016년 9월 파키스탄에서 국경을 넘어온 무장 세력의 새로운 공격으로 18명의 인도 군인들이 사망하면서 카슈미르 지역의 평화의 전망은 그 어느 때보다 멀어진 것으로 보인다.

힌두트바란 무엇인가?

힌두트바는 1923년 작가 겸 사회활동가인 비나야크 다모다르 사바르카르가 『힌두트바: 힌두인은 누구인가?Hindutva: Who Is a Hindu?』라는 책을 출간했을 때 만들어진 용어이다. 사바르카르에게 힌두트바, 즉 "힌두적인 것 또는 힌두주의"는 인도 아대륙의 지리적 통일성, 힌두 공통 문화, 그리고 공통 인종에서 비롯된다. 힌두트바는 인도 문화를 힌두교 가치의 관점에서 정의하고자 하고, 전체 아대륙을 힌두교의 자연적인 고향으로 인식하고, 역사적으로 이슬람교도와 다른 외국 침략자들이 힌두교도들에게 행한 해악으로 간주되는 것들을 바로잡으려고 한다. 힌두 민족주의자들은 인도국민회의당이 인도 인구의 80%를 차지하는 힌두교도들을 그들의 천연 고국에서 '방관자'의 역할을 하도록 만들고, 비겁하게 인도의 이슬람교도들을 응원한다며 비난한다.

힌두트바는 모디 총리의 BJP 정부가 추구하는 정책의 기초를 형성한다. BJP는 라슈트리야 스웨이암세박 상Rashtriya Swayamsevak Sangh: RSS, 즉 민족봉사단National Volunteer Organization(힌두교 민족주의 우익 단체) 산하에 있는 여러 힌두 민족주의자 단체를 묶는 상 파리바르(가족기구)의 일부이다. 상 파리바르와 관련된 다른 주요 그룹은 비슈바 힌두 파리샤드Vishva Hindu Parishad: VHP로, 공식 웹 사이트에 따르면 "목표는 힌두 사회를 조직하여 공고히 하고 힌두교 다르마를 수호하는 것"이며, 비슈바 힌두 파리샤드에는 청소년 단체인 바지랑 달Bajrang Dal과 반힌두교를 단속하는 학생단체인 아킬 바라티야 비디야르티 파리샤드Akhil Bharatiya Vidyarthi Parishad가 있다.

RSS는 웹사이트에 명시한 바와 같이 "사회 전체를 조직화하여 공고히 하고 힌두 다르마의 수호를 보장함으로써 국가를 영광의 정점에 이르게 하는 것"이라는 사명을 가진 호전적인 힌두 민족주의 단체다. RSS는 1920년대 인도를 뒤흔든 힌두교-무슬림 폭동에 대응하여 1925년 케샤브 발리람 헤드게바Keshav Baliram Hedgewar에 의해 설립되었다. 유럽의 파시즘과 나치 독일의 민족주의에서 영감을 받은 RSS는 인도를, 외국의 영향력으로 인해 오염되는 것을 정화해야 하는 인종, 문화, 종교 및 지리적 통일성을 지닌 땅으로 상상한다. 이를 위해 일차적인 목표는 힌두교 인도를 외국의 요소, 즉 이슬람과 기독교적인 국가로 보는 것을 방어하고 과거의 위대한 인도로 복원하는 것이다.

RSS는 그들의 정치적 극단주의로 인해 역사상 여러 차례 활동이 금지되었다. 자와할랄 네루 총리는 1949년 마하트마 간디가 나투람 고세에게 암살된 후 RSS의 활동을 금지했다. 고세가 간디를 죽였을 때 그가 RSS의 회원이었다고 주장했지만, 실제로 고세는 극우 힌두 민족주의 단체들과 오랜 관계를 맺고 있었다. 1975~1977년 인디라 간디 총리가 국가비상사태를 선포하며 다시 RSS의 활동을 금지했고, 그리고 1992년 12월 6일 아요디야에서 힌두교 신인 라마에게 바쳐진 힌두교 사원의 폐허 위에 세워진 바부르 모스크Babri Masjid가 파괴된 후 6개월 동안 금지되었디.

RSS는 샤카shakhas, 즉 지역 지부로 구성되어 있으며, 그 아래 다시 계층적 그룹이 조직되어 있다. RSS 핵심 그룹은 파라차락 paracharaks 이라 불린다. 회원계층의 맨 위에는 최고지도자인 사르상찰락sarsanghchalak 이 있다. 회원들은 넓은 캔버스 벨트, 흰 셔츠, 검은 구두, 그리고 검은 모자를 착용하며, 간베쉬ganvesh로 알려진 헐렁한 카키색 반바지의 유니폼을 입는다. 2016년 RSS는 이 카키색 반바지를 카키색 긴 바지로 교체했다. 행진과 훈련 도중 회원들은 긴 나무 단다dandas, 즉 긴 대나무 막대기를 휘두르며 경례를 하고 오른손을 가슴과 평행하게 가져온다. 남자로만 구성된 샤카는 매일, 매주, 매월 만나 그룹의 트레이드마크인 사프란색 깃발을 올리고 "바라트마타 키 자이!(나의 조국 인도 만세!)"라는 외침으로 끝나는 산스크리트어로 된 기도문을 읊는 등 일련의 상징적인 행동을 한다. 지부 회원들이 무술을 연습하기 위해 모이는 정규 캠프도 있다. 인도 현 정부의 대부분의 고위 인사들은 RSS의 고참 회원들이다. RSS는 인도에서 입지를 굳히고 있다. 2015년에는 샤카가 5만 곳 이상이나 되었다.

나렌드라 모디는 어떤 사람인가?

나렌드라 모디는 2014년 총선에서 바라티야 자나타 당이 승리하면서 인도의 총리로 지명되었다. 모디는 1950년 9월 17일 구자라트주에서 태어났다. 식료품가게의 아들로 태어나 아버지의 간이 찻집에서 일을 도우며 자란 그의 미천한 출생에 관한 많은 이야기들이 있다. 모디는 8살 때 RSS를 알았고 19살 때 정식으로 그 조직에 가입해 꾸준히 지위를 높여나가, 1988년 구자라트의 BJP 조직 비서로 선출되었다. 1990년 모디는 랄 키산 아드바니Lal Kishan Advani가 바부르 모스크를 파괴하기 위해 1992년에 아요디아로 가는 라트 야트라Rath Yatra 행렬을 조직하고 목적을 수행하도록 도왔다.

모디는 2001년에 구자라트 주지사로 선출되었다. 2002년 2월과 3월, 힌두교 아요디야 무장 단체를 태운 열차에 대한 공격으로 구자라트 전역의 도시에서 끔찍한 집단 폭력 사태가 발생했다. 고드라Godhra 마을은 그 전에는 특별한 중요성이 없던 마을이었지만, 그 공격 사건이 발생한 후에는 이슬람교도들에 대한 보복 공격의 구호에 반드시 들어가는 이름이 되었다.

열차 공격의 정확한 계기와 책임이 누구에게 있는지는 여전히 불분명하다. 그러나 그 공격 이후 구자라트주에서 1000여 명이 목숨을 잃었는데 대부분이 이슬람교도들이었다. 가정과 직장 및 사업장에서 이슬람교도들을 표적으로 자행한 살해에 대한 주 당국과 지방 관리 및 경찰의 공모는 인도의 국가인권위원회를 위시한 각 인권단체들에 의해 상세하게 기록되어 있다. 2005년 미국 정부는 2002년 구자라트에서의 대학살을 막지 못한 모디에게 미국 방문 비자를 거부했다. 미국 법률에 따르면, "종교적 자유에 대한 심각한 위반"은 비자 거부의 근거가 된다. 그러나 이제 국가 수반이 된 모디 총리는 환영을 받으며 미국 여행을 할 수 있다.

모디는 구자라트 주지사 시절 적극적으로 기업 친화적인 정책을 추구하며 큰 규모의 외국인 직접 투자를 유치했다. 구자라트주는 만약 인도가 사회주의에 영향을 받은 인도국민회의당 경제 정책의 숨 막히는 관료주의에서 벗어날 수 있다면 무엇을 달성할 수 있는지를 잘 보여주는 본보기로 여겨졌다. 모디 지사 시절 구자라트주는 비록 인간개발 순위는 낮았지만 사업이 번창하여 높은 경제성장을 이루었다.

그러한 성공은 국민들에게 인기 있는 정치인으로서의 모디의 이미지뿐만 아니라, 당시의 여당인 인도국민회의당이 주도한 통합진보연대 정부의 최고위급에서 앞서 설명한 일련의 엄청난 부패 스캔들이 있은 후 모디를 인도 정부에 청렴을 가져다줄 총리 후보자로 규정하는 데 도움이 되었다. 모디는 인도의 경제적 잠재력을 촉발시키고, 가난하고 향상심에 불타는 중산층에 새로운 기회를 가져다주며, 이 나라를 21세기 세계강국으로 변화시키겠다는 캠페인을 벌였다. 2014년, BJP는 25년 만에 처음으로 연립 파트너 없이 단독으로 통치할 수 있는 의석을 확보하여 정권을 잡았다.

2014년 나렌드라 모디 집권 후 인도에 어떤 변화가 있었는가?

모디는 총리가 된 후 세계를 여행하며 동맹을 강화하고 외국인 투자를 끌어오기 위해 노력했다. 그는 인도 경제를 활성화하기 위한 일련의 야심찬 프로그램을 시작했다. 앞서 살펴본 것처럼 제조업을 신장시키기 위한 '인도에서 만들기Make in India'와 경제성장을 촉진하기 위해 디지털 기술을 활용하는 디지털 인도Digital India 등, 일련의 야심 찬 프로그램에 착수했다. 2015년 그는 65년간 5개년 계획으로 인도의 발전을 추진해 왔던 인도기획위원회IPC를 해체하고 새로운 국가 혁신 기구로 대체했다. 모디 정부는 정부서비스 제공을 위해 인도의 독특한 생체 인식 번호인, 앞서 논한 아드하르의 사용을 확대하는 적극적인 움직임을 보였다. 또한 모디는 인도의 조세 기반을 확충하고, 재화와 서비스에 대한 세금을 부과하기로 했으며, 2016년 통화성정지 명령을 통해 인도 경제로부터 '검은 돈'을 제거하는 조치를 취했다.

동시에 모디는 힌두트바의 약속을 지키기 위해 신속하게 움직였다. 그는 내각에 RSS의 고참 회원 및 지지자들을 배치했다. 문화관광부 장관인 마흐시 샤르마는 인도의 주요 문화교육기관들을 힌두민족주의 이데올로그들의 지휘 아래에 두기 위해 일찍부터 서둘렀다. 전문의이기도 한 샤르마는 자신의 개인 웹사이트에서 "14세의 어린 나이에 RSS에 관여하게 되었다"고 이야기한다. 그는 자라면서 바라티야 지나타 당의 '열렬한 당원'이 되기 전에 아킬 바라티야 비디야르티 파리샤드ABVP에 가입했다. 샤르마가 문화부장관으로 임명된 이후 네루 메모리얼 박물관과 도서관, 인디라 간디 국립 예술센터, 랄릿 칼라 아카데미(국립 미술원)의 이사회나 운영기구들이 해체되어 감독들이 교체되거나 직책이 공석으로 남게 되었다. 인도 국립박물관장인 베누 바수데반Venu Vasudevan은 3년 임기의 중간에 퇴출되었다. 역사학자 로밀라 타파르Romila Thapar와 극작가 기리쉬 카르나드Girish Karnad 등 문화에 관여하는 저명인들이 문화부에 바수데반의 복직을 청원했다. 저명한 미술사학자 B. N. 고스와미B. N. Goswamy는 모디에게 편지를 보내 바수데반이 임기를 마칠 수 있도록 해달라고 요청하기도 했다. 이러한 노력은 묵살되었다.

2015년 6월, 뭄바이에 있는 인도 영화텔레비전학교의 학생들과 동문들은 모디 정부가 가젠드라 차우한Gajendra Chauhan을 임명하여 이 나라 최고의 영화학교를 이끌도록 한 것에 대해 항의하며 파업에 돌입했다. 차우한의, 영화텔레비전학교 수장으로서의 주요 자격은 1980년대 〈마하바라타〉 영화시리즈에서 이드히스드라 역으로 출연했던 것이 아니라 BJP와 RSS에 대한 그의 충성심이었다. 이 학교의 학생들은 1년 후인 2016년 6월 차우한이 RSS의 최고 책임자인 모한 바그와트를 만나기 위해 나흐푸르에 있는 본부를 방문했을 때도 여전히 파업 중이었다. 차우한은 자신의 방문이 영화텔레비전학교 사태와는 아무런 관련이 없다며, "나에게는 아버지와 같은 사람인" 바그와트를 그의 아들의 결혼식에 초대하고 싶었을 뿐이라고 설명했다.

모디 정부는 또한 외국의 기부를 받는 외국 재단과 인도 비영리 단체의 활동을 중단하거나 축소하려는 움직임을 보였다. 정부는 2015년 4월 포드재단을 국가 안보 감시 대상에 올려 정부의 사전허가가 없이는 인도의 어느 단체에도 자금을 보내지 못하도록 했다. 1952년 이래로 인도에 있는 포드재단은 빈곤 감소, 교육 개선, 민주주의 발전, 그리고 불의와의 싸움을 목표로 하는 프로젝트를 위해 인도의 여러 단체에 5억 달러의 보조금을 지원해 왔다. 모디의 이런 움직임은 포드 재단이 사브랑 트러스트Sabrang Trust에 보조금을 지급해 온 것에 대한 보복으로 보이는데, 사브랑 트러스트를 설립하여 사회 활동을 해온 데이스타 세탈바드Teesta Setalvad는 모디가 구자라트주 지사로 재직 중이던 2002년 그 주에서 폭동을 일으킨 희생자들을 도왔던 것이다.

같은 달 인도 내무부는 외국 기여 규제법FCRA에 따라 국제 자연보호 단체인 '그린피스 인디아'의 등록을 잠정 중단해 사실상 이 기구의 외국 자금 수수를 차단했다. 모디 정부는 2015년 1월 그린피스 활동가인 프리야 필라이Priya Pillai가 런던행 비행기에 오르는 것을 제지했는데, 그녀는 런던에 가서 영국 의회의원들에게 인도 탄광의 환경적, 인권적 영향에 대해 브리핑할 예정이었다. 이들 두 경우 모두 인도의 법원이 개입했다. 라비 샤크더Ravi Shakdher 고등법원 판사는 "필라이의 여행 금지는 불법"이라며 "민주주의 국가에서는 반대 의견을 묵살할 수 없다"고 경고했다.

2016년 11월 인도 내무부는 외국 기여 규제법에 따라 25개 비정부기구의 등록 면허 갱신을 거부했다. 인권 감시 단체와 국제사면위원회는 이 조치를 비난하면서 피해 단체들의 리스트에는 여러 인권 관련 단체들이 포함되어 있다고 주장했다. 2016년 6월 유엔 인권특별보고관은 인도 정부에 외국 기여 규제법의 폐지를 촉구하면서, 이 법이 "시민적, 정치적, 경제적, 사회적, 환경적 또는 문화적 우선순위를 옹호하는 단체들을 침묵시키는 데 점점 더 많이 이용되고 있으며, 그들은 정부의 지원을 받는 단체들과 다를 수 있다"고 경고했다.

2015년에는 인도의 소설가, 수필가, 시인, 극작가 등 40여 명이 점점 편협해지고 있는 인도의 사회 풍토에 항의하기 위해 사히디이 아카데미 Sahitya Akademi 문학상을 반납했다. 이들 문인들은 2015년 10월 힌두교 폭도들이 쇠고기를 먹었다고 비난하며 무슬림 남성에게 린치를 가한 것과 이 상을 수상한 76세의 학자인 말레샤파 칼부르기Malleshappa Kalburgi가 암살당한 것에 대해 매우 심란해 했다. 이 학자는 미신과 그가 "거짓

믿음"이라고 부른 것에 반대하는 운동을 벌이다가 힌두교 우익 단체들의 미움을 사 암살당한 것이다. 1975~1977년 긴급사태 당시 수감되었던 작가 나얀타라 사흐갈Nayantara Sahgal은 서한에서 "살해당한 인도인들을 추모하고, 반대할 권리를 옹호하는 모든 인도인들을 지원하고, 그리고 현재 두려움과 불확실성에 살고 있는 모든 반대자들을 위해" 상을 돌려주는 것이라고 썼다. 소설가 살만 루슈디는 이들 문인들이 행동에 나선 원인은 이제 "인도인의 삶 속으로 파고든 흉악한 폭력"의 정도 때문이라고 설명했다.

가우락샤(gau rakshas)란 무엇인가?

나렌드라 모디가 총리가 된 이후 인도인과 인도에 대한 국제 뉴스를 대충 훑어본 결과, 인도인이 아닌 독자나 텔레비전 시청자들이 이해하기 어려울 만한 표현들이 많이 나왔다. 여기에는 '소의 수호자'라는 뜻의 힌디어 표현인 '가우락샤gau rakshas'와 귀향(즉, 힌두교 신앙으로의 귀환)이라는 뜻의 '가르왑시gar wapsi', 그리고 '사랑의 지하드love jihad'와 '분홍색 혁명pink revolution'이라는 표현이 포함된다. 힌두교의 가우락샤 자경단원들은 이제 인도 각지를 돌아다니며 소를 죽이거나 쇠고기를 먹었다는 이유로 이슬람교도와 달리트를 비난하고 공격한다. 2015년 9월 뉴델리 근처의 한 마을에서 분노한 힌두교 폭도들이 무슬림 남자를 그의 집에서 끌고 나와 그의 집 냉장고에 쇠고기를 보관하고 있다는 혐의로 죽였다. 2016년 7월, 두 명의 무슬림 여성이 쇠고기를 운반했다고 비난하는 성난 힌두교 폭도들에게 공격을 받았다. 2016년 9월, 소 상인의 절단된 시체 ─ 그의 생식기가 잘려나간 ─ 가 서벵골주에 있는 돌라하트 마을 근처의 들판에서 발견되었다.

선거를 준비하면서 모디 총리는 구자라트주에서 소를 죽인 것으로 추정되는 5명의 달리트들이 매 맞는 비디오테이프가 언론과 소셜 미디어에서 퍼지자 가우락샤의 폭력적인 행동을 비난할 수밖에 없었다. 이들 달리트들은 소의 주인이 주장한 대로 자연사한 동물을 처리하기 위해 자신의 카스트에 부과된 일을 하고 있었다.

모디는 스스로 가우락샤의 열의에 기여했다. 2014년 선거운동 기간 동안 그는 의회가 소를 죽이는 것에서 수익을 얻기 위해 쇠고기 수출이라는 '분홍색 혁명'을 일으키고 있다고 비난했다. 이 표현은 시리얼 곡물과 인도의 거대한 유제품 산업과 관련된 화이트혁명을 포함하는 녹색혁명을 암시한다. 인도의 쇠고기 수출은 2014년 세계 쇠고기 수출의 20%를 차지했다. 물소 고기는 법적으로 비프beef라는 이름으로 수출될 수 있지만, 일반 쇠고기 수출은 현재 인도에서 불법이다. 모디의 '분홍색 혁명' 캠페인은 인도국민회의당과 인도의 이슬람교도 양쪽에 모두 반대표를 던지도록 힌두교도들에게 요구하는 것이었다.

가르왑시, 즉 '귀향'은 인도 이슬람교도들과 기독교인들이 힌두교로 개종하는 것을 힌두교 민족주의자들이 칭하는 말이다. '사랑의 지하드'는 힌두교 여성을 사랑에 빠뜨려 개종시키겠다는 이슬람 남성들의 의도를 추정한 말이다. RSS, 바지랑 달, BJP 등 우파 힌두교 단체와 연관된 개인과 갱단은 이민족 혼인 부부를 사냥하고 힌두교 여성을 납치해 그들의 부모들에게 돌려보낸다. 힌두교 '사랑의 지하드'에 반대하는 무장 단체들은 종교 간 결혼을 방해하고 힌두교 여성들에게 이슬람교 신랑을 떠나 힌두교 남성과 결혼하도록 강요했다.

힌두교 민족주의자들은 흔히 세속주의를 '사이비 세속주의' 또는 비웃는 투로 '병든주의sikularism'(아마도 세속주의는 '병든 것'이기 때문에)라고 말한다. 힌두교의 민족주의적인 미디어 논평가와 트위터 트롤들은 인도가 힌두교 국가여야 한다는 개념에 도전하는 것으로 인식되는 사람, 언론의 자유를 옹호하는 사람, 이슬람교를 옹호하는 사람으로 보이는 사람들에게 "사이비 세속주의자"이란 꼬리표를 붙인다. 힌두 민족주의 노선을 굽히지 않는 저널리스트들은 '프레스티튜트presstitutes'[press(언론)와 prostitute(창녀)의 합성에]로 분류된다.

인도 정치에서 소셜 미디어는 어떤 역할을 하는가?

트위터에서 언론인을 겨냥한 가시 돋친 말이 횡행하는 것은 인도의 소셜 미디어 정치화의 한 가지 증상에 불과하다. 소셜 미디어는 정부를 감시하는 도구일 뿐 아니라 인도 정치의 강력한 세력이 되었다. 인도 선거관리위원회는 2014년 총선 당시 트위트나 페이스북에서 정치인이 팔로어 수를 인위적으로 늘린 혐의로 고발되자 소셜 미디어 제공업체에 사기 여부를 감시해 달라고 요청했다. 나렌드라 모디와 BJP가 선거에서 압승한 지 1년도 채 되지 않은 2015년 3월 인도 빈민층을 위해 활동해 온 것으로 알려진 사회 운동가 아르빈드 케즈리왈Arvind Kejriwal이 2012년 반부패 강령을 내세워 창당한 아암 아드미 당이 델리 선거를 휩쓸게 된 것은 모름지기 소셜미디어 덕분이었다. 2016년 우리가 앞에서 본 것처럼 소셜 미디어에서 적극적으로 활동한 카슈미르 과격분자 부르한 와니의 죽음은 수천 명의 시위대를 거리로 끌어낸 민중 봉기로 이어졌다. 인도 보안군이 폭력적인 진압으로 수천 명의 부상자가 발생했고, 수많은 사람이 공기총 탄환에 눈이 멀었고, 2016년에는 최소 90명이 사망했다. 이 공기총 총상과 그로 인해 눈을 다친 사례들은 파키스탄에서 시작된 소셜 미디어 캠페인을 촉발시켜, 유명 인사들의 얼굴이 공기총탄 상처로 가득 찬 충격적인 이미지들을 순식간에 유행시켰다.

소셜 미디어에 유포된 이미지들 또한 공동체 간의 폭력을 촉발시킨 원인으로 지목되고 있다. 2013년, 힌두교 무장 단체는 두 명의 힌두교 남성이 이슬람교도들에 의해 살해됐음을 보여주는 것이라고 주장하는 비디오를 유포했다. 이 동영상은 사실 파키스탄에서 2010년에 촬영된 두 명의 이슬람 남성이 살해되는 장면이었다. 그럼에도 불구하고, 인도 수도 뉴델리 근처의 우타르프라데시주의 도시인 무자파르나가르에서는 힌두교 무장 단체의 공격으로 60명 이상의 이슬람교도들이 사망하고 5만 명의 이재민이 발생하는 일이 벌어졌다.

인도 정부 관리들은 2008년 개정된 정보기술법을 이용하여 개인 소셜 미디어 계정을 감시하고 검열해 왔는데, 페이스북에 올린 댓글이 지역이나 국내 정치인을 불쾌하게 한다고 간주되면 즉시 그 사람을 체포하기 위해 경찰이 몰려왔다. 만화가들과 언론인들은 그들의 소셜 미디어 계정을 폐쇄했다. 2015년 인도 대법원은 소셜 미디어에 '공격적인' 발언을 게재하는 것을 불법으로 규정한 법을 파기했다. 인도 정부는 2016년 정부에 비판적인 기사를 쓰는 기자들을 파악하여 분명한 논리로 그들의 주장을 반박하기 위해 웹사이트와 온라인에서 그들의 기사를 추적할 것이라고 발표했다.

인도인들은 언론의 자유를 누리고 있는가?

인도에서 언론과 표현의 자유에 대한 권리는 절대적이지 않다. 인도 헌법 제19조는 '언론과 표현의 자유'를 보장한다. 그러나 헌법은 또한 정부가 "인도의 주권과 청렴성, 국가의 안전, 외국과의 우호 관계, 공공질서, 품위나 도덕성, 또는 법정 모독, 명예훼손 또는 범죄 선동에 관한" 표현의 자유를 제한할 수 있도록 허용하고 있다.

또한 형법에는 특정 발언을 불법화하는 조항이 몇 개 있다. 예를 들어 153A항은 "종교, 인종, 출생지, 거주지, 언어 등을 이유로 서로 다른 집단들 사이에 적개심을 조장하고, 말이나 글, 몸짓이나 가시적인 표현 또는 그 외 다른 방법으로 다중의 화합 유지에 저해되는 행동을 하는 것"을 범죄로 본다. 292항은 외설죄를 다루고 있다. 295A항은 "어떤 계급의 종교적 감정에 충격을 주는 고의적이고 악의적인 행위"를 범죄시한다. 298항은 "어떤 사람의 종교적 감정을 상하게 하려는 고의적인 의도"로 "어떤 말을 내뱉거나 어떤 소리를 내는 것"을 범죄로 본다.

인도 정부는 살만 루슈디의 소설 『악마의 시The Satanic Verses』와 같은 책과 2012년 델리 대학생 집단 성폭행 사건을 다룬 영국 BBC 방송의 2015년 다큐멘터리 〈인도의 딸India's Daughter〉과 같은 영화의 유입을 막기 위해 이러한 법을 사용해 왔다. 2014년 RSS 회원이자 자칭 문화 자경단인 디나 나트 바트라Dina Nath Batra는 시카고 대학의 학자인 웬디 도니거Wendy Doniger의 저서 『힌두교: 대안의 역사The Hindus: An Alternative History』가 295a항을 위반했다는 이유로 이 책의 출판사인 펭귄 인디아에 대해 일련의 민사 및 형사 조치를 취하여 모든 사본들을 회수하여 폐기하도록 했다.

그리고 선동죄가 있다. 반란 획책을 제압하려는 목적으로 영국은 1860년 인도에서 선동을 범죄로 만들었으며, 그것이 지금도 남아 있다. 인도 형법 124조는 "연설이나 문서에 쓰는 말로, 또는 몸짓이나, 또는 가시적인 표현 등으로 증오나 경멸을 부가시키거나, 인도 법률에 의해 구성된 정부에 대한 불평불만을 자극하거나 부추기려는 자는 무기징역형에 처한다"고 명시하고 있다. 인도 대법원은 선동을 "즉시 무법적인 행동을 하도록 유도하는 것"이라고 해석하지 말도록 했다. 선동죄로 유죄 판결을 받는 사람은 거의 없으나 무죄 판결을 받기까지 수년 동안 법적 절차를 진행시켜야 하므로 기소만으로도 충분하다.

최근 인도에서는 언론의 자유를 억제하고 정부 비판자들을 위협하기 위한 방법으로 선동 혐의로 고소하는 사례가 증가하고 있다. 인도 범죄

기록국은 2014년 인도 9개 주에서 47건의 선동 혐의와 관련된 사건을 기록했다. 민요 가수, 크리켓 경기를 응원하는 학생들, 그리고 작가 아룬다티 로이는 선동죄로 기소된 사례 중 일부일 뿐이다. 2016년 2월, 자와할랄 네루 대학의 학생연합 지도자인 칸하이야 쿠마르Kanhaiya Kumar는 우리가 다음 절에서 논의할 정치화한 상황에서 선동 혐의로 기소되었다. 이 사건은 언론에 폭풍을 불러일으키며 전 세계의 관심을 끌었다. 인도 대법원은 쿠마르를 보석으로 석방하라고 명령했다.

검열은 신체적인 위협의 형태로도 나타난다. 2015년 1월, 유명한 타밀어 작가인 페루말 무루간Perumal Murugan이 자신의 페이스북에 "작가 페루말 무루간은 죽었다"라는 글을 올렸다. 무루간은, 그의 소설 『원 파트 우먼One Part Woman』에서 극도로 불쾌한 구절을 발견한 BJP 및 RSS와 제휴한 우익 힌두교 단체들의 지역 지부에 의해 괴롭힘을 당한 후, 문학적 자살을 선언했다. 화가 난 폭도들에 의해 그의 책들이 불태워지고 협박 전화를 받은 후, 무루간은 지방 당국자들을 만나 사과하고 그 책을 판매하지 않기로 그들과 합의했다.

2016년 7월 마드라스 고등법원은 저자 무루간과 전반적인 언론 자유를 옹호하는 판결을 내렸다. 산제이 카울 수석판사는 법원의 판결문에 다음과 같은 내용을 썼다. "우리 헌법에서 가장 소중히 여기는 권리 중 하나는 자신의 생각을 말하고, 생각하는 것을 쓰는 것입니다." 그는 페루밀 무루간의 책을 비난하는 사람들에게 "당신들이 이 책을 좋아하지 않는다면 그것을 버려라"라고 말했다. 그 말은 힌두교 우파의 자칭 검열관들에 대한 신랄한 비난이었다. 명예훼손 혐의는 언론의 자유를 침묵시키는 데에도 이용된다.

인도 형법 499조와 500조는 명예훼손을 광범위하게 불법화함으로써 누구나 자신에 관해 말하거나 글을 쓴 것에 대해 분개했다고 주장할 수 있다. 여기에는 작가, 언론인, 사회운동가들을 명예훼손으로 고소하는 것을 주저하지 않는 인도의 영향력 있는 기업들도 포함되는데, 이 같은 고소에는 작가, 출판사, 신문, 비영리단체가 지불할 수 없는 손해배상 청구가 뒤따른다. 엄청난 징벌적 손해배상 위험 외에도 누군가를 상대로 명예훼손 소송을 제기하는 것은 잠재적으로 수년 동안 소송 비용과 법원 절차로 그 사람을 옭아맬 수 있는 확실한 방법이다.

2014년도 검열 목록에 따르면, 이 해에 인도에서 명예훼손에 관한 7건의 법적고지가 있었다. 5건은 출판사를 포함한 미디어 회사에 관한 것이고, 하나는 마케팅 연맹에 관한 것, 그리고 마지막 하나는 무케시 암바니Mukesh Ambani가 운영하는 인도에서 가장 큰 회사인 릴라이언스 인더스트리스Reliance Industries Ltd.에 관한 책을 출간한 언론인 수비르 고시Subir Ghosh, 파란조이 구하 타쿠르타Paranjoy Guha Thakurta, 죠트리모이 차우드후리Jyotirmoy Chaudhuri에 관한 것이었다. 릴라이언스사는 이들에게 10억 인도 루피, 즉 약 1640만 달러의 손해배상을 청구했다. 환경문제 전문 기자인 케야 아차리아Keya Acharya는 카라투리 글로벌사Karaturi Global Ltd의 사이 라마 크리슈나 카라투리Sai Rama Krishna Karaturi에 대한 명예훼손 혐의로 10억 루피의 손해배상 소송을 당했다. 같은 해 사하라 미디어 그룹Sahara Media Group은 『사하라: 알려지지 않은 이야기Sahara: The Untold Story』의 저자인 타말 반도파드히아이Tamal Bandophadhyay에 대한 20억 루피의 손해 배상을 요구하는 명예훼손 소송을 저자가 자신의 책에 회사의 면책조항을 포함시키기로 동의한 후 철회했다.

2016년 5월 대법원은 24명의 유력 정치인과 그 밖의 개인들이 제기한 소송에서, 인도의 입법부가 "현재와 같은 사회적 풍토에서는 명예훼손죄를 폐지하는 것이 적절치 않다고 생각했다"면서 형법 499조 및 500조를 유지시키는 판결을 했다. 이는 분명히 표현의 자유를 둘러싸고 크게 갈등을 겪고 있는 현재의 사회 분위기를 감안하여 법원도 아무런 새로운 조치를 취하지 않는다는 것이었다. 이 소송에서 두 재판관의 결정이 크게 비난을 받은 것은 아마도 법원이 인도 국민들의 기본적인 헌법상의 권리를 유지시킨 중요한 결정을 내렸기 때문에 그랬을 것이다. 이것을 비난하는 사람들은 식민지시대의 명예훼손법이 민주국가에서 반대 의견을 범죄시하고 있다고 주장했다. 2017년 대법원은 마한 석탄 주식회사가 이 회사의 석탄 채굴 벤처기업의 사회적, 환경적 악영향을 폭로한 혐의로 제기한 명예훼손 소송에서 적용된 법률 499조와 500조가 지나치게 광범위하고 모호하다고 주장하는 그린피스 운동가 프리아 필라이Priya Pillai의 헌법상 보호를 받는 언론 자유권을 침해했다는 탄원서를 기각했다. 법원의 이러한 결정은 탐사보도 기자와 환경운동가들의 입을 막으려는 인도의 골리앗 기업들에게 이득이 되고, 앞으로 인도의 언론 자유에 심각한 영향을 미칠 것이다.

인도의 언론 자유는 어떤 상태인가?

인도의 대중매체들은 강력한 가족 소유 기업들에 점점 더 집중되고 있다. 새로운 노선을 따르지 않는 유명 언론인들은 밀려나거나 일을 그만두었다. 언론인들의 자기검열은 점점 더 큰 문제가 되고 있다. 거리낌 없이 말을 하는 사람들은 곧잘 괴롭힘과 위협에 직면한다. 국경 없는 기자회의 2016년 세계 언론 자유 지수에서 인도는 세계 180개국 중 133위를 차지했다.

인도는 언론인이 살기 위험한 장소가 되었다. 2016년 2월 BBC에서 일하는 기자 2명이 목숨을 위협당한 뒤 인도 차티스가르주를 떠날 수밖에 없었고, 수감된 언론인들의 변호사들이 사무실에서 쫓겨났다며 언론인 보호위원회CPJ가 경종을 울렸다. 차티스가르주는 보안군, 마피아 폭력

조직, 마오주의 저항세력 간의 격렬한 대립에 시달리고 있으며, 무슨 일이 일어나고 있는지 취재하려는 언론인들은 모든 곳에서 자신들이 표적이 되고 있음을 알게 된다. CPJ는 "차티스가르의 경찰들이 언론인들을 괴롭히고 학대하고 위협하며 보도를 중단하도록 하는 행동 양식을 자세히 보도했다"고 밝혔으며, 한편 마오주의자들은 언론인들을 경찰 정보원이라고 비난하며 공격했다.

그리고 직무 수행 중에 살해된 언론인들이 있다. 국경 없는 기자회는 2015년 인도에서 9명의 기자들이 살해당했는데 그중 5명은 기자로서의 직무를 수행하고 있는 중이었다고 보도했다. "그들의 죽음은 언론인들에게 인도가 파키스탄과 아프가니스탄보다도 더 위험하며, 아시아에서 가장 위험한 국가임을 확인시켜 준다." 2017년 5월엔 인도 동부에서 단 24시간 동안에 2명의 언론인이 총에 맞아 숨졌다. 2017년 8월엔 고위 언론인인 가우리 란케쉬가 벵갈루루의 자기 집 앞에서 오토바이를 타고 질주하던 괴한의 총에 맞아 숨지는 사건이 일어나 인도 언론계를 충격에 빠뜨렸다. 힌두교 우파에 대한 비판적 보도로 인한 그녀의 죽음은 앞서 언급한 합리주의자 말레샤파 칼부르기의 2014년 살인사건을 섬뜩하게 떠올리게 했다. 이들 두 살인사건은 범죄 또는 정치적 목적으로 벌인 계획적인 살인사건이라는 특징을 가지고 있었고, 나중에 조사관들은 실제로 란케쉬와 칼부르기가 같은 총에 의해 살해된 것으로 결론지었다. 란케쉬가 살해된 다음 달에는, 트리푸라주에서 아디바시와 관련된 정치적 논쟁에 대해 보도하는 텔레비전 방송국 기자인 샨타누 보우믹이 매를 맞아 죽었다.

2016년 11월 정보통신부는 그해 1월 파탄코트에서 발생한 테러공격에 대한 NDTV의 보도가 국가안보를 위협했다며 그에 대한 처벌로 하루 동안 방송을 중단하라고 명령했다. 인도 편집인 협회는 이 조치가 1975년 긴급사태에 따른 언론 검열의 암흑기를 상기시킨다며 즉각 철회할 것을 요구하며 정부에 대한 날카로운 비난으로 대응했다.

인도의 '반국가적 국민들'은 어떤 사람들인가?

2016년 2월 20일, 스타 텔레비전 뉴스 앵커 라즈딥 사르데사이는 ≪힌두스탄타임스≫에 "헌법 19조에 명시된 자유언론의 확대해석한 정의에서" 자기가 "반국가적 국민"으로 낙인찍히는 것이 자랑스럽다는 성명을 발표했다. 사르데사이는 당국이 자와할랄 네루 대학 총학생회장 칸하이야 쿠마르를 폭동 선동 혐의로 체포한 데 대한 반발로 이런 내용의 성명을 내기로 했다. 쿠마르는 앞서 언급했듯이 2001년 인도의회 테러에 가담해 2013년 교수형을 선고받은 카슈미르인인 아프잘 구루를 지지하는 구호를 외친 뒤 체포됐다. 힌두교 우익 학생단체인 아크힐 바라티야 비디야르티 파리샤드Akhil Bharatiya Vidyarthi Parishad의 자와할랄 네루 대학 지부는 모디 정부가 임명한 대학의 새 총장에게 경고를 보냈고, 이에 새 총장은 경찰을 불렀다. 쿠마르가 나중에 법정에 섰을 때, 그의 지지자들은 "조국에 영광이 있기를!", "역적들은 인도를 떠나라!"고 외쳤다. 의회의원이며 BJP 소속 정치인인 옴 프라카쉬 샤르마는 "파키스탄을 지지하는 구호를 외치는 사람을 폭행하거나 심지어 살해한다고 해도 아무런 문제가 없다"고 말했다. 모디 내각의 라즈나트 싱 당시 내무장관은 누구든 반인도 구호를 외치거나 국가의 통합과 진실성에 의문을 제기하면 "그냥 방관해서는 안 되기 때문에" 쿠마르를 체포한 것이라고 발표했다.

수백 명의 인도 언론인들이 경찰의 행동과 쿠마르의 체포에 대응하여 뉴델리에서 시위를 벌였고, 인도 전역에서 수천 명의 학생과 교수들이 정부의 행동에 항의하기 위해 거리에 나섰다. 전 세계 500여 명의 학자와 대학 교수들이 자와할랄 네루 대학에서의 경찰의 행동과 그것이 학문의 자유에 가해지는 위협을 비난하는 항의성명서에 서명했다. 아쇼카대학 부총장인 프라탑 바누 메흐타는 모디 정부의 구성원들이 "민주주의를 위협하고 있다"고 경고했다. 사르데사이는 군중들 앞에서 연설하며 "반대하는 권리는 언론 자유권과 마찬가지로 근본적인 권리"라고 지적했다.

2016년 9월 카슈미르에서 파키스탄 국경을 건너온 무장 단체들이 18명의 인도병사들을 살해한 것에 대한 인도 대중의 분노는, 단지 파키스탄의 인기 배우를 공동 주연으로 출연시켰다는 이유만으로 발리우드 신작 영화에 대한 폭력 위협으로 이어졌다. 앞서 언급한 바와 같이, 이 영화의 감독인 카란 조하르는 자신의 애국심을 옹호하며, 폭력배들이 그의 새 영화가 상영될 영화관을 공격하지 말라고 사정하는 비디오테이프 성명을 발표해야 할 필요성을 느꼈다. 그는 "나에게는 조국이 먼저"이고 "내 조국 말고는 다른 건 중요하지 않다"며 선처를 애원했다.

2016년 10월, 한 영화관에서 인도 국가가 연주될 때 휠체어를 탄 남자가 일어서지 않았다 하여 매를 맞을 정도로 인도에선 국민들 사이에 애국적 민족주의가 극성을 떨고 있다. 2016년 10월 22일, 영국의 이코노미스트지는 "경례!All Hail"라는 제목의 사설을 발표했는데, 이 사설은 인도 언론이 초국가주의적인 감정을 자극하는 역할을 해왔다고 비난하면서 "인도 언론은 전쟁의 북을 더 크게 울리려고 서로 경쟁해 왔다"고 했다.

인도의 정치적 미래는 어떨까?

나렌드라 모디는 (독재자들인) 레제프 타이이프 에르도안(터키 대통령)도 아니고 블라디미르 푸틴도 아니다. 그러나 그의 지도 아래 인도는 점점 더 자유롭지 못한 민주주의 국가가 되고 있다는 것에는 의심의 여지가 없다. 21세기에 모디와 BJP, 그리고 상 파리와르Sangh Pariwar(급진 힌두교 그룹)의 산하 조직들이 인도를 힌두교 국가로 만들겠다는 꿈을 이룰 수 있을지는 두고 볼 일이다.

　인도국민회의당은 2014년 패배 이후 심각하게 약화되었다. 인디라 간디의 손자이자 자와할랄 네루의 증손자인 라홀 간디는 아직 유권자들에게 영감을 주지 못하고 있고, 인도국민회의당은 네루 가문의 왕조 정치와 결별할 수 없는 것처럼 보인다. 그러나 놀랍게도 2017년 12월 선거에서 모디의 아성인 구자라트주에서 인도국민회의당이 예상보다 훨씬 좋은 성적을 거두었다. 그리고 힌두트바의 이데올로기를 지지하지 않는, 지역 및 카스트에 강력하게 기반을 둔 정당들이 있다. 즉 상대적으로 새로운 정당인 아암 아드미 당은 2015년 2월 델리 선거에서 BJP를 이겼고, 자나타 달 당은 2015년 11월 비하르주 선거에서 BJP를 누르고 승리했다. 만약 BJP가 경제성장의 결실을 인도의 가난한 사람들에게 가져다주고, 충분한 일자리를 만들고, 도시와 시골의 생활환경을 개선하겠다는 선거 공약을 이행하지 못한다면, 앞으로 선거에서 패배할 수도 있을 것이다.

7. 지정학적 관계

인도의 이웃들은 누구인가?

인도는 작은 나라인 부탄과 시킴은 말할 것도 없고 이웃인 파키스탄, 스리랑카, 방글라데시, 미얀마, 네팔 등에 군림하는 남아시아에서 단연코 가장 큰 경제 대국이다. 인도는 또한 핵 강국인 중국과 분쟁 중인 국경을 맞대고 있는데, 중국은 군사력과 경제력에서 인도를 왜소해 보이게 만들 수도 있다. 인도와 이웃 국가들과의 관계는 끊임없이 진화하고 있다. 최근 몇 년간 인도와 이웃 국가 간의 교역이 증가했고, 심지어 중국과의 교역도 활발해졌지만, 긴장은 여전히 남아 있다. 이러한 긴장들은 테러리즘과 싸우고, 줄어드는 수자원을 공평하게 관리하는 것과 같은, 모두에게 필수적인 이해관계에 대한 더 큰 경제적 통합과 협력을 방해한다. 그것들은 또한 지역 안보에 심각하고 지속적인 위험을 내포하고 있나.

  인도의 전 외무장관인 자스완트 싱Jaswant Singh은 1998년 인도가 핵실험을 할 때 인도가 '위험한 동네'에 있기 때문이라고 주장하며 정당화한 것으로 유명하다. 파키스탄은 이 점을 강조하듯 인도의 핵실험에 뒤따라 곧바로 자체 핵실험을 감행했다. 중국은 이미 핵보유국으로 인정받은 국가였다. 이 세 핵 강국이 만나는 지역은 지구상에서 가장 위험한 곳으로 불려왔다. 핵무기를 서로 주고받는 경지로 치닫는 어떤 갈등의 결과가 너무 끔찍해서 어떤 나라도 자신들을 위험에 빠뜨릴 만큼 무모하지 않을 것이다. 그렇다고 해서 이들 3국 모두가 핵 능력을 포함한 군사력 확충을 중단하고 있는 것은 아니다. 인도와 파키스탄, 또는 인도와 중국 사이의 핵 갈등의 위험은 21세기 최악의 악몽 중 하나로 남아 있다.

인도와 중국의 관계는 어떠한가?

중국의 경제력과 군사력이 인도의 그것들을 왜소해 보이게 할지 모르지만, 이들 두 아시아 거인은 불균일하게나마 세계의 자원과 지역 영향력에 대한 끊임없는 경쟁 속에 갇혀 있다. 인도와 중국 간의 무역총액은 2016년에 700억 달러가 넘었지만, 그 액수는 대부분 중국의 대인도 수출에서 비롯된 것으로, 인도에 530억 달러에 가까운 무역적자가 발생했다. 지난 몇 년 동안 꽃피웠던 인도와 미국의 군사 및 경제 협력관계는 중국과의 균형을 맞추려는 공동의 욕구만큼이나 경제적 잠재력에 의해 촉진되어 왔다.

인도와 중국과의 관계는 1962년 중국이 아직도 논란이 되고 있는 두 나라의 국경인 실질적 통제선을 따라 인도 영토 일부를 탈취하는 데 성공했던 짧은 전쟁으로 인해 여전히 시달리고 있다. 모디 총리는 국경지역에서 새로운 사건들이 발생한 후 지난 2015년 5월 중국을 방문했을 때 시진핑 주석과 국경분쟁에 대해 "공정하고 합리적이며 상호 수용 가능한 해결책"을 찾기로 합의했다고 발표했다. 하지만 그 해결책이란 것이 모호하기 그지없다. 2016년 초 중국은 그들이 주장하는 국경선을 반영하지 않은 모든 지도를 금지시켰다. 인도 정부 역시 2016년 5월 인도가 주장하는 인도 중국 간 국경선을 반영하지 않은 지도를 금지하는 법안을 도입해 그 뒤를 따랐다. 2017년, 인도와 중국은 도클람 고원에서 부탄과 중국 사이의 분쟁 중인 국경선을 놓고 다시 맞붙었다. 인도는 인도 반도를 닭의 몸체로 볼 때 '닭의 목'으로 알려진 북동부 지역을 연결하는 좁은 통로인 실리구리 회랑 인근 지역을 전략적으로 중요한 곳으로 보고 있다. 인도와 중국 양국은 국경 근처에서 군대를 철수하기로 마침내 합의했지만, 그 국경선을 어디로 할지에 대한 문제는 해결되지 않은 채 남아 있다.

인도와 파키스탄 사이에 평화가 올 수 있을까?

인도와 파키스탄은 1947년 양국이 독립한 이후 네 번의 전쟁을 치렀다. 양국 관계는 수년 동안 미온과 극한을 오가며 다양했다. 모디 총리는 2015년 12월 25일, 나와즈 샤리프Nawaz Sharif 파키스탄 대통령의 생일에 맞춰 방문하기 위해 파키스탄에 '잠간 들렀다'. 그러나 방문 이후 2016년 1월 중순에 시작하려던 평화회담은, 1월 초 인도 펀자브주의 파탄코트에 있는 인도 공군기지에 대한 테러 공격으로 무산됐다. 인도는 이번 테러의 책임을 파키스탄에 근거지를 둔 테러 조직인 자이쉬-이-무함마드Jaish-e-Mohammed에게 돌렸다.

2016년 9월, 인도는 카슈미르에서 두 나라를 갈라놓고 있는 통제선의 인도 쪽의 군 야영지 한 곳에서 18명의 인도 군인들이 사망한 것에 대해 파키스탄 무장 단체의 소행이라고 비난했으며, 인도 군부는 문제의 무장 단체가 파키스탄에서 건너왔다고 했다. 인도는 그에 대한 보복으로 통제선을 넘어가 이른바 '외과적 공격'이라고 불리는 방식으로 파키스탄 무장 단체를 공격해 상당한 사상자를 냈다고 주장했다. 파키스탄은 그 공격이 있었다는 사실을 부인했다. 그 후 인도는 2016년 10월 이슬라마바드에서 열린 남아시아지역협력연합 회의를 보이콧하여 파키스탄을 외교적으로 고립시켰지만, 그러나 그것은 또한 분열된 남아시아 국가들을 어떤 종류든 협력적 사업으로 하나로 묶는 능력에 새로운 의구심을 던져주는 것이었다. 양국 관계는 매우 심각한 새로운 시기로 접어들었다.

인도는 파키스탄이 2001년의 인도 의회 의사당에 대한 공격과 2008년 247명이 사망한 뭄바이시 테러 등 인도를 겨냥한 테러 집단을 지원하고 있다고 오랫동안 비난해 왔다. 인도에 대한 이 같은 공격의 동기는 이슬람 인구가 대다수인 카슈미르 지역 전체가 정당하게 파키스탄에 속해야 한다는 파키스탄의 주장이 옳다는 것을 환기시키기 위한 것이었다. 그 공격은 또한 파키스탄 정부가 파키스탄 쪽 카슈미르에 사는 많은 주민들의 삶에 약속한 개선 사항들을 이행하지 못한 것에서 오는 불만을 잠재우기 위해 그들의 주의를 끊임없이 산만하게 하고 있는 것이기도 하다. 인도 쪽 카슈미르의 주민 대다수가 인도 내에서 독립 또는 준자치 정부를 갖고 싶어 한다는 사실이 일반적으로 인도에서 무시되고 있으며 파키스탄 쪽도 마찬가지다.

한편, 인도의 경제적, 군사적 영향력이 커지는 것을 두려워하는 파키스탄은 인도가 필요 시 매년 5개의 핵탄두를 생산할 수 있는 것으로 추정되는 것에 비해, 매년 20개의 핵탄두를 생산할 수 있는 능력을 갖는 맹렬한 속도로 핵무기 체제를 구축하고 있다. 또한 파키스탄은 인도를 겨냥한 것으로 보이는 전술(단거리) 핵무기 운반체를 개발해 왔다. 남아시아에서 핵무기 경쟁을 안정시킬 방법을 찾는 일은 인도와 파키스탄은 물론 세계의 관심사다. 그러나 인도 쪽 카슈미르 지역의 위기에 대한 지속적인 정치적 해결책 모색과, 자국 영토에서 불법적으로 활동력을 기르는 테러 집단을 단속하려는 파키스탄군의 의지가 없다면, 그 목표는 달성하기 어려울 것이다.

인도와 스리랑카의 관계는 어떠한가?

인도와 스리랑카의 관계는 2009년 스리랑카 인구의 절대 다수를 차지하는 신할리 족이 지배하는 정부쪽과 소수민족인 북부 타밀족 사이에서 벌어진 피비린내 나는 유혈 내전이 끝난 이후 개선되고 있다. 2015년 1월 스리랑카 대통령으로 선출된 마이트리팔라 시리세나Maithripala Sirisena는 노골적으로 친중국 정책을 폈던 그의 전임자인 마힌다 라자팍사Mahinda Rajapaksa와는 달리 인도에 대해 보다 따뜻한 태도를 보였다. 인도의 모디 총리가 2015년 3월 스리랑카를 방문했다. 두 나라 사이에는 2001년부터 자유무역 협정이 발효되고 있다. 스리랑카는 2015년 세계 어느 나라보다도 인도로부터 많은 상품을 수입했다.

인도는 왜 방글라데시와의 국경선에 장벽을 만들고 있는가?

인도는 2017년까지 방글라데시와의 6400킬로미터 길이의 국경선에 장벽을 완공할 계획이다. 이 장벽 건설은 1995년에 시작되었다. 현재 방글라데시의 영토는 1947년 인도의 벵골 지역에서 파키스탄의 일부가 된, 무슬림이 주민의 다수를 차지하는 지역이었다. 동파키스탄이라고 불리던 이 지역은 우리가 보아온 것처럼 1974년 서파키스탄과의 유혈 전쟁에서 인도의 도움으로 분리 독립하여 방글라데시 국가가 되었다. 방글라데시의 초대 의회는 그 해 11월에 인도에서도 유사한 합의가 이뤄질 예정이었던 영토 경계 협정을 통과시켰는데, 양국 간에 상호 수락 가능한 국경을 획정했지만 인도의회는 결코 이 법안을 통과시키지 못했다.

이 영토 경계 협정은 2015년에 마침내 인도와 방글라데시에 의해 비준되었다. 모디 총리는 이 협정을 '마음의 만남'이라고 환영했다. 이 마음이 만나는 곳인 국경에, 방글라데시 무슬림들이 인도로 대규모로 이주하는 것을 막기 위해 장벽을 만드는 것은, 두 나라가 계속 좋은 이웃으로 남아 있게 하는 보험이라는 게 인도의 마음이다. 이 장벽은 1980년대부터 방글라데시 무슬림들이 땅과 일자리를 찾아 인도로 몰려들기 시작하여 인도인들의 반발을 불러일으켰기 때문에 만들게 된 것이다. 공식 추산으로 인도에 불법 거주하는 방글라데시인의 수가 200만 명에 이른다.

이 장벽은 경제적으로 상호 의존적이고 문화적으로 동질적인 지역을 가로지르며 국경을 따라 사는 많은 사람들에게 어려움을 안겨주었다. 매년 많은 방글라데시인들이 국경 울타리를 뚫고 인도로 넘어오려다 인도 국경경비대의 총탄에 죽거나 부상을 입고 있다.

한편, 방글라데시의 셰이크 하시나 총리 정부는 방글라데시와 인도 양국 정부 모두 위협으로 간주하고 있는 이슬람 테러리즘과의 싸움에서 인도를 중요한 파트너로 받아들였다. 인도는 2015년 모디 총리의 방글라데시 방문을 계기로 방글라데시에 20억 달러 규모의 신용거래 계약을 체결하고 교통, 인신매매, 소 밀거래, 연안 해운 등에 대한 새로운 협력 방안을 담은 양해각서MOU를 교환했다고 밝혔다.

인도와 네팔은 어떤 관계인가?

2015년 가을, 인도와 국경을 맞대고 있는 네팔의 테라이 지역에서 폭력 시위가 벌어졌다. 시위의 발단은 마흐데시로 불리는 인도 기원의 소수 종족이 일부 다른 소수 종족 집단과 함께 네팔의 새로운 헌법이 그들의 선거권을 박탈했다고 생각했기 때문이다. 네팔은 인도가 내륙국인 네팔과의 무역을 서서히 정지시킨 데 이어, 경제 봉쇄를 했다고 비난했다. 이후 네팔은 연료 부족으로 큰 어려움을 겪었다. 당시 네팔 집권 정부는 인도가 네팔 국내 문제에 개입했다고 비난했으며 결국 정권이 무너졌다.

푸슈파 카말 다할Pushpa Kamal Dahal 네팔 총리는 2016년 8월 총리로 선출된 지 한 달 만에 양국관계를 개선하기 위해 인도를 방문했다. 인도와 중국 사이에 끼어 있는 네팔은 인도에겐 전략적으로 중요한 국가로 간주된다. 중국은, 네팔에서 약 1만 6000명의 사망자를 내며 거의 10년 가까이 계속되다 2006년에 끝난 마오주의자들의 반란에도 불구하고 네팔에 구애를 하고 있다. 네팔은 또한 2015년 4월에 이 나라를 강타한 파괴적인 지진으로부터 아직 회복하지 못하고 있다.

인도의 '신동방 정책(Act East)'이란 어떤 것인가?

나라심하 라오가 총리로 재직하던 1990년대에 인도는 동남아의 전략적 경제적 이해관계를 새롭게 살펴보게 되었다. 냉전 중 구소련이 붕괴하고 1998년 인도가 핵보유국이 되면서 변화하게 된 세계에서 새롭게 '동방 정책Look East'이 인도에서 태어났다. 중국의 지역 내 영향력 확대에 맞서는 것도 한 요인이었다. 인도는 1992년 동남아국가연합과 대화 차원의 파트너십을 시작하여 2002년 아세안의 정상급 파트너가 되었다. 모디 총리는 2014년 당선 후 방글라데시, 미얀마, 그리고 그 너머 동남아 전역과의 무역 및 안보 관계를 확대하는 데 초점을 맞춰 인도의 '동방 정책Look East Policy'을 '신동방 정책Act East Policy'로 바꾸겠다고 공약했다.

2015년 인도를 방문한 애슈턴 카터Ashton Carter 미 국방장관은 특히 해상안보 분야에서 중국으로부터 멀리 떨어져 있는 아시아 태평양 지역의 '균형을 재조정'하려는 미국의 노력과 인도의 신동방 정책이 중요한 집합점을 이룬다고 밝혔다. 그러나 도널드 트럼프 대통령의 당선과 그의 환태평양경제동반자협정TPP 포기, 아시아에서 인도와의 지정학적 파트너십에 대해 미국 대통령의 의지가 확고한지에 대한 의문, 그리고 미국이 동남아시아에서 중국의 영향력 증가를 어떻게 관리할 것인지에 대한 불확실성으로 인해 인도는 이제 신동방정책을 어떻게 추진해야 하는지에 대한 문제를 재고하지 않을 수 없게 되었다.

그 정책의 일환으로 모디 총리는 2017년 9월 경제 및 안보 협력을 강화하기 위해 미얀마를 방문했다. 모디는 미얀마 수도 네피도에서 가진 연설에서, 미얀마 군부의 잔혹한 인종청소 작전으로 수십만 명의 로힝야족 주민들이 이웃 방글라데시로 도피한 가운데서도, 라카인주에서의 미얀마 당국의 로힝야 무슬림 소수민족 처리에 대한 인도 정부의 지지를 표명했다. 이후 모디 정부는 방글라데시로 향하는 '로힝야 난민'이 있다는 것을 인정하면서 입장을 약간 누그러뜨렸지만, 이 문제를 이슬람 테러리즘과 관련된 안보 문제로 계속 몰아붙였다. 인도는 이들을 보안상의 위험 요인으로 지목하며 앞서 인도로 피신한 로힝야족 난민 4만 명을 추방하겠다고 위협했다

2017년 7월, 뉴델리 정부는 로힝야족 인종 청소와 미얀마 국민들에 대한 인권 침해 혐의를 받고 있는 미얀마 최고군사령관 민 아웅 흘라잉Min Aung Hlaing 장군를 붉은 카펫을 깔아 환영했다. 그러나 (경쟁국인) 중국이 미얀마의 최고 투자국이자 무기 공급국인데다가, 미얀마의 급진적인 불교신자들의 이슬람 혐오감이 인도의 극우 힌두교 민족주의자들의 이슬람교도에 대한 태도와 일치함에 따라, 인도는 미얀마의 군사정부 지지에서 당분간은 후퇴할 것 같지는 않다. 인도는 미얀마와 체결한 다수의 방위산업 거래와 같이 동남아 국가들과의 관계를 강화하는 것이 이 지역에서 중국이 차지하는 영향력을 크게 상쇄하는 방안으로 보고 있다.

인도와 러시아는 어떤 관계인가?

앞서 언급했듯이 소련은 냉전 기간 동안 인도의 주된 초강대국 파트너였으며 인도에 많은 군사 장비를 공급했다. 소련이 무너진 후 인도는 미국 쪽으로 이동하기 시작했지만 러시아와는 여전히 가까운 관계를 유지했으며, 기존 군사 장비의 수리를 계속 러시아에 의존했다. 2016년 이후부터는 미국이 인도의 최대 군사 장비 공급국이 되었다. 그러나 2016년 10월 인도는 러시아와 수십억 달러 상당의 군사 및 에너지 계약을 체결하여 인

도의 에사르 석유의 지배 지분을 러시아의 석유 거대 기업인 로스네프트 Rosneft에 양도했다. 모디 총리는 이 협상에 대해 인도와 러시아의 관계는 여전히 중요하며 두 나라가 아프가니스탄과 중동에 대한 견해를 공유한다고 말했다.

2008년 미국-인도 민간 핵 협정은 어떤 것인가?

2008년 10월 1일, 미국 의회는 미국과 인도 사이의 민간 핵 협정을 승인했다. 이 협정으로 인도는 핵 공급국 그룹 회원국들로부터 핵연료와 물자를 구입할 수 있게 되어, 인도와의 30년 핵 무역에 대한 모라토리엄이 끝났다. 그 대가로 인도는 자국의 민간 원자로에 대한 사찰을 허용하고 22기의 원자로 중 4기를 국제 원자력 기구의 영구적인 보호 아래 두겠다고 약속했다. 당시의 조지 W. 부시 미 행정부는 이 합의를 양국이 소원해진 냉전 시대로부터 인도와 미국과의 관계를 이끌어내는 중요한 단계로 보았다. 그 합의는 또한 미국 기업들이 인도에 원자력 발전소를 건설할 기회를 주었다. 이 협정에 대한 비판자들은 이러한 현실 정치론이 규칙에 근거한 핵 비확산 체제에 심각한 해를 끼친다고 걱정했지만, 부시 행정부는 사찰을 허용함으로써 인도는 핵 프로그램 규칙을 어느 정도 준수하고 감독을 받게 될 것이라고 주장했다. 이 민간 핵 협정은 2005년에 인도와 미국 사이에 시작된 전략적 제휴를 마무리했다. 떠오르는 중국을 상쇄하기 위해 인도와 미국의 긴밀한 협력이 필요하다는 공통된 인식이 이 원자력 협정의 주요 동인 중 하나였다.

인도-미국 관계는 앞으로 어떻게 될까?

2008년 역사적인 핵 협정에 따른 인도-미국 관계의 진전을 위해 양국은 2016년 6월 모디 총리의 미국 방문 때 포괄적인 공동성명을 발표했다.

성명은 인도와 미국이 "21세기에도 계속 글로벌 파트너가 될 것"이라고 선언하고, 두 민주주의 국가의 깊어지는 전략적 파트너십과 공동의 가치를 치켜세우며 양국이 경제성장을 촉진하고 민주제도를 강화하며 글로벌 리더가 되기 위해 협력할 것을 약속했다. 성명에서 중국에 대한 언급은 없었지만, 중국의 그림자가 크게 나타났다.

아마도 다른 어떤 요인보다도 기후변화가 21세기를 정의할 것이라는 점을 인정하면서, 그 성명은 기후변화와 깨끗한 에너지에 우선순위를 두었다. 핵 비확산이 그 뒤를 이었다. 이 성명은 2015년 아시아-태평양 및 인도양 지역의 미-인도 공동 전략 비전에 대한 양국의 공동협력을 구가하게 했다. 미국은 인도와 기술을 공유하고 현지 산업을 발전시키기 위한 인도의 '인도에서 만들기' 캠페인을 지원하겠다고 약속하면서 인도를 주요 방위 파트너로 인정했다. 2016년 성명서는 2015년의 공동성명을 통한 미국-인도의 동반자 관계를 "21세기의 대 테러국 관계"로 정의하고 우주, 과학 그리고 기술 분야의 공동 운영에 대해 논의했다. 마침내 양국 정상은 인도를 상임이사국으로 하는 개혁적인 유엔 안전보장이사회를 만드는 것에 대한 약속을 재확인했다. 1998년 당시 인도 총리였던 아탈 비하리 바지파이는 인도와 미국을 '태생적 동맹국'으로 선언했다. 2016년 공동성명과 2008년 이후 양국이 추진한 여러 가지 공동 구상은 그 어느 때보다도 바지파이의 발표를 구체화시켰다.

2016년 노널느 트럼프의 미국 대통령 낭선으로 인도-미국 관계의 미래가 불투명해졌다. 트럼프는 전 세계 여러 나라에서와 마찬가지로 인도의 여러 부동산 사업에 관여하고 있지만, 아웃소싱에 대한 반대와 고도로 숙련된 영어권 국가의 이민자들에게 도움이 되었던 가족 재결합 혜택(미국에 사는 인도인 이민자들이 인도의 가족을 데려오는 데 크게 도움을 받았던) 조항을 없애는 이민정책 개혁을 포함한 그의 '미국 우선' 정책은 인도에 도움이 되지 않는다. 트럼프의 파리 기후변화협약 탈퇴와 지구온난화 부인도 이미 온난화의 영향을 느끼고 있고 향후 탄소배출량을 줄이기 위해 강력한 조치를 취하고 있는 나라에는 도움이 되지 않는다.

해외 거주 인도인들의 상황은 어떠한가?

호주에서 피지, 가이아나에서 영국, 캐나다에서 남아프리카에 이르는 여러 나라를 포함하여 세계 도처에 약 3000만 명의 인도 출신 이민자들이 살고 있다. 인도인들의 이민의 역사는 길고 다양하다. 일부는 피지나 가이아나의 농장에서 일하기 위해 19세기에 '쿨리'라고 알려진 계약직 노동자로 떠났다. 20세기 초 아프리카나 동남아시아에서 사업하기 위해 떠난 사람들도 있었다. 많은 사람들이 유학 명목으로 미국, 캐나다, 영국 또는 호주로 갔고, 그 후 거기에 눌러 살았다. 지금도 많은 사람들이 건설 공사 현장에서 일하기 위해 페르시아만 연안 국가들로 가고 있다.

세계은행에 따르면 인도는 2015년 해외거주 인도인들로부터 690억 달러를 송금 받은 세계 1위 해외송금 수혜국이었다. 모디 총리는 해외거주 인도인들로부터의 외국인 직접투자FDI를 활성화하기 위해 노력하고 있다. 2015년 모디 정부는 해외거주 인도인들이 더 쉽게 투자할 수 있도록 하기 위해 인도의 FDI 정책 수정을 승인했다. 모디는 2015년 싱가포르에 사는 인도인들에게 FDI는 "인도를 일등 국가로 발전시키는 밑거름이 될 것"이라고 말했다.

인도는 이중국적을 허용하지 않는다. 그러나 정부는 비거주 인도인 NRI, 인도 출신의 해외 인도인PIO, 해외 시민 인도인OCI 등 그들의 자격에 따라 해외 거주 인도인들에 대한 특별권한을 확대했다. NRI는 해외에 사는 인도 시민이다. PIO와 OCI 카테고리는 2015년에 통합시켰다. PIO 와 OCI 지위는 인도 시민이 아닌 인도 출신들로 이들이 인도를 방문할 때 현지 경찰서에 외국인 등록을 하지 않아도 무방하게 했다. 그들은 또한 평생 비자로 인도로 여행할 수도 있고, 고용과 재산 소유와 관련하여 인도 시민들이 가진 모든 권리를 누린다. 단, 일부 정부 직책에의 채용과 농경지 구입은 예외다.

세계에서 해외 거주 인도인들이 가장 빨리 성장했고 가장 영향력이 큰 곳이 미국이다. 퓨 리서치 센터의 2014년 보고서에 따르면, 미국에는 300만 명 이상의 인도계 미국인이 살고 있다. 이런 추세라면 2065년에는 인도인들이 히스패닉계를 제치고 미국의 가장 큰 이민자 그룹이 될 것이다. 인도계 미국인들은 평균적으로 고학력자(25세 이상 미국 인도인의 70%가 대학 학위 소지자)이며 번영하고 있다(이들의 가계 평균소득은 연간 8만 8000달러로 미국 전체 가구의 평균소득 4만 9800달러와 비교된다).

미국 국적 인도인으로 유명인의 반열에 오른 사람은 배우 칼 펜Kal Penn, 음악가 노라 존스Norah Jones, 마이크로소프트의 CEO 사티아 나델라, 펩시의 CEO 인드라 누이Indra Nooyi, 코미디언 아지즈 안사리Aziz Ansari, 영화제작자 미라 네어, 경제전문가 아마르티아 센Amartya Sen, 학자 가야트리 스피박Gayatri Spivak, 텔레비전 저널리스트 파리드 자카리아 Fareed Zakaria, 그리고 많은 소설가와 작가들이 있다. 몇 사람 이름만 열거해 보면, 아미타브 고시, 살만 루슈디, 줌파 라히리, 치트라 바네르지 디바카루니Chitra Banerjee Divakaruni 등이다. 2016년 11월, 어머니가 인도에서 미국으로 이민 온 민주당원 카말라 해리스Kamala Harris가 캘리포니아에서 미국 상원의원으로 선출되었다.

인도의 기업가들은 2006년에서 2012년 사이에 실리콘 밸리에서 이민자가 설립한 기업의 3분의 1을 차지하는 큰 역할을 해왔다. 인도 이민자들은 미국 인구의 1% 미만이지만 실리콘밸리 창업자의 14%를 차지한다. 실리콘 밸리에서 성공한 인도 하이테크 기업가들은 인도의 기술 발전에 집중하는 벤처 캐피털 회사를 설립했다. 많은 사람들이 인도의 양대 기술 중심지인 벵갈루루나 하이데라바드에 회사를 설립했다.

모디 총리가 참석한 2014년 뉴욕 매디슨스퀘어 가든의 한 행사에 1만 9000여 좌석이 빈틈없이 채워졌는데, 모디는 국가원수보다는 록스타 같았다. 그 해 11월, 런던의 웸블리 경기장에선 7만 5000명의 영국 모디 팬들이 그를 보기 위해 몰려들었다. 의심할 나위 없이 모디는 많은 해외 거주 인도인들의 열렬한 지지를 기대할 수 있겠지만, 그들 모두가 인도를 세속적인 공화국에서 힌두교 국가로 변화시키려는 BJP의 비전을 공유하는 것은 아니며, 대부분은 그들이 현재 정착하고 있는 나라에서 그들 자신을 위한 새로운 삶을 만드는 데 초점을 맞추고 있다.

BRICS에서 인도는 어떤 역할을 할까?

브릭스BRICs라는 약어는 2001년 짐 오닐 골드만삭스 회장이 브라질, 러시아, 인도, 중국을 포함한, 경제가 급부상하는 국가들을 지칭하기 위해 만든 것이다. 그 후 이 국가들은 공식적인 BRIC 그룹을 형성했다. 남아프리카공화국이 2010년에 이 그룹에 가입함으로써 약어가 BRICS가 되었다. 그 후, 중국경제가 급성장 했고 인도 역시 높은 경제성장을 기록했으며, 이 둘은 21세기가 끝나기 훨씬 이전에 미국 경제를 능가할 것으로 예상되었다. 브라질, 러시아, 남아프리카 공화국도 마찬가지다.

브릭스 국가들은 2009년에 하나의 블록으로 만나기 시작했다. 이 그룹은 2014년 세계은행과 국제통화기금의 브레튼 우즈 체제의 대안으로 신개발은행New Development Bank을 설립했다. 인도는 2016년 10월 인도에서 브릭스 컨퍼런스를 개최했는데, 이 컨퍼런스에서 회원국들은 디지털 기술에서부터 영화제에 이르기까지 광범위한 분야에 걸친 협력을 증진해야 한다고 주장했다. 브릭스의 목표는 제2차 세계대전을 계기로 만들어진 서구 중심의 기구들보다 21세기를 형성할 거대 신흥국들의 이익을 더 잘 대변하는 새로운 글로벌 어젠다를 형성하는 것이다.

인도는 G20에서 어떤 역할을 하는가?

1999년 아시아 금융위기를 계기로 G20 재무장관과 중앙은행장 모임이 시작되었다. 인도는 이 단체가 결성된 이후 회원국으로 활동하고 있다. G20은 2008년 첫 정상회의를 열어 그해 글로벌 금융위기에 대응했으며, 세계 경제, 국제 금융기관, 금융 규제, 경제 개혁과 관련된 이슈를 다룬다. 모디 총리는 중국-미국 간 긴장이 고조된 2016년에 중국에서 개최된 G20 회의에 참석했을 때 시진핑 국가주석을 별도로 만났다. 시 주석은 G20에서 협력하는 만큼 각국이 상대방의 우려에 민감할 필요가 있음을 강조했다. 인도의 경제력과 군사력이 성장함에 따라, 중국과 미국 사이에서 인도가 점점 더 미묘한 균형을 이루는 역할을 할 가능성이 높다.

인도와 세계무역기구(WTO)와의 관계는 어떠한가?

2008년 인도, 중국, 미국이 식량 등 기본적인 식품의 국제가격 변동으로부터 가난한 농민들을 보호하기 위한 노력에 합의를 보지 못하고, 인도 상무장관 카말 나트Kamal Nath가 "나는 모든 것을 거부한다"라는 유명한 선언을 함으로써 도하 WTO 협상이 결렬되었다. 개발도상국가들의 농민 보호에 대한 이견은 몇 년 동안 WTO 무역협상을 계속한 끝에 마침내 2014년에 WTO가 모든 당사자들이 동의할 수 있는 영구적인 해결책이 나올 때까지 개발도상국의 식량 비축이 도전받지 않을 것이라는 데 합의하면서 돌파구가 마련되었다. WTO에서 미국과 인도 사이에는 또 다른 논쟁이 있었는데 그 골자는, 인도 국내의 태양열 발전 관련 요건이 WTO 규정에 어긋나고 미국의 태양열 관련 수출에 해를 끼치고 있음을 미국이 발견한 것이었다. 2016년에 WTO 패널은 미국 쪽을 지지하는 결정을 내렸다.

인도의 무역정책은 대부분의 나라들이 그렇듯이 국내 정치에 의해 주도된다. 농민들의 로비가 강력하며, 식량 안보는 독립 후 수십 년 동안 식량 원조에 대한 의존도는 물론 1943년 영국 통치하의 벵골의 끔찍한 기근도 잊지 않고 있는 인도의 핵심 사안이다. 그러나 인도 경제는 급속히 팽창하고 있으며, 또한 인도는 국제적인 투자를 유치하고 있다. 그 때문에 인도는 2016년 WTO 무역원활화 협정 Trade Facilitation Agreement 을 비준했지만 협정 이행 요건이 각국의 역량과 연계되는 조건이었다. 그럼에도 불구하고 식량 안보는 세계 영양실조 인구의 4분의 1이 살고 있는 인도에 중요한 문제로 남아 있으며, 전 세계 식품 무역과 농업을 자유화하려는 WTO의 노력에 맞서 국내 지원 프로그램을 계속 방어할 것으로 보인다.

인도가 유엔 안전보장이사회 상임이사국이 될까?

1945년 제2차 세계대전이 끝날 무렵 유엔이 창설되고 안전보장이사회가 생긴 이래 세계 정세와 현실에 따라 변화를 거듭해 왔다. 안보리는 미국, 영국, 러시아, 중국, 프랑스 등 5개 상임이사국과 유엔총회에서 2년 임기로 선출되는 10개 비상임이사국으로 구성된다. 안보리 결의에 대해 상임이사국만이 거부권을 갖는다.

인도의 부상을 포함한 21세기 세계정세와 현실을 더 잘 반영하기 위해 유엔안전보장이사회를 개혁하기 위한 탄력이 증가하고 있다. 2004년에 독일, 일본, 인도, 브라질의 지도자들이 4국의 안보리 상임이사국 진출을 위해 서로 협력한다고 선언했다. 2010년 버락 오바마 미국 대통령은 인도의 안보리 상임이사국 승격을 지지한다고 말했는데, 이는 미국의 지원

없이는 안보리에 어떤 변화도 있을 수 없기 때문에 획기적인 선언이다.

인도는 안보리 상임이사국의 강력한 후보국이다. 인도의 인구는 곧 세계 최대가 될 것이고, 경제는 중국의 뒤를 이어 두 번째로 큰 나라가 될 것이다. 인도는 유엔 평화유지군의 주요 공헌국이며, 군사력이 점점 커지고 있다. 그러나 중국은 특히 미국과의 관계를 고려할 때 인도가 상임이사국이 되는 것에 대해 별 관심이 없다. 하지만 곧 어느 시점에서 1945년에 상임이사국이 된 국가들과 그 이후 급격히 변화한 세계 사이의 단절은 안보리를 무의미하게 만들 위험이 있다.

인도의 국방비 규모는?

인도는 2016-17년 세계 4위의 국방비 지출국이었다. 군 예산은 향후 몇 년간 다른 주요 국방비 지출액보다 빠르게 증가해 2020년에는 총 630억 달러에 이를 것으로 예상된다. 향후 인도가 수익성 높은 군수품 주문을 늘릴 것이라는 전망에 따라 미국, 프랑스, 이스라엘을 포함한 주요 방위산업국들은 그들의 전투기, 잠수함, 항공모함, 감시 시스템, 그리고 다른 관련 군사 장비를 인도에 판매하기 위해 줄을 서 있다.

인도가 분쟁 지역에서 스스로를 방어하려는 결의와 지역 강대국은 물론 세계 강대국이 되려는 야망은 군비 지출의 증가를 부채질하고 있으며, 그중 많은 부분이 국방력을 현대화하는 데 배정되고 있다. 2015년 6월 미국과 인도는 향후 10년간의 국방협력협정에 서명했는데, 양국이 협력하여 민간 사용을 위한 파생 효과 혁신spin-off innovation을 창출하고 인도의 산업화 촉진에 도움이 되는 새로운 군사 역량 개발에 중점을 두었다.

인도는 이스라엘, 러시아, 일본, 유럽연합과 방위 동반자 관계 또는 상호협력협정을 맺고 있다. 2016년 10월, 인도가 프랑스로부터 라팔 전투기를 구매하는 88억 달러짜리 계약을 체결한 데 이어, 라팔의 제조사인

다소 항공은 인도의 아닐 암바니스 릴라이언스 그룹과 손잡고 다소-릴라이언스 아에로스페이스사를 설립했다. 이 새로운 회사는 국방 연구와 무기 개발에 매진할 예정이다.

인도는 21세기에 초강대국이 될까?

세계 무대에서 인도의 위상이 커지고 있으며, 남아시아의 최대 강국으로서 앞으로 국제기구에서 중요한 역할을 확대할 가능성이 크다는 데는 의심의 여지가 없다 그러나 '초강대국'의 정의는 전 세계에 군사력과 경제력을 투사할 수 있는 국가이다. 인도는 아직 그렇게 하지 못한다. 21세기에 인도가 초강대국이 되는지는 빈곤에 대처하고, 여성의 지위를 개선하고, 기후변화의 영향을 완화하고, 공동체와 카스트에 기반을 둔 폭력을 진정시키며, 국경에서 긴장을 해소하고, 개방적이고 다원적이며, 그리고 관대한 민주주의에서 야기되는 '연성 권력'을 보존하는 것을 포함하여 인도가 직면한 엄청난 도전에 얼마나 잘 대처하느냐에 따라 결정될 것이다.

많은 인도인들은 인도의 초강대국 지위 상승을 돌이킬 수 없는 일로 본다. 그러나 인도의 문제들과 세계의 문제들을 고려할 때, 아마도 더 좋은 질문은 인도가 21세기에 초강대국이 될 것인지가 아니라 인도가 그들의 성장하는 힘을 이용하여 국내의 심각한 문제들은 물론 세계가 인도의 도움을 받아야만 해결할 수 있는 세계적인 도전들을 어떻게 해결할 것인가일 것이다.

8. 환경

기후변화는 인도에 어떤 영향을 미칠까?

많은 인구, 긴 해안선, 그리고 적도 부근의 위치 때문에 인도는 특히 지구 온난화의 부정적인 영향에 취약하다. 해수면 상승은 금융 중심지인 뭄바이는 물론 콜카타, 첸나이시를 포함한 많은 해안 도시들을 위협할 것이다. 매년 내리는 인도의 몬순이 점점 더 불규칙해지고 있어 극심한 가뭄과 파괴적인 홍수가 동시에 발생하고 있다. 2016년, 2년 동안 계속된 가뭄으로 3억 3000만 명이 넘는 인도인들이 큰 고통을 겪었으며, 특히 농작물이 시들고 가축이 먹을 물도 메말라 버린 농촌 지역에서는 더욱 그러했다. 2015년 11월 첸나이는 한 세기 만에 가장 많은 강우량을 기록해 대규모 홍수를 일으키고 300여 명의 목숨을 앗아갔다. 2016년 8월 갠지스강은 이전의 홍수 기록을 모두 갱신하며 수천 명을 삶의 터전에서 쫓아내고 150명을 죽였다. 2017년 8월 뭄바이는 일반적인 몬순 시기의 12일 동안 내릴 비가 12시간 동안 내려서 시가지가 마비되었다. 남아시아 전역에서, 그 해 여름 폭우로 인한 홍수와 산사태가 적어도 4100만 명의 사람들에게 영향을 미쳤다.

인도에는 이미 기록적인 고온 현상이 나타나고 있다. 2016년 5월 인도

라자스탄주에서 섭씨 51도, 화씨로는 123.8도의 역대 최고기온을 기록했다. 팔로디시는 며칠 동안 섭씨 50도 이상의 기온을 유지했다. 뉴델리에서는 기온이 섭씨 47도까지 올랐다. 2015년엔 폭염으로 2500여 명이 숨졌다. 이에 정부는 2016년 극심한 폭염에 대비해 지역경보 및 시원계획을 수립하여 냉방센터를 열고, 의료진을 훈련시키고, 유사시 가난한 사람들과 노인들을 포함한 가장 취약한 사람들을 돌보도록 당부했다.

앞으로 몇 년 동안 기온 상승과 불규칙한 강우량은 늘어나는 인구를 먹여 살리는 데 충분한 식량을 확보할 생산력을 압박하고 농업에 생존을 의존하는 인도 국민 70%의 생계를 위협할 것이다. 지구 온난화는 또한 인도의 숲과 어업에도 영향을 미칠 것이며, 기온 상승은 해충과 질병을 옮기는 모기들을 포함한 곤충의 개체 수 증가를 가져올 수 있다.

한편, 히말라야산맥의 빙하가 인도인 수억 명의 물 안전을 위협하고 있다. 하천 수위가 낮아지고 하천 수온이 높아지면 냉각용 물에 의존하는 화력발전소의 전력 생산이 위협받게 된다. 국경지역과 방글라데시에서 건너올 가능성이 있는 수백만 명의 기후 난민들이 인도의 정치적 안정에 위협이 될 수 있다.

기후변화에 적응하는 측면에서 인도의 2008년 기후변화에 관한 국가행동 계획은 지속 가능한 농업과 주택 공급, 물, 히말라야 생태계 보존과 삼림 조림을 위한 노력을 요구한다. 또한 도시와 농촌 주민들을 심각한 홍수와 사람과 동식물의 생존 한계에 접근하는 온도에 대비게 하기 위해 긴급한 조치가 필요하다.

인도는 지구온난화에 얼마나 영향을 미치고 있는가?

인도는 2013년 24억 톤의 이산화탄소를 배출한 세계 3위의 온실가스 배출국이다. 세계 경제가 역사상 가장 빠르게 성장하고 있는 가운데, 인도는 화석연료의 사용 증가를 포함하여 경제성장과 산업 발전을 촉진할 적절한 에너지를 찾기로 결정했으며, 따라서 인도의 온실가스 배출은 향후 수십 년 동안 증가할 것이다. 인도는 배출량이 최고조에 이를 것으로 예상하는 해를 언급하길 거부했다. 2015년 브루킹스연구소는 인도의 온실가스 배출량이 절정을 이룰 연도를 2043년으로 예상했다.

그러나 인도의 1인당 온실가스 배출 비율은 낮다. 인도는 지금껏 세계 온실가스 총배출량의 단지 4%를 배출해 왔다. 현재 미국은 1인당 20톤, 중국은 8톤의 이산화탄소를 만들어내는 데 비해 인도는 1인당 2톤을 만들어낼 뿐이다. 인도는 오래 전부터 "여느 때와 다름 없는" 배출량을 능가하는 온실가스 증가율을 줄이기 위해 혼신의 노력을 할 것이지만, 경제 발전을 희생할 정도로 화석연료 소비 증가를 포기하지는 않을 것이라는 입장을 취해왔다.

인도는 기후변화에 어떻게 대처하고 있는가?

2015년 10월 인도는 그해 12월 파리에서 열린 COP21 기후변화협상에 앞서 탄소배출량에 대한 '국가적으로 결정한 자발적 감축 기여 방안INDC'을 유엔에 제출했다. 인도는 2030년까지 탄소 배출량을 2005년보다 30~35% 줄이고, 비화석연료 에너지원의 비중을 40%로 늘리겠다고 약속했다. 또한 인도는 25억에서 30억 톤의 이산화탄소를 흡수하는 '녹색 띠'를 만들기 위해 숲을 늘리겠다고 약속했다. 인도(그리고 세계)의 지분을 감안할 때, 인도는 이산화탄소 배출량 증가율을 줄이기 위해 2015년에 약속했던 것보다 훨씬 더 잘할 것으로 기대된다. 우리는 또한 미국이 2015년 파리 기후협약에 다시 서명하여 온실가스 배출량을 줄이기를 바라야 한다.

인도의 대기오염은 얼마나 심각한가?

세계보건기구의 2016년 보고서에 따르면 세계에서 가장 오염된 10개 도시 중 6개가 인도에 있다. 뉴델리는 세계에서 가장 오염된 도시 중 하나이다. 8억 명이 넘는 인도인이 조리용 화로 땔감으로 수로 사용하는 목재나 소똥이 연소할 때 발생하는 실내공기 오염은 조기 사망으로 이어진다. 실외와 실내의 공기오염으로 매년 150만 명의 인도인이 사망한다.

수천만 명의 인도 어린이들이 공기오염이 심한 환경에서 자라 인도의 미래 노동 연령 인구의 건강을 해치고 있다. 2015년의 한 연구는 인도의 학령기 어린이들 중 35%가 폐질환으로 고통 받고 있음을 보여주었는데, 이 비율이 수도인 뉴델리에서는 40%로 증가했다. 인도 어린이들 사이에서 천식 비율이 급증했다.

2016년 세계은행의 한 연구는 대기오염이 인도 경제에 GDP의 8.5%를 희생시킨다고 추정했다. 그게 사실이라면, 대기오염이 인도의 경제성장을 7.5% 이상 상쇄한다는 얘기다. 대기오염은 농업에도 영향을 미치고 있다. 블랙 카본과 오존 오염이 2010년 인도의 밀 수확량을 36%, 쌀 수확량을 15% 줄였다는 비난이 일고 있다. OECD는 2060년까지 인도의 야외 대기 오염으로 인한 연간 사망자 수가 250만 명에 이를 수 있을 것으로 추정한다.

지금까지 인도는 이 문제를 해결하기 위해 단편적인 노력을 해왔다. 델리시는 자동차 배기가스를 줄이기 위해 2016년 1월, 2016년 4월 자동차 사용을 격일제로 제한하는 홀짝 번호판 제도를 임의로 시행했다. 정부의 2016-17년 회계연도 예산에는 자동차 수요를 억제하기 위해 신차 판매에 최대 4%의 세금을 추가로 부과했다. 또한 2016년 인도 대법원은 일부 경유차 판매를 잠정 금지했고, 정부는 경유차 판매에 1%의 '녹색' 세금을 부과했다.

인도는 대기오염에 대한 더 철저한 감시와 오염 유발자들에 대한 처벌 등 더 많은 것을 할 수 있었다. 시골 사람들이 수없이 도시로 몰려들고 있기 때문에, 도시의 공공 교통망을 재빨리 확장해야 했다. 예컨대 델리 메트로 철도교통 시스템의 경우, 2016년 1월 자동차 짝홀 번호판 제한기간에 철도 승객이 하루 평균 275만 명으로 급증했다. 디젤 트럭 대신 화물을 운송하는 전용 화물 철도를 개발하는 것이 공기 정화에 도움이 될 것이다. 자동차 배기가스 배출 기준을 강화하고 하이브리드 자동차와 전기 자동차로 전환하는 것도 도움이 될 것이다. 인도의 자동차 산업은 호황을 누리고 있다. 2015년에 신차 판매량은 거의 10% 가까이 증가하여 200만 대 이상의 신차가 이미 경색돼 있는 인도의 도로를 더 엉망으로 만들고 있다.

산업 또한 인도의 도시 대기오염에 한 몫 한다. 공장의 배기가스 배출을 더 잘 감시해야 하고 오염 유발자에 대한 벌금을 더 철저히 부과해야 한다. 더 깨끗한 석탄 화력발전소를 건설할 필요가 있고, 인도의 풍부하지만 질이 낮은 석탄의 회분 함량을 제거하기 위해서는 더 나은 석탄 세척 시설이 필요하다. 가능한 한 많은 에너지 생산을 가능한 한 빨리 풍력이나 태양열과 같은 재생가능 에너지원으로 옮기는 것도 도움이 될 것이다. 무엇보다 정부는 배기가스를 줄이고 대기의 질 기준을 강화할 수 있는, 도시 대기오염에 대처하는 충분한 자원으로 뒷받침된 국가적 실천 계획을 내놓아야 한다.

석탄 이용 상황은 어떠한가?

도시의 대기오염 수준이 심각하고 공기 속으로 방출되는 이산화탄소 배출량을 줄이는 것이 필수적 과업임에도 불구하고, 인도는 2014년 선거로 나렌드라 모디가 집권한 이후 석탄 광산을 더 많이 개발하고 석탄 화력발전소를 더 건설하는 데 여념이 없다. 이유는 간단했다. 인도는 석탄 매장량 세계 3위로 석탄이 풍부한데다, 인구 증가, 급속한 경제성장, 전기 수요가 높은 도시로의 인구이동이 정부로 하여금 인도가 경제를 급속히 공업화하고 도시화하려면 석탄 발전을 포기할 수 없다고 주장할 수 있게 했다.

석탄 화력발전소는 인도에서 발전량의 70% 이상을 차지한다. 그러나 태양열과 풍력 발전 원가의 하락으로 석탄의 매력이 떨어지고 있으며, 인도는 전체 에너지 생산에서 재생가능 에너지원의 비율을 실질적으로 증가시킬 계획이다. 이는 늘어나는 전력 수요를 충족시키기 위해 당분간은 석탄 소비량이 늘어날지라도 장기적으로는 인도의 에너지 자원으로서 석탄에 대한 의존도를 줄일 것이다.

인도는 재생 가능 에너지에 투자하고 있나?

인도는 태양열, 풍력, 수력발전 등 재생 가능 에너지원에서 에너지 생산을 늘리려는 야심 찬 시도를 하고 있다. 2010년 인도는 자와할랄 네루 국립 태양광 임무 수행단을 출범시켰는데, 2022년까지 100기가 와트 규모의 태양광발전 시설을 건설한다는 목표를 2014년에 설정했다. 모디 총리는 2016년 인도의 태양광 패널 제조 산업에 31억 달러를 쏟아 붓겠다는 계획을 발표했다. 태양광 발전으로 인도의 전력 생산을 증가시킬 뿐만 아니라 인도를 세계적인 태양광 발전설비 제조 강국으로 만들고 현재 중국에서 수입하는 태양광 패널에 대한 의존도를 줄이는 것을 목표로 하고 있다. 인도는 2016년 첫 6개월 동안에만 중국 태양광 패널 생산량의 18%를 수입해 중국 최대 태양광 패널 고객 중 하나가 되었다. 인도 정부의 목표는 2022년까지 재생가능 에너지 용량을 2016년 현재의 45기가 와트에서 175기가 와트로 늘리는 것이다.

2014년에 인도는 세계에서 5번째로 큰 23기가와트의 풍력발전 시설을 설치했으며 2022년에는 이 용량을 60기가 와트로 늘릴 계획이다. 인도의 신재생에너지부는 2016년에 각 주 사이의 풍력발전 전기의 송전을 촉진하는 계획을 발표하여 인도의 8개 풍력발전 주들이 바람이 덜 부는 주에 쉽게 전력을 보낼 수 있게 하고, 더 많은 주들이 풍력발전 전기 구매에 나서도록 장려했다.

또한 인도엔 수력발전을 더 개발할 수 있는 잠재력이 있다. 2016년 현재 인도의 수력발전 설비용량은 45기가 와트로 전체 전력 설비용량인 300기가 와트의 15%에 불과했다. 자와할랄 네루는 대형 수력발전 댐을 '현대 인도의 성전'이라고 불렀던 것으로 유명하다. 하지만 거대한 댐 프로젝트와 관련된 문제들, 이를테면 수로의 생태학적 피해와 높은 비용, 광대한 토지의 수몰 등이 더 잘 알려지면서, 이런 부정적인 요소를 줄일 수 있는 25메가와트 미만의 소규모 수력발전 프로젝트가 인도에 새로운 관심을 불러 일으켰다. 이 소규모 수력발전은 현재 인도의 전력망이 미치지 않는 외진 지역에 깨끗한 재생 가능 전력을 공급할 수 있는 큰 가능성을 지니고 있다.

원자력발전 상황은 어떠한가?

2008년 미국-인도 민간 원자력 협정의 주요 논거 중 하나는, 우리가 보아온 비외 같이, 인도가 핵 기술, 원자로 부품 및 우라늄을 핵 공급국 그룹으로부터 구매할 수 있도록 허용한 것으로, 인도의 증가하는 에너지 수요를 충족시키기 위한 비탄소 대안으로서의 원자력 개발을 촉진하는 것이었다. 2016년 현재 인도는 7개소에 총 21기의 원자로를 가동하고 있으며, 추가로 6기의 원자로가 건설되고 있다. 원자력은 인도의 전체 에너지 용량에서 단지 3%의 적은 부분을 차지한다.

인도의 원자력발전 확대는 새로운 발전소 건설이 계획된 지역 주민들의 강력한 저항에 부딪혔다. 2011년 일본의 후쿠시마 원전 피해는 인도 등 전 세계의 많은 사람들로 하여금 원자력 안전에 겁먹게 했다. 2016년 타밀나두주에 완공한 새로운 쿠단쿨람 원자력 발전소는 쓰나미 위험뿐 아니라 러시아제 부품에 대한 두려움으로 인해 현지 어부들과 여러 시민들의 격렬한 항의를 촉발시켰다. 쿠단쿨람 원자력발전소 건설은 6년 공기에 예산 10억 달러가 소요되었다. 100만 명 이상의 사람들이 이 원자력 발전소가 있는 곳으로부터 20마일 이내 지역에 살고 있다.

인도의 원자력발전에 또 다른 걸림돌은 사고가 발생할 경우 그 책임에 대한 미국 제조업체들의 우려였다. 그러나 2015년 인도와 미국은 웨스팅하우스가 인도에 6기의 새로운 원자력발전소를 건설하는 것을 승인하면서 책임에 대한 합의에 도달했다. 1984년 인도 보팔의 유니언 카바이드 비료공장에서 발생한 치명적인 화학물질 유출사건 이후 인도에는 특히 책임 문제가 민감하게 작용하고 있다. 우리가 본 것처럼, 그 유출로 인해 무려 1만 5000명이 목숨을 잃었고, 그 사건은 역사상 최악의 산업재해로 남아 있다.

인도에 수자원은 충분한가?

21세기 들어 인도는 다방면에 걸쳐 물 위기에 직면해 있다. 인구는 세계 전체의 18%이지만 담수는 지구 전체의 4%에 불과하기 때문에, 인도는 경제 성장과 인구 증가로 인한 농업 및 도시의 물 수요 충당을 위해 물 공급 능력을 혹사하고 있다. 인도의 1인당 사용 가능한 물의 양이 지난 50년 동안 3000에서 1123세제곱미터로 거의 2/3가량 감소했다. 인도의 지하 대수층이 인도 전체 물 공급량의 50% 이상을 담당하는데, 농부들이 관개용 물을 퍼 올리기 위해 우물을 더 깊게 파야 하는 등 놀라운 속도로 줄어들고 있다. 인도에서 소비되는 지하수의 90%는 관개용이며, 그중 60%는 지면에서 스며든 것이다.

인도엔 물의 질에 대한 문제도 있다. 이 나라의 지표수 대부분은 처리되지 않은 하수 및 산업 폐수로 인해 매우 오염되어 있다. 농약 잔류물도 인도의 물 대부분에 존재한다.

카우버리강의 물 공유 문제는 2016년 인도 타밀나두주와 카르나타카주 사이의 분쟁을 촉발시켰고 인도의 첨단 기술 허브인 벵갈루루에서 격렬한 폭동을 불러일으켰다. 모디 총리는 2016년 9월 파키스탄 국경 근처의 카슈미르에서 인도 군인들이 공격을 받자 인도와 파키스탄 양국 모두에 중요한 물 공급원인 인더스강과 그 지류의 물 사용을 관장하는 1960년 인더스강 조약을 면밀히 살펴겠다고 위협했다. 인도는 인더스 지류인 젤룸에 댐을 건설하고 있다. 인더스강에서 나온 물은 파키스탄의 농경지 75%를 관개하며, 여기에는 중요한 면화 재배지역이 포함된다.

물을 무기로 사용하는 것은 위험한 선례를 만든다. 인도는 인더스강과 브라마푸트라강을 위시하여 중국에서 발원한 강에서 나오는 물에 크게 의존하고 있는데, 중국은 인도에 물을 공급하는 티베트강에 댐을 건설 중이다. 인도, 중국, 부탄, 파키스탄은 히말라야산맥에 약 400개의 수력 발전 댐을 건설하여 각 지역에 심각한 환경 피해를 입히고 물 공유 문제를 복잡하게 만들었다. 이 댐들이 전력을 생산할 수 있게 충분히 물을 공급하고 있는지 어부가 궁금하다. 지구 온난화로 인해 히말라야산맥의 빙하가 줄어들어 2050년까지 빙하에서 나오는 물의 양이 10~20% 감소될 것으로 예상된다.

물을 둘러싼 격렬한 갈등은 심지어 전쟁도 인도와 해당 지역에 대해 위협으로 보이지 않을 정도로 심각하다. 매사추세츠 공과대학교 과학자들의 2016년 연구에 따르면, 인도와 중국은 그 지역의 물 공급과 급증하는 수요 사이의 점점 커가는 격차를 해소하기 위한 조치를 즉시 취하지 않으면 2050년경엔 심각한 물 압박을 받게 될 것이라고 한다.

'모래 마피아'는 무엇이며 물 공급에 어떤 영향을 미치는가?

인도의 도시 건설 붐은 콘크리트의 필수 성분인 모래에 대한 수요를 증가시켰다. 모래를 채취하는 법적 허가를 얻는 것은 번거로운 과정이며 모래 수요가 법적 공급량을 초과하기 때문에 강력한 '모래 마피아sand mafia'가 불법 모래 채취권을 인수하여 매달 1700만 달러의 이익을 올리고 있다.

인도 대법원과 국가녹지조사위원회가 인도의 모래 채굴을 규제하고 불법 행위를 중단하라는 강력한 판결과 지시를 내렸지만 부패한 관리들이 뇌물을 받는 대가로 종종 불법을 묵인해 주는 지역 차원에서는 이러한 판결과 결정이 거의 영향을 미치지 않았다. 불법 채굴에 항의하는 주민들은 모래 마피아의 괴한들로부터 잔인한 협박에 직면한다. 불법 모래 채굴로 인해 인도의 수로가 입은 피해는 이미 강조한 대로 심각하며, 어쩌면 다시는 원상복구가 되지 않을 수도 있다. 모래를 벗겨내는 것은 강바닥의 생태계를 파괴하는 것 외에도, 식용수와 관개용수로 사용되는, 이미 줄어들고 있는 지하 대수층으로 물이 스며드는 것을 방해한다. 또한 몬순이 올 때 강물이 범람하기 쉽다.

인도의 농약 사용 상황은 어떠한가?

인도는 세계 4위의 농약 제조국이고 6위의 농약 수출국이다. 화학비료, 하이브리드 씨앗, 관개 등과 함께 살충제는 1960년대 녹색혁명이 도래한 후 인도가 농작물 생산량을 크게 증가시키는 데 도움이 되었다. 인도는 1947년 독립 후 수입 식량에 의존하던 수십년이 지나고 비로소 자급자족할 수 있게 되었다.

그러나 인도의 농약사용은 대체로 농부들의 재량에 달려 있다. 문맹의 농부들은 농약에의 노출 위험을 이해하지 못하거나, 농약사용 시 자신들을 보호하지 못할 수도 있으며, 농약을 너무 과하게 사용하거나 또는 잘못 사용할 수도 있다. 인도의 과일, 채소, 달걀, 우유, 고기의 농약 잔류물 수치가 높다는 우려가 커지고 있다. 유럽연합과 사우디아라비아가 높은 농약 잔류물 때문에 인도에서 일부 과일과 채소의 수입을 금지했다. 농약에 의한 지하수 오염은 집약 농업과 관개가 흔한 펀자브에서 높은 암 발생률의 원인으로 지적되고 있다. 다른 나라에서 금지되는 농약이 합법적으로 사용되기도 하고, DDT, 모노크로토포스, 그리고 엔도설판을 인도에선 쉽게 구할 수 있다. 유엔식량농업기구는 2013년 인도에서 23명의 어린이가 농약이 들어 있던 용기에 저장되었던 학교급식을 먹고 사망한 비극적인 사건으로 인해 살충제가 비난받자 개발도상국들이 모노크로토포스 사용을 단계적으로 중단할 것을 권고했다. 엔도설판, DDT, 엔드린, 알드린, 딜드린, 메틸 파라티온, 헵타클로르 등 다양한 농약 잔류물은 뉴델리 주변 지역, 야무나와 강가Ganga 지역, 알라하바드, 그리고 그 밖에 인도의 다른 지역에서도 공공 급수에서 발견된다.

인도는 농약 오염을 해결하기 위한 조치를 취하고 있다. 인도 정부는 2011년 '잔류성 유기오염물질에 관한 스톡홀름 협약'에 의해 금지된 엔도설판을 2017년까지 단계적으로 폐기하고 유효기간이 지나면 그 농약의 모든 기존 비축분을 없애기로 했다. 2015년 인도 정부는 케랄라에서 발생한 엔도설판 중독 피해자들의 미납 농업 대출금에 대해 5만 루피의 융자를 제공했다. 2016년에 정부는 암, 선천성 결함 및 기타 건강상의 부작용과 관련 있는 18가지 농약 사용을 금지하기로 결정했다. 주 정부들은 또한 농약 재고품을 압류하고 농부들에게 그들이 어떤 살충제를 사용해서는 안 되는지 경고함으로써 금지된 살충제의 판매를 단속할 움직임을 보이고 있다.

인도의 유기농업 현황은 어떠한가?

농약과 화학비료의 남용으로 인한 우려와 세계 유기농 식품시장의 일부를 점유하려는 열망이 결합되어 인도 유기농 농장의 성장이 촉진되고 있다. 차, 쌀, 꿀, 향신료 등 인도의 유기농 식품 수출액은 2012-2013년 116억 루피(약 2억 300만 달러, 2400억 원)에서 2014-15년 210억 루피(약 3억 5000만 달러, 4200억 원)로 거의 두 배로 늘었다. 그러나 2016년 현재 인도는 유기농 경작 농장이 전체 농장의 0.4%에 불과하다.

인도의 국내 유기농 시장은 여전히 미미하지만, 몇몇 주들은 유기농으로 가고 있다. 2016년 1월 식킴주는 100% 유기농 주라고 선언했다. 메갈라야주, 나갈랜드주, 미조람주, 아루나찰프라데시주, 케랄라주가 식킴주의 사례를 따르는 과정에 있다.

인도에서는 어떤 유전자 변형 작물이 재배되고 있는가?

2001년 몬산토사가 인도에 소개한 소위 말하는 Bt면화 즉 면화 다래벌레에 강한 특성을 가진 유전적으로 변형된 면화가 인도 면화 농가들 사이에서 빠르게 인기를 얻었다. 2010년경엔 600만 농민들이 인도 면화 재배면적의 90%에 Bt면화를 심었다. 현재 이 유전자 변형 면화는 인도 면화재배 면적의 95%를 차지하고 있다.

그러나 2015년 Bt면화 작물에 흰파리 병충해가 만연함으로써 종래의 종자보다 훨씬 많은 비용이 드는 유전자 변형 종자에 대한 열정을 약화시켰다. 몬산토사의 면화 종자 판매는 2015년에 감소했고, 2016년에 이 회사는 인도 정부가 이 회사의 특허 면화 종자에 대한 가격을 제한하고 유전자 조작 종자 생산자들에게 지불하는 로열티를 규제하면서 인도 국립 종자협회와 지적 재산권 분쟁에 휘말렸다. 2016년 8월 몬산토사는 인도 유전공학승인위원회에 인도에서 새로운 종류의 Bt면화 씨앗 판매를 위한 신청을 철회한다고 통보했다.

2010년 인도 정부는 유전자 변형 작물에 대한 대중들의 광범위한 항의가 있은 후 유전자 변형 가지 재배를 금지했다. 2016년 현재 인도에서 유전자 변형 작물의 재배 허가를 받진 않았지만, 2016년에 몬산토사를 인수한 바이엘사가 생산한 유전자 변형 겨자 씨앗이 정부의 재배 승인을 앞두고 있다. 인도는 식용유의 60%를 수입하고 있으며, 겨자유는 인도에서 인기 있는 식용유다. 모디 정부는 2015년 유전자 변형 작물 21개에 대한 현장 실험을 승인했다. 그러나 모디 정부는 유전자 변형 작물을 외국의 침입자로 보고 토착 식물 품종을 선호하는, 그의 강력한 지지그룹에 속하는 힌두 민족주의 그룹의 강한 저항에 직면해 있다. BJP가 통치하는 라자스탄과 마디야프라데시주는 2016년 자기들 주에서 유전자 변형 겨자의 재배를 허용하지 않을 것이라고 했다.

유전자 변형 작물이 인도의 농업 미래에서 어떤 역할을 할 것이며, 누가 그 씨앗에 대한 특허권을 보유할 것인지는 두고 볼 일이다.

인도는 식량을 자급자족할 수 있을까?

우리가 살펴본 바와 같이, 녹색혁명 기술은 인도의 농업 생산을 촉진하고 국가가 식품 자급자족을 달성하는 데 도움을 준 후 상당한 시간이 흘러 인도는 다시 많은 기본 식품을 수입하고 있다. 식용 곡물 생산량은 2014년과 2015년에 3% 감소했는데, 이는 주로 불순한 몬순 탓이었다. 인구 증가로 수요는 증가하고 있지만, 기후변화가 수확량에 타격을 입히기 때문에 인도의 농업이 더 힘든 시기에 직면해 있음은 의심의 여지가 없다.

지속 농업Sustainable Agriculture을 위한 인도의 국가적 사명은 국가가 어떤 행동계획으로 기후변화에 대처하여 농업을 지속가능하게 하느냐는 문제로 귀결된다. 이 도전을 해결하기 위해 인도는 물 사용 효율성, 통합 농업, 토양 건강 및 자원 보존에 중점을 두고 있다. 인도가 직면한 가장 큰 도전 중 하나는 전국 식량의 40%를 생산하는 농업 용지의 60%가 강우에 의존하고 있는데 그 강우가 예측할 수 없게 되고 있다는 점이다. 또 다른 도전은 작물에 스트레스를 주고 수확량을 줄이는 기온상승이다. 기후변화가 세계농업에 미치는 영향에 대한 2007년 보고서에 따르면 2080년까지 인도의 농업생산량은 기후변화의 직접적인 결과로 2007년 수준에 비해 38% 감소하는 것으로 나타났다. 이 기간에 인도의 인구는 3분의 1 정도 증가할 것으로 보인다.

2011년 유엔은 식량 생산에 생태학의 원칙을 적용하는 농업 생태학이 전 세계 식량 생산량을 10배로 늘릴 수 있으며 세계를 먹여 살리는 유일한 지속 가능한 접근법이라는 제안을 내놓았다. 화석연료에서 파생된 비료에 의존하는 재래식 농업은 지구 전체의 온실가스 배출에 17%의 영향을 미치고 토양을 고갈시키며 지하수를 오염시킨다. 장기적으로 볼 때 기존의 대형 영농은 지속 가능하지 않다고 비평가들은 말한다.

인도에서는 지속농업센터와 나브다냐Navdanya를 포함한 몇몇 단체들이 수확량을 높이면서 농부들과 소비자들의 건강은 물론 환경을 보호하는, 생태학적으로 건전하고 통합된 식량 생산 방식을 추진하고 있다. 그러나 다른 나라들과 마찬가지로 인도에서도 화학비료, 농약, 특허 받은 씨앗을 생산하는 기업들은 농업 부문의 강력한 상업적 이익에 치중한 나머지 그들이 판매하는 농업 투입물이 식량 생산을 감소시키는 것 따위엔 거의 관심이 없다.

그럼에도 불구하고, 인도 전역에서 전통적인 거름주기와 해충방제 기술, 간작(사이짓기), 토양 보존, 미세 관개 및 최적의 재배 조건보다 못한 조건에서 진화한 토착 식량 식물을 이용한 대체 농업에 대한 흥미로운 실험을 하고 있다. 만약 인도가 기온 상승과 불규칙한 강우 시대에 17억 명의 예상 인구를 먹일 수 있는 충분한 식량을 생산하는 방법을 찾을 수 있다면, 그것은 자체 식량안보를 보장할 뿐만 아니라 더 변화하고 더 적대적인 행성에서 충분한 식량을 생산하기 위해 고군분투할 세계에 해결책을 제공할 가능성이 있다.

인도의 벵골호랑이는 멸종될 것인가?

밀렵, 서식지 파괴, 먹이의 개체 수 감소, 인간 정착지로 인한 서식지 잠식으로 야생 벵골 호랑이의 개체수가 지난 세기 동안 96% 감소했다. 2006년 인도의 야생 호랑이 숫자는 1411마리로 줄었다. 그러나 밀렵 단속을 포함한 활발한 보존 노력이 성과를 거두고 있는 것으로 보인다. 인도 환경부는 '인도 호랑이 프로젝트'의 후원으로 2014년에 실시한 조사결과, 인도의 야생 호랑이 개체 수가 2226마리로 증가했다고 2015년에 발표했다.

　호랑이는 인도의 독립을 상징하는 자랑스럽고 사랑받는 동물이다. 호랑이를 구하기 위한 최근의 보존 노력 성공은 참으로 아름다운 이 동물의 미래에 대한 희망을 주고, 21세기에 직면하고 있는 많은 문제들을 다루는 인도의 능력에 희망을 준다.

|추가 참고 도서|

다음의 제안들이 꼭 완벽한 것은 아니다. 여기에 언급되지 않은 많은 책들이 인도와 인도 전문가들의 머릿속에 떠오를 것이다. 그럼에도 인도에 대해 더 많은 것을 배우고 싶어 하는, 인도에 익숙하지 않은 독자들에게는 아래의 설명이 새로운 지평을 열어줄 것이다.

인도에 관한 훌륭한 일반 개론서로 스탠리 울퍼트(Stanley Wolpert)가 아름답고 간단명료하게 쓴 『인도(India)』(University of California Press, 2009)는, 여러 판을 거친 고전이다. 인도의 간결한 역사에 대해서도 울퍼트는 다시 한 번 『인도의 새로운 역사(A New History of India)』(Oxford University Press, 2008)에서 훌륭하게 써냈다. 수닐 칼나니(Sunil Khilnani)의 『화신(化身): 50인의 생애를 통해 본 인도의 역사(Incarnations: A History of India in Fifty Lives)』(Farrar, Straus and Giroux, 2017)는 인도의 역사에 대한 참신하고 매혹적인 접근방식을 제공한다. 인도 초기의 역사에 대한 인도의 역사학자인 로밀라 타파르(Romila Thapar)의 많은 책들이 높이 평가되는데, 그 가운데서도 최근에 업데이트한 『펭귄사가 발행한 태초부터 서기 1300년까지의 인도 초기 역사(The Penguin History of Early India From the Origins to 1300)』(Penguin, 2015)가 으뜸이다.

힌두교를 깊이 연구하기 위해서는 로버트 골드먼과 샐리 서덜랜드 골드먼(Robert P. and Sally Sutherland Goldman)의 『발미키의 라마야나: 고대 인도의 서사시(The Ramayana of Valmiki: An Epic of Ancient India)』

(Princeton University Press)의 7권 번역서와 클레이 산스크리트 라이브러리(Clay Sanskrit Library) 중에서 셸던 폴록(Sheldon Pollock)이 편집한『마하바라타(Mahabharata)』의 15권 번역서가 가장 많이 활용된다. 또 다른 탁월하고 더 광범위한 소스는 크누트 A. 야콥센(Knut A. Jacobsen) 등이 편집한『브릴의 힌두교 백과사전(Brill's Encyclopedia of Hinduism)』(Brill, 2009-2014년)이다. 윌리엄 달림플(William Dalrymple)의『9인의 삶: 현대 인도에서 성스러운 삶을 찾아서(Nine Lives: In Search of the Sacred in Modern India)』(Vintage, 2011)는 인도의 여러 종교 전통이 오늘날 어떻게 살아 있는지에 대한 풍요로운 감각을 제시한다.

1857년 영국 식민 당국에 대한 인도인들의 반란과 그 여파에 대해 쓴 달림플의『마지막 무굴(The Last Mughal)』(Vintage, 2008)은 훌륭하다. 아난야 바지파이(Ananya Vajpeyi)의『의로운 공화국: 현대 인도의 정치 기반(Righteous Republic: The Political Foundations of Modern India)』(Harvard University Press, 2012)은 인도 독립국가의 설립자들에게 미친 인도적인 영향을 조사하고 있고, 라마찬드라 구하(Ramachandra Guha)의『간디 이후의 인도: 세계 최대의 민주주의 역사(India After Gandhi: A History of the World's Largest Democracy)』(Harper Perennial, 2008)는 많은 사람들이 예상하지 못한 나라에서 민주주의가 어떻게 유지되었는지 설명하기 위해 인도의 다양성을 찾아본다. 물론 인도의 설립자들도 각자 중요한 책들을 썼다. 네루의『인도의 발견(The Discovery of India)』(Penguin, 2004), 마하데브 데사이(Mahadev Desai)가 번역하고 트리딥 슈루드(Tridip Suhrud)가 서문을 쓴 간디의『자서전 또는 나의 진리 실험 이야기: 비평판(An Autobiography or the Story of My Experiments with Truth: A Critical Edition)』(Penguin, 2018), 그리고 암베드카르(Ambedkar)의『카스트의 소멸(The Annihilation of Caste)』(Verso, 주석, 비평판, 2016년)은 그

들의 작품에 대한 좋은 예다.

수닐 킬나니(Sunil Khilnani)의 『인도의 이데아(The Idea of India)』(Farrar, Straus and Giroux, 1999)는 인도 민주주의에 대한 심오한 명상이며 샤시 타루르(Shashi Tharoor)의 『인도: 자정부터 멜레니엄 그 너머까지(India: Midnight to the Millennium and Beyond)』(Penguin Books, 2012)는 인도 독립 후 첫 수십 년 동안의 가장 큰 도전을 솜씨 좋게 차트화하여 기록하고 있다. 사가리카 고세(Sagarika Ghose)는 『인디라: 인도에서 가장 강력한 총리(Indira: India's Most Powerful Prime Minister)』(Juggernaut Books, 2017)에서 인디라 간디의 친밀한 초상화와 그녀 생전의 역사를 한눈에 볼 수 있게 해준다.

수자타 기들라(Sujata Gidla)의 『코끼리 사이의 개미들(Ants Among Elephants)』(Farrar, Straus and Giroux, 2017)은 불가촉천민 가문의 관점에서 한 세기에 걸친 현대 인도의 역사를, 그리고 그들이 직면하고 있는 엄청난 차별을 강력하게 이야기하고 있다. 인도에서의 강간이라는 재앙을 보기 위해서는 소니아 팔레이로(Sonia Faleiro)의 『13명의 사내들(13 Men)』(Deca Stories, 2015)보다 더 좋은 책은 없다. 스니그다 푸남(Snigdha Poonam)의 『꿈꾸는 자들: 젊은 인도인들이 세상을 변화시키는 방법(Dreamers: How Young Indians are Changing the World)』(Hurst, 2018)은 인도 젊은이들의 너무 흔하게 좌절하는 희망 대한 격렬한 이야기를 상세히 하고 있다.

힌두 민족주의의 부상에 대해 토머스 블롬 한센(Thomas Blom Hansen)의 『사프란 물결: 현대 인도의 민주주의와 힌두 민족주의(The Saffron Wave: Democracy and Hindu Nationalism in Modern India)』(Princeton University Press, 1999), 크리스토프 재프렐롯(Christophe Jaffrelot)의 『힌두 민족주의: 독자(Hindu Nationalism: A Reader)』(Princeton University Press,

2007), 아르빈드 라자고팔란(Arvind Rajagopalan)의 『텔레비전 이후 정치: 힌두교 민족주의와 인도의 대중 재편성(Politics After Television: Hindu Nationalism and the Reshaping of the Public in India)』(Cambridge University Press, 2001), 아마르티아 센(Amartya Sen)은 『논증적인 인도인 (The Argumentative Indian)』(Picador, 2006)에서 인도의 상당한 대화 전통과 이러한 세력에 대한 반대를 정리하고 있고, 샤시 타루르(Shashi Tharoor)의 『내가 왜 힌두교인가(Why I Am a Hindu)』(Aleph Book Company, 2018)는 증오와 심한 편견보다는 관용과 반성의 힌두교를 주장한다.

인도의 부상을 폭넓은 시각으로 다룬 책들로는 내가 쓴 『행성(行星) 인도: 가장 큰 민주주의 국가의 파란만장한 부상과 우리 세계의 미래(Planet India: The Turbulent Rise of the Largest Democracy and the Future of Our World)』(Scribner, 2008), 에드워드 루스(Edward Luce)의 『수많은 신(神)들에도 불구하고 부상하는 현대 인도(In Spite of the Gods: The Rise of Modern India)(Anchor, 2008), 파반 바르마(Pavan Varma)의 『인도인 되기: 진짜 인도의 내부(Being Indian: Inside the Real India)』(Arrow Books, 2011), 패트릭 프렌치(Patrick French)의 『인도: 하나의 초상(India: A Portrait)』(Vintage, 2012), 그리고 아담 로버츠(Adam Roberts)의 『초고속으로 발전하여 황금기에 접어든 최고의 국가: 끊임없는 현대 인도 만들기 (Superfast Primetime Ultimate Nation: The Relentless Invention of Modern India)』(Public Affairs, 2017)가 포함되어 있다. 좀 더 비판적인 견해는 판카지 미슈라(Pankaj Mishra)의 『서구의 유혹: 인도, 파키스탄, 티베트 그리고 그 너머에서 현대적이 되는 법(Temptations of the West: How to Be Modern in India, Pakistan, Tibet and Beyond)』(Picador, 2007)과 『제국의 폐허에서: 서구에 대한 반란과 아시아 다시 만들기(From the Ruins of

Empire: The Revolt Against the West and the Remaking of Asia)』(Picador, 2013)에서 발견된다.

인도의 가난한 사람들의 잔인한 운명에 대해서 나는 캐서린 부 (Katharine Boo)의 『아름다운 영원함의 이면: 뭄바이 빈민가의 삶, 죽음, 희망(Behind the Beautiful Forevers: Life, Death and Hope in a Mumbai Slum)』(Random House, 2014), 세이나스(P. Sainath)의 『모든 사람들이 선한 가뭄을 좋아한다: 인도의 가장 가난한 지역에서 나온 이야기 (Everybody Loves a Good Drought: Stories from India's Poorest Districts)』 (Penguin, 2017), 그리고 싯다르트 두베(Siddharth Dube)의 『가난한 사람들의 땅에서: 어느 가난한 인도 가족의 추억들, 1947-97(In the Land of the Poor: Memories of an Indian Family, 1947-97)』(Zed Books, 1998)를 추천한다. 수케투 메타(Suketu Mehta)의 『최대 도시: 봄베이, 잃어버린 것, 찾은 것(Maximum City: Bombay Lost and Found)』(Vintage, 2005)은 뭄바이에 관한 결정적인 책이라고 생각한다. 미라 수브라마니안(Meera Subramanian)의 『강은 다시 흐른다: 위기에 처한 인도의 자연 세계, 라자스탄의 바렌 절벽에서 카르나타카 농지까지(A River Runs Again: India's Natural World in Crisis, from the Barren Cliffs of Rajasthan to the Farmlands of Karnataka)』(Public Affairs, 2015)는 인도의 환경 위기에 열정적인 견해를 제시한다.

인도인 디아스포라에 관해서는 내가 쓴 『모티바의 문신: 손녀의 여행, 미국으로부터 그녀의 인도 가족의 과거까지(Motiba's Tattoow: A Grand-daughter's Journey from America to Her Indian Family's Past)』(Plume, 2001)는 지난 세기의 인도 이민의 길을 추적하고 있으며, 가이우트라 바하두르 (Gaiutra Bahadur)의 『여성 막노동꾼: 고용계약서 오딧세이(Coolie Woman: The Odysssey of Indenture)』(University of Chicago, 2013)는 또 다

른 것을 추적하고 있다.

수미트 강굴리(Sumit Ganguly)의 『세계를 사로잡기: 1957년 이후의 인도 외교 정책(Engaging the World: Indian Foreign Policy Since 1957)』(Oxford University Press, 2015)은, 데이비드 멀론(David Malone), C. 라자모한(C. Raja Mohan), 스리나트 라하반(Srinath Raghavan)이 편집한 『인도 대외정책에 관한 옥스퍼드 핸드북(The Oxford Handbook of Indian Foreign Policy)』(Oxford University Press, 2015)과 함께 인도의 대외 정책의 진화에 대한 상당한 시각을 제공한다.

물론, 한 나라에 대해 배우는 가장 좋은 방법 중 하나는 그 나라의 소설을 읽는 것이다. 이 책에는 많은 인도 소설가들이 언급되어 있지만, 지면이 더 있었다면 다른 많은 작가, 시인, 극작가, 단편작가 들과 민속문학과 고대서사시들을 열거했을 것이다.

인도가 바싹 다가오고 있다

이 책은 짜임새부터가 독특하다. 목차를 보면 알 수 있듯이 '저자 메모', '감사의 글' 및 '서론'을 제외하고 총 8부에 모두 묻는 말로 된(원문으로는 What, Who, How, Why 등 의문사나 Do, Be 동사로 시작하는 의문문) 항목이 무려 160개나 된다. 얼핏 보면 무슨 문답집 같아 보인다. 자그마한 책에 인도에 관한 모든 것을 효율적으로 담으려 하다 보니 그렇게 된 것 같다. 그런데도 내용이 문답집 같이 단조롭게 요약되었다 싶거나 정감 없이 딱딱한 맛이 나거나 하지 않고 모든 항목에서 정성어린 충분한 설명을 들었다 싶은 생각이 들게 한다. 한마디로 이 자그마한 책 한 권 읽으면 인도에 대한 웬만한 지식은 다 습득할 수 있게 섬세하게 꾸며져 있다.

좀 전까지만 해도 인도는 우리에게 멀고 먼 나라였다. 지리적으로는 미국이나 유럽 여러 나라들보다 가까이 있지만, 인적·물적·문화적 교류 면이나 친근감에서 그들보나 훨씬 먼 나라였다. 심지어 1970년대 초반 석유가격 폭등 이후엔 중동의 아랍국들보다도 더 멀리 느껴지던 나라였다. 인도를 관심 있게 공부한 사람이 아닌 일반 지식인들에게 인도라면 세계 4대 문명 발상지 중 하나, 불교와 석가모니, 김수로왕의 부인 허황옥, 혜초의 『왕오천축국전』, 타고르의 시 「동방의 등불」, 간디의 무저항주의, 그리고 6·25 사변 때 의료지원을 해주었고 인도군이 포로교환을 주선한 것들 중 한 두 가지를 떠올리는 것이 인도에 관한 지식의 거의 전부였다. 매일 신문이나 방송에서 다루는 외신에서도 인도에 관한 뉴스나 해설은 극히 드물어, 그저 남아시아의 비교적 국토가 넓은 한 나라로 기타 지역의 군소국들과 거의 같은 수준으로 여길 정도였다.

인도가 과연 그런 대우를 받을 나라인가? 세계적인 종교인 불교, 힌두교, 시크교, 자이나교의 발상지, 인구 세계 2위, GDP 세계 5위(IMF 2020.2월 기준), 국토면적 세계 7위, 그리고 인구는 오래지 않아 중국을 제치고 세계 1위가 될 것이며, GDP도 중국과 세계 1, 2위를 다투게 될 날이 머지않을 것이라고 학자들이 이야기하고 있는 나라이다.

이런 나라가 우리와는 멀고 먼 나라가 된 데는 무엇보다도 정치적인 요소가 크게 작용했다고 본다. 비록 6·25 때 의료지원부대와 포로감시부대를 파견한 나라이긴 하지만, 냉전 시대에 한국은 미국이 주도하는 자본주의 진영이 공산주의 진영과 대치하는 최일선의 나라였고, 인도는 제3세계의 지도국이었다. 인도의 네루 총리와 인도네시아의 수카르노 대통령, 유고슬라비아의 티토 대통령, 이집트의 나세르 대통령이 비동맹 중립국의 수반이라는 이점을 앞세우며 '위세'를 부리던 시절에 인도인들의 눈에 한국이 제대로 보였을 리가 없겠고, 또한 한국인들의 눈에도 인도는 소련, 중공 등 공산권 국가들과 은근히 통하는 적성국 비슷한 나라로 비쳐 휴전회담 반대 시위를 할 때는 이들 중립국들이 성토의 대상이 되기도 했으니 인도를 가까이 느낄 리가 없었다. 한국과 인도의 수교가 1973년에야 이루어진 것만 보아도 양국 관계가 어땠는지 짐작할 수 있다. 더욱이 인도가 경제적으로 후진성을 면치 못하는 나라이고 보니 한국에서 경제개발이 한창일 때 수출회사 직원들이 공산국을 제외한 온 세계를 누비면서도 인도가 있는 남아시아 지역엔 발길이 뜸했다.

그러나 1989년 소련 제국의 붕괴를 계기로 냉전 구조가 무너지고 경제

실리주의가 부각하면서 서로를 보는 눈이 변하기 시작했다. 1993년 인도의 나라심하 라오 총리의 방한을 계기로 지금껏 정치·외교 중심의 의례적인 관계에서 무역·투자를 중심으로 한 실리적인 관계로 양국 관계가 몇 단계나 격상되었다. 그 이전엔 양국 사이에 맺은 협정이라곤 무역, 문화 등 5개에 불과했는데 그 이후엔 지금껏 20개 이상의 협정을 체결했다. 우리 정상의 방문도 1996년 김영삼 대통령의 최초 방문 이후 후임 대통령들이 모두 인도를 방문했다. 또한 인도 정부는 2020년 7월 30일부터 한국어를 인도 정규 교육과정의 제2외국어 과목으로 채택했으며, 나랜드라 모디 현 총리는 한국과 같은 동아시아 국가들을 인도의 경제발전 모델로 삼고 있다고 했다.

인도가 어떤 나라인지를 가장 잘 표현한 말이 바로 이 책 서론의 시작 부분에서 나온다.

인도는 세계를 문화로 사로잡고 잠재력으로 자극하며, 전통으로 호기심을 불러일으킨다. 인도는 복잡성으로 사람을 당혹하게 하고 폭력, 빈곤, 부패로 충격을 준다. 하지만 인도가 갖고 있는 엄청난 영어권 인구와 특히 그들의 민주적 제도와 기관들은 세계와 서구 민주주의 국가들에게 많은 위안을 준다.

비로 이 문장에서 제기하는 주제들을 상세하게 설명한 것이 이 책의 내용이다. 먼저 인도의 문화(문명)와 전통에 대해 간단히 살펴보자. 대략 기원전 3000년경에 시작된 인도의 문화(문명)는 그중 상당한 부분이 중국으로 흘러가 동양문화(문명)의 뿌리가 되었다. 내가 이 책을 읽으면서 깜짝 놀란 것 중 하나가 삼종지도(三從之道)에 관한 이야기다. 즉 여자가 어려서는 아버지를, 결혼해서는 남편을, 남편이 죽은 후에는 자식을 따라야

한다는 3가지 도리가 여태껏 유교의 산물인 줄만 알았다. 아니 지금도 사전을 찾아보면 삼종지도가 "예기(禮記)의 의례(儀禮) 〈상복전(喪服傳)〉에 나오는 말"이라고 설명하고 있다. 물론 그 원산지를 중국이라고 딱 지적하고 있지는 않지만, 누가 봐도 중국에서 발생한 것으로 짐작하게끔 되어 있다. 잘못된 것이었다. 삼종지도는, 인도에서 기원전 3000년 경에 처음 제정되어 구전으로 면면히 전해져 오다가 기원전 400~200년경에 문자로 편찬된 〈마누 법전〉에 규정되어 있는 여자가 지켜야 할 도리였다. 가정과 사회구조가 엄격하게 가부장적이어서 여성들의 지위가 문명 세계에서 가장 낮은 곳이 인도라고 한다. 2011년에 '외국 원조 및 개발전문가들'을 대상으로 실시한 한 여론조사에서 사우디아라비아를 포함하여 여성의 지위가 비교적 낮은 20개국 가운데서 인도가 여성들이 살기에 가장 나쁜 나라라는 평가를 받았으며, 1970년에서 2010년까지 40년 동안 출산 전 성별선택에 따른 낙태, 여아 살해(바로 얼마 전에도 쌍둥이 여아를 생후 하루 만에 아비가 우유에 살충제를 넣어 죽이려 했다 하여 세계적인 뉴스가 되었다), 양육 소홀 등 치명적인 성차별로 인해 "잃어버린 소녀들"이 총 4300만 명에 이르고, 지참금 때문에 살해되는 여성 숫자가 한 해에 8000명에 이른다고 이 책은 말하고 있다. 인도 정부가 2015년 1월 부모들이 여자아이를 소중히 여기게 하는 범국가적인 캠페인을 시작했다고 할 정도이다.

다음은 이 책에서 이야기하는 인도의 복잡성이다. 인도엔 섬기는 신이 수억 명이고 그에 따른 신화도 수억 개리고 한다. 인도 헌법이 인정하는 언어는 22개인데, 인도에는 공식으로 인정된 언어 외에도 2013년 조사에 따르면 780개의 언어가 사용되고 있는 것으로 확인되었으며, 일부 언어는 사용자가 1만 명 미만이이라고 한다. 법적으로는 금지되고 있지만 카스트는 아직도 엄연히 존속하고 있으며, 인구의 24%에 달하는, 불가촉천민이란 뜻의 달리트는 계속 끔찍한 차별을 받고 있다. 남편의 죽음은 흔히 아내의 잘못으로 여겨져 사티, 즉 남편의 시체를 화장하는 불에 미망인을 함께 태워 죽이는 (때로는 미망인이 자진해서 불에 뛰어드는) 관행이 (법적으로는 엄금하고 있지만) 아직도 시골 어느 구석에서 이따금씩 발생하고 있다고 한다. 그런가 하면, 여성 상위의 나라라고 해도 무방할 미국 같은 나라는 아직 한 번도 여성 대통령을 배출하지 못했는데 여성 지위 최하위의 나라라고 하는 인도에선 인디라 간디 같은 여성이 두 차례나 총리가 되기도 했다. 인도는 이처럼 복잡한 나라이다.

이 책을 읽으면서 나는 인도가 동양의 그리스 같다는 생각을 많이 하게 되었다. 고대에 두 나라 모두 다신교 국가로 수많은 신과 신화를 만들어냈고, 두 나라 모두 법을 숭상하여 인도는 마누법전을, 그리스는 고르틴 법전을 만들었다. 학교에서 우리는 세계 4대 문명이 거의 비슷한 시기에 독립적으로 발생한 것으로 배웠지만, 이 책을 읽으면서 나는 다음과 같은 생각을 자꾸 하게 되었다. 즉, 세계에서 최초로 문명을 일으킨 곳은 티그리스·유프라테스강 유역인데, 그 문명의 한 가닥은 북서쪽으로 흘러가 초승달 지역과 이집트, 크레타 섬을 거쳐 그리스 반도에서 대 변신을 하여 서양문명의 토대가 되었고, 다른 한 가닥은 동쪽으로 흘러가 인더스·갠지스강 유역에서 대 변신을 하고 황하유역으로 흘러가 다시 한번 변신을 하여 동양문명이 된 게 아닌가 하는 생각이다. 말하자면 동양문명의 바탕은 인도에서 만들어졌다는 것이다. 불교문명 하나만 보아도 그러하다. 중국이 들으면 벌쩍 뛸 이야기지만 내 생각엔 그런 것 같다. 아니, 이미 학자들 사이에 정설로 굳어진 이야기를 내가 지금 뒷북을 치고 있는지도 모르겠다.

아무튼 인도가 부상하고 있는 것은 동양문명의 발전을 위해 크게 환영할 일이다. 제발 인도와 중국이 한국, 일본과 함께 서로 경쟁하고 도우며 발전하여 동양이 서양을 능가하고 동양문명이 세계문명화 하는 시대가

꼭 오길 기대한다. 옛날 어느 때 서구 여러 나라에 수출하러 다니며 부러움과 함께 자격지심으로 설움 아닌 설움을 잔뜩 느낀 사람의 간절한 소망이다.

　끝으로 군더더기 같지만 인도를 이야기할 때마다 생각나는 게 있어 덧붙여야겠다. 「인도의 향불」이란 유행가다. 내 생각엔 1952년에 나온 이 노래가 그 어떤 매개체보다도 한국인들에게 인도를 가장 많이 알린 것 같다. 가수 현인의, 양 손바닥에 뜨거운 호떡이라도 옮겨 쥐며 호호 부는 듯한 독특한 음조가 특색인 이 노래의 가사는 "공작새 날개를 휘감는 염불 소리/ 간지스강 푸른 물에 …… "로 시작한다. 여남은 살 때 어른들이 곧장 부르던 이 노래를 어깨너머로 배워 흥얼거리며(그 시절 시골 아이들은 동요보다 유행가를 먼저 배웠다) 형의 중학 지리부도를 펼쳐 놓고 마치 세모꼴을 거꾸로 세워놓은 듯한 인도란 나라를 찾아보며 피부가 검은 사람을 왜 '인도인 같다'라고 할까 하고 혼자서 궁금해했던 일이 새삼 그리운 추억으로 떠오른다.

　투박해 뵈던 번역문을 곱게 다듬어 주신 한울의 편집자 여러분, 그리고 늘 조언을 아끼지 않으시는 박행웅 선생님께 감사드린다.

|찾아보기|

지은이
미라 캄다르 Mira Kamdar

인도 국적의 아버지와 덴마크계 미국인 어머니 사이에서 출생한 미라 캄다르는 뉴욕타임스 편집위원을 역임하였으며, 파리 정치대학 교수이고 미국 세계정책연구원의 연구원이다. 그녀의 작품은 ≪스테이트≫, ≪워싱턴포스트≫, ≪타임스 오브 인디아≫, ≪로스앤젤레스 타임스≫, ≪시카고 트리뷴≫ 및 ≪월드 폴리시≫ 저널에 자주 게재되고 있다. 수상 작품인 *Motiba's Tattoos: A Granddaughter's Journey from America Into Her Indian Family's Past* 와 *Planet India: The Turbulent Rise of the Largest Democracy and the Future of Our World* 를 저술하기도 했다.

옮긴이
이종삼

부산대학교 영문과, 동 대학원 영문과를 졸업했고, 대기업 간부를 거쳐 현재 번역가로 활동 중이다. 옮긴 책으로는 『소용돌이의 한국정치』, 『밀레니엄의 종언』, 『미국개조론』, 『국제분쟁의 이해』(이상 공역), 『이슬람주의와 마주 보기: 서구의 과거에 비추어 본 정치 이슬람』, 『읽는다는 것의 역사』, 『강대국 일본의 부활』, 『나쁜 유전자』, 『한미동맹은 영구화하는가』, 『누가 선발되는가?: 하버드, 예일, 프린스턴의 입학사정관제_사례편』, 『표준, 현실을 만드는 레시피』, 『비상하는 용, 베트남』, 『팔루자 리포트』 등 다수가 있다.

한울아카데미 2255

모두가 알아둬야 할 21세기 인도

지은이 **미라 캄다르** / 옮긴이 **이종삼** / 펴낸이 **김종수**
펴낸곳 **한울엠플러스(주)** / 편집 **조수임**

초판 1쇄 인쇄 2020년 10월 15일 / 초판 1쇄 발행 2020년 11월 5일

주소 10881 경기도 파주시 광인사길 153 한울시소빌딩 3층
전화 031-955-0655 / 팩스 031-955-0656 / 홈페이지 www.hanulmplus.kr
등록번호 제406-2015-000143호

Printed in Korea.
ISBN 978-89-460-7255-8 03910 (양장)
    978-89-460-6948-0 03910 (무선)